司马懿

玩的就是心计

红茶 / 著

贵州出版集团
贵州人民出版社

图书在版编目（CIP）数据

司马懿：玩的就是心计 / 红茶著. -- 贵阳：贵州人民出版社, 2024. 12（2025.5重印）. -- ISBN 978-7-221-18911-0

Ⅰ. K827=361

中国国家版本馆CIP数据核字第2024X0Y639号

SIMAYI : WAN DE JIUSHI XINJI

司马懿：玩的就是心计

红茶　著

出 版 人　朱文迅
策划编辑　冯应清
责任编辑　陈　章
封面设计　于　芳
版式设计　李　军

出版发行　贵州出版集团　贵州人民出版社
地　　址　贵阳市观山湖区中天会展城会展东路SOHO公寓A座
印　　刷　三河市天润建兴印务有限公司
版　　次　2024年12月第1版
印　　次　2025年5月第2次印刷
开　　本　710毫米×1000毫米　1/16
印　　张　15
字　　数　260千字
书　　号　ISBN 978-7-221-18911-0
定　　价　58.00元

前言

三国是个英雄、枭雄辈出的时期。在那个时期，智慧超群的谋略之士比比皆是，有人始终以正面人物形象出现，如诸葛亮；有的人在历史上则留下了褒贬不一的评价，如司马懿。

司马懿的绰号是“冢虎”，“冢”按字义是指坟墓，“冢虎”顾名思义，就是潜伏在坟墓里的虎的意思，冢虎阴险凶狠，却不轻易出手。不过，一旦出手，对手就绝无可逃。因此又有“冢虎手下无活人”的说法。

蛰伏、忍耐，忍耐到一定时候，忍无可忍时就腾空而起，将对手狠狠地按在爪下，吃掉对手后，扮成人畜无害的样子，继续蛰伏、忍耐。这就是司马懿。

官场如战场，官场的凶险，又胜于战场。行走在仕途上的司马懿，一路走来，犹如打升级赛，过了一关又一关。最终，他一步步从上计掾，走到了相国位；从没有领兵作战经验的文臣，经过了一场场的战争，坐上了军界一号宝座。

司马懿到底是一个什么样的人呢？他的成功，像是注定，又像是传奇。

为挥一剑，他可磨剑数年，他的这种特质，让他在刀光剑影的官场走到了最后。而他能走到最后，又少不了他的“忍”和“熬”。

“忍”别人所不能忍，“熬”过人生中最暗的时刻。能做到这一切，又与他的出身和经历有关，从司马懿的经历来看，“蛰伏”是他仕途行走的手段之一，他曾无数次地“蛰伏”，而每一次蛰伏结束，他就会有精彩的亮相。

“蛰伏”是沉淀，也是等待机会。

司马懿是一个玩人性的高手，他了解人性，把握人性，最后利用人性来玩心计。

曹操、曹丕、曹叡，面对这祖孙三人，司马懿用了三种不同的方式，最终让他们原本对他的防备，变成了对他的依赖。

他一生的强敌有很多，生死有时也就在一瞬间，可都被他化解了。面对不同的人，他有着不同的化解方式。

面对曹操那种疑心重、有谋略、有心计，又有雷霆手段的枭雄，司马懿选择用长久的蛰伏、精湛的演技、耐心的等待、足够的真诚……他不给曹操对他使用雷霆手段的机会；面对诸葛亮那样的智谋大师，司马懿选择用被动、忍耐、黏贴的方式，让诸葛亮纵有千般优势，也难以发挥；面对公孙渊那种勇猛善战但嚣张狂妄，还有些缺心眼的野心家，司马懿选择的是主动出击，引诱上钩，最后变被动为主动；面对曹爽这种得势时嚣张、失势时胆怯的贵族少爷，他选择的是先示弱迷惑他，再用气势镇住他，最后进行恐吓哄骗……

阴沉、隐忍、阴险……司马懿的人生底色，就是“阴”，他喜欢不动声色地在背光处沉淀、观察、盘算，积蓄力量，等待时机。一旦时机成熟，他就会走到光亮处，只要他走出来，就是他亮剑的时候了。

和他斗，只能在他往下沉时出击，一旦他沉下去，你就探不到他的底了。如果等他浮上来，你再动手，就已经来不及了。

输给他的人，很多就输在已经来不及了。

狼不是丛林之王，它的个头和形象缺少霸气，但它们狡猾，因此才会在危机四伏的森林中存活下来。司马懿就是曹魏政权中的一匹狼，没有机会时，他蛰伏不动，规矩忠心，一旦出手，就绝不给对手留活路，一定会斩尽杀绝！

司马懿是什么人呢？他曾辅佐曹魏几代帝王，他的军事能力和谋略也与诸葛亮不相上下，他是大功臣。可他辅佐曹魏几代帝王时，每走一步，似乎都别有用心，于是，他又成了阴险狡诈、篡权夺位的奸臣。

不管是功臣还是奸臣，都无法否认司马懿对人性的精准把握，不然他也不会把心计玩得那么游刃有余；更无法否认他长远的战略眼光和卓越的洞察力，不然他也不可能在那种复杂的环境下，通过布局，一步步地将曹魏天下归于司马家族……

曹操儿时的“三马同食一槽”梦，灵验了。

司马懿、司马师，一直到司马昭。当司马昭以灭蜀汉的功劳被封为晋王，食邑二十郡，拥有了曹操的地位后，东吴的张悌说：“司马懿父子累有大功，除其烦苛而布其平惠，为之谋主而救其疾苦，民心归之亦已久矣。淮南三叛而腹心不忧，曹髦之死四方不动，任贤使能，各尽其心，其本根固矣，奸计立矣。”

司马懿拥有曹操的地位，司马懿的儿子，司马昭也拥有了曹操的地位，经过两代人的努力，在司马家族的势力、威严累积到了司马懿的孙子——司马昭的儿子——司马炎这一辈时，司马炎如同曹丕以魏代汉一样，完成了以晋代魏。

有人说，司马懿是三国中最成功的一个，如果以结果论英雄，他无疑是的，毕竟，他熬走了曹操、诸葛亮、曹丕、曹叡，以及曹爽……最终成了笑到最后的那个人。

本书看似是在讲述司马懿的人生经历，实则是通过对他人生经历的讲述与解析，给我们展现一个心思缜密、老谋深算的司马懿。让我们看到，在那个波诡云谲的时代，他是如何运用心计成功躲过明枪暗箭，一步步走上人生巅峰的。

目录

第一章　初入仕，如履薄冰只为保命

第二章　在仕，静观其变等待时机

第三章　准确把握机会，一切皆有可能

第四章　晋升之路，扶摇直上

第五章 真正的交锋，只在强者之间

第六章 卧龙与冢虎，宿命终极对决

第七章　明处忍，暗处狠

第八章　低谷时隐忍，给好运点时间

第九章　布局，做运筹帷幄的执棋者

第一章　初入仕，如履薄冰只为保命

司马家族的为官秘籍一：随时势应变

东汉中平元年，司马懿 6 岁。此时的东汉正处在内忧外患中，内有宦官和外戚争斗不断，外有边疆战事连连，天灾已经让庄稼歉收，还要交各种赋税，导致民不聊生，民怨沸腾。走投无路的农民，在太平道教主张角的带领下，揭竿而起，爆发了轰轰烈烈的农民起义。由于他们以黄头巾为标记，因此又叫黄巾起义。

农民起义是为了推翻腐败的朝廷，统治者怎么可能答应？为镇压叛乱，汉灵帝刘宏加强了地方军实力，本想靠地方军镇压农民起义，谁料这么做的后果就是头痛医头，脚痛医脚。农民起义倒是镇压下去了，地方军的实力又起来了。

地方军的实力一起来，野心家们也就按捺不住了，他们蠢蠢欲动，不再安于自己的那点地盘，都想向外扩张，这也揭开了军阀混战的序幕。

东汉中平六年，汉灵帝刘宏驾崩，17 岁的皇子刘辩继位，何太后临朝称制。野心家们正摩拳擦掌地等待机会，见新帝上位政权不稳，就又开始寻找各种借口夺权。

外戚和宦官之间的权力之争，本来就愈演愈烈，何太后的临朝称制，加剧了这种争斗。何太后的异母哥哥——外戚大将军何进，想要趁此机会诛灭宦官，谁料宦官早有准备，先下手为强，来了个反杀，何进被尚方监渠穆和一众宦官杀了。

野心勃勃的袁绍借机带兵入宫，杀了宦官。一时之间，宫内乱成一团。当时的并州牧——权臣董卓也来凑热闹，他想浑水摸鱼，打着调停外戚和宦官的幌子，率兵入京，在废了汉少帝刘辩后，又拥立陈留王刘协为帝，也就是历史上的汉献帝。

随后，董卓自任相国，成了东汉政权的实际操控者。其他野心家被董卓的这个操作惊呆了，既震惊又后悔自己没有早他一步这么做。

董卓似乎打开了潘多拉盒子，野心家们以董卓为“榜样”，在董卓对洛阳实施恐怖统治，纵容士兵奸淫掠杀，百姓对他恨之入骨时，他们打着讨伐董卓这个佞臣的幌子，为实现各自的野心而搏杀。

东汉初平元年，关东联军在袁绍的号召下，展开了轰轰烈烈的讨伐董卓之战。

一时之间，全国各地乱成了一锅粥，洛阳更是人心惶惶，群雄在讨伐董卓的时候，司马懿的父亲司马防正在洛阳任洛阳令。

今天是你的天下，明天就有可能是他的天下。时局的混乱，让司马防不知何去何从。不过，司马防知道董卓不会长久，在董卓要迁都长安，要他们这些地方官跟着去时，司马防一边观察局势的变化，一边想计策。

鸡蛋不能同时装进一个篮子，自己官职在身，不跟着董卓去长安说不过去，但家人一定不能跟着去。狡兔还三窟呢，可不能把宝全都押在董卓身上。经过一番商量，司马防让长子司马朗带领一家人回老家温县躲避战乱。

洛阳城马上就要成为战场，洛阳的官员、百姓纷纷外逃。在董卓眼里，大战需要人，官员是兵力，百姓是人质，他绝不允许有人临阵逃跑。

为了防止人员外逃，董卓派人守住了城门，对全城实施戒严，并命令，不经他允许，任何人都不能出去，特别是那些官职在身的官员家属，谁要逃跑，一旦被抓，全家老小，无一例外，全部砍头。

司马朗带着一众家人出城门时，也就这样被拦住了。洛阳令的家属外逃可不是小事，守城将士将司马朗带到了董卓面前，面对董卓的怒目而视，司马朗并不惊慌，在董卓问他为什么要带着家人逃跑时，他没有直接回答，而是夸董卓有治世之才。

没有人不喜欢被人夸奖，见董卓脸色稍微缓和一些，司马朗又说，如今到处兵荒马乱，逃跑的人很多，并不是只有他们司马一家，还说他也是不得已，一大家子人，老的老，小的小，留在城里只会拖董卓的后腿，为了活命，他们也只有逃跑了。最后，他又说董卓要是累修德政，一定能够名垂千史。

司马朗说这些的目的，只是让董卓放了他们，但他的话里，没有一句在哀求，他知道杀人如麻的董卓不会因为他的哀求而放了他们，所以才选择了拍马屁。

董卓被司马朗的马屁拍得心情舒畅，瞬间就从震怒变为了狂喜，本来想杀他们的，也不杀了。

当然，拍马屁也是有讲究的。首先，你所拍的人要吃拍马屁这一套。其次，你要知道你所拍的人最想听的是什么，不然很可能适得其反，把马屁拍到马蹄子上去，以致惹怒对方。

司马朗知道董卓的性格和喜好，因此就说到了他的心坎儿上。

大鬼好见，小鬼难缠，只让董卓舒服还不行，还要让董卓身边的人也舒服，不然这些人给你使个绊子，你照样走不了。对付这些人，拍马屁作用不大，他们要的是实实在在的好处，于是，司马朗又拿出银两来买通他们。

不同需求的人，要用不同的方式来对待。最终，司马朗带着一家人，顺利逃离洛阳，回到温县。

回到温县后，司马朗又对局势做了一番分析和评判，觉得董卓做的是倒行逆施的事，不会为天下人所容，虽然一家人回到了河内郡的温县，但温县离洛阳太近了，也不是很安全，想要活命，还需要逃。于是，司马朗又带着家人出逃，这次跟着他们一起出逃的，还有族人，以及周围的乡友。这次，他们去的是冀州的黎阳。

一切都如司马朗所预料的，他们离开后不久，战火就燃烧到了河内郡，整个河内郡死伤过半。温县那些因恋家而没有跟着他们外逃的，死的死，伤的伤。从此事不难看出，司马朗是非常有前瞻性的。这一年，司马朗不过才 20 岁。

司马家族的为官秘籍二：动荡之下，追求平稳

司马朗出生于东汉建宁四年，字伯达。

乱世之下，局势每天都在发生变化，司马朗和家人、族人、乡友到了黎阳后不久，董卓就被人杀了，杀他的是他的干儿子吕布和王允。

吕布善骑射，人称“飞将”。董卓执掌朝政大权后，任命吕布为骑都尉，时常将吕布带在身边，两个人誓为父子。董卓为人残暴，性格又喜怒无常，喝醉了就对吕布非打即骂，吕布很恨他。有一天，吕布和关系不错的司徒王允说董卓差点杀了他。王允早就想除掉董卓，两个人一合计，里应外合，杀了董卓。

董卓被杀后，他的手下当然不愿意，他们嚷嚷着要为董卓报仇，于是开始追杀吕布和王允。追杀就追杀吧，他们还劫持了皇上。

追杀吕布的不仅有董卓的手下，还有曹操。吕布在被背叛了曹操的群雄之一——张邈——迎进兖州，做了兖州牧后，也就得罪了曹操。为了争夺兖州，曹操和吕布在濮阳展开了对峙。

乱世来临的时候，只有极少的人会趁着乱世实现自己的野心，更多的人只是在夹缝求生存。此时的司马朗及其家人就是如此。

黎阳靠近濮阳，住在黎阳营里的司马朗见曹操和吕布之战一触即发，想着肯定又是一场血雨腥风，觉得黎阳也不能住了。去哪儿呢？分析来分析去，最后决定还是回老家温县，相比其他地方，那里暂时还算安全。于是，司马朗又带着家人、族人和乡友回到了温县。

从洛阳到温县，再从温县到黎阳，最后又从黎阳回温县。从司马朗这一连串的做法就能看出，别人在火中取栗时，他既没有从众，也没有惊慌，而是冷静地通过观察、分析和判断形势来决定下一步怎么走，而他所有的做法，指向的都是自保。

以自保为前提，不冒险，动荡时也不选边站，先保全自己，以保存实力……而这，无疑对一直跟着司马朗来来回回躲避战乱的司马懿产生了很大的影响。

司马懿比司马朗小 8 岁，跟着哥哥躲避战乱时，只有 12 岁。

司马懿，字仲达，出生于东汉光和二年，是司马防的次子，他下面还有六个弟弟。由于他们兄弟八个的字中都有一个“达”字，因此历史上也称他们为“司马八达”。

司马家族是士官大家，祖籍在河内郡的野王县，远祖是夏官氏，商朝时就开始入朝为官，可谓官宦世家。周宣王时，他们的先祖因为平叛有功，就被君王赐了姓司马。

司马懿的十二世祖司马卬，因为跟随项羽灭秦有功，被封为殷王；他的高祖父司马钧，是汉安帝时期的征西将军；曾祖父司马量曾官至豫章太守；祖父司马儁曾任颍川太守；父亲司马防曾先后任洛阳令、京兆尹。

从司马家族的官职走向可以看出，在司马懿的曾祖父司马量之前，家族中多是带兵打仗的武将，他们作战勇猛，经常立功，有着极强的军事指挥能力，不然也不会被封王，做征西将军。据说，司马家族中还有做剑客的。剑客是非常考验一个人的综合能力的，不仅要剑术好，还要反应快、心理素质强、有谋略等等。

不过，到了司马量以后，司马家族却都变成了文官，也就是说，他们弃武从文了。从他们弃武从文后的朝代特征来看，他们之所以弃武从文，与当时的政策走向有关。东汉是重文轻武的朝代。可见，当所处朝代的政策重武轻文时，司马家的人就做武将；当所处朝代的政策重文轻武时，司马家的人就做了文官。就是说，他们的从武到文，是顺势而变，顺势而为。

当然，除此之外，他们弃武从文也很可能和武将免不了要带兵打仗有关，做的是脑袋别在裤腰上的营生，这种营生对于求稳的司马家族来说，太不安全了。

从司马家族里要么出的是出色的武将，要么出的是有名的文官来看，他们家族的成员，既能文又能武，可谓文武兼通。而从他们能做到主帅来看，他们的基因里又少不了军事谋略的才能；能做刺客，更少不了隐藏和伪装的技能。而这些特征，在司马懿的身上也都得到了很好的体现。

司马家族的人在小的时候应该都属于“别人家的孩子”那种类型，他们自小聪慧，比同龄人优秀。司马朗12岁时就通过考试，成为童子郎，进入东汉最高学府——东汉洛阳太学。

那时候的童子郎有些像现在的中科大的少年班。现在，如果谁家的孩子进了中科大的少年班，整个县城无人不知、无人不晓，媒体更是争相报道，一下子就出名了。

司马朗很小的时候就在当地远近闻名，有着“神童”之称。有这么优秀的哥哥，司马懿小时候的压力肯定小不了，可能他父亲时不时还会把他跟哥哥做比较，让他跟着哥哥学等，这也养成了司马懿学习上不松懈、为人处世上不骄纵的性格。

司马防对八个儿子的管教非常严，有些类似于现在的“虎爸”，极其严厉。这种严厉不仅仅体现在学习上要求苛刻，还体现在对他们言行举止、礼仪的规范上。

据历史记载，如果司马防在房间，他不开口让孩子们进来，几个孩子再急都只能站在门口等着，无一人敢擅自进来；他不开口让孩子们坐，几个孩子不管站多久也都要站得端端正正；他不发问，几个孩子谁也不敢多说一句话。

在这种家庭氛围中长大，“司马八达”在为人处世上也都小心谨慎，做事更是以中规中矩居多。当然，在极度压抑的家庭氛围中长大的孩子，通常也会走向两个极端，要么老老实实，要么老奸巨猾。司马懿可以说是将家族基因中的两种品质完美地融合在了一起，他看起来老老实实，实则老奸巨猾。

丛林法则一：适者生存

乱世出枭雄，时势造英雄。追求稳中求进的司马家族，一边在乱世中保全自己，坐山观虎斗，一边忙不迭地分析和判断形势，以便决定下一步怎么走。和司马家族相反，那些喜欢险中求胜的，正趁着乱世为自己的野心而厮杀，他们遵循的是丛林法则，适者生存，弱肉强食。

经过一轮轮厮杀，仅有勇气和力气的都倒下了，剩下的就是些有勇有谋的野心家，他们阴谋、阳谋轮番上阵，谁也不愿意错过这个属于他们的时代。

在这些野心家里，就有曹操。曹操属于这些人中的佼佼者。

曹操本姓夏侯，小名叫阿瞒，是太尉曹嵩的儿子。曹嵩是在做了中常侍曹腾的养子后，才跟着曹腾姓曹的。

中常侍也就是宦官、太监。其实“太监”这个职位，最初地位是很低的，由一些身份低贱的人充当，比如被执行了宫刑的罪人等，之后就从民间一些年幼、贫穷家庭出身的男孩中挑选。由于他们的职责是伺候皇上，有些聪明机灵的、善解人意的，因为把皇上伺候好了，皇上信任、依赖他们，他们说的话也就有分量了，久而久之，朝臣们也就不敢小瞧他们了。到了秦汉时期，宦官甚至形成了一股政治势力，对朝政有着非常大的影响，有些宦官还被封了侯，比如曹腾。

曹腾曾伺候过四代皇上，因为善解人意，很得皇上宠爱。汉桓帝时，曹腾又被封为费亭侯，曹腾死后，养子曹嵩就继承了费亭侯这个爵位。

曹操的父亲曹嵩能做曹腾的养子，就是因为曹腾的身份和地位。可孩子们不懂这些，曹操小时候少不了被小朋友们讥笑。

“你爷爷是公公，是太监！”这话一听就是骂人的，可人家也没说错啊，曹操气不过，也就冲上去和小朋友打架。这种经历可以说影响了他一生，让他变得争强好胜，遇到事就用拳头解决，性格也是既敏感又多疑。

小时候的曹操非常调皮，不是上树掏鸟窝，就是下河摸泥虾，要么就是和小伙伴们打打杀杀，就是不喜欢读书，也不喜欢待在家里，整天就在大街小巷游荡，是一个小混混、小流氓、古惑仔似的人物。那时候，他们家里的人一提起他就摇头，他不是今天把这个小朋友打伤了，就是明天偷瓜被主人抓住了，总之没个正形。

长大后，曹操依然喜欢四处游荡，他任性而放荡不羁，不过这时候，他已不再只是调皮捣蛋了，他开始做一些打抱不平的好事，属于热血青年，类似于游侠、侠客类的人物。这时候，已经有很多人看好他了，不过看好他的原因是适逢乱世，乱世需要他这样的人。

东汉“大众点评祖师爷”许邵，就曾说曹操是“太平时的奸贼，乱世时的英雄”。

从曹操一生的所为来看，许邵这位“大众点评师”水平非常高，看得很准。确实如此，如果处在太平盛世，曹操的特长未必会有机会施展，是乱世成就了他。

一个人的变化，有时候只是一瞬间的事，不知道从什么时候开始，曹操突然喜欢上了读书，不过最开始的时候，他喜欢的大多也只是兵书，看着看着，他就研究起了《孙子兵法》，还抄录古代诸家兵法韬略。对于他的家人来说，不管他看的是什么书，只要不出去惹事就行了。

没有研究兵法或看诸家兵法韬略时，曹操还只是小打小闹，即便惹事，惹的也是小事，可自从他研究了兵法，再惹起事来，也就是大事了。

曹操 20 岁时拥有了人生中的第一份工作——洛阳北部尉，是司马懿的父亲司马防举荐的，相当于现在某地级市某公安分局的副局长，副处级。第一份工作就做到公安分局副局长，起点已经相当高了。

有些人想去罗马，有些人则生来就在罗马。有些人为了得到洛阳北部尉这个职位，可能要拼尽一生，而曹操，起点就是这个职位。

洛阳是京城，是权贵聚集的地方，治理起来肯定不容易。但年轻人面对自己的第一份工作，总是充满了激情和幻想。曹操一入职，就想干出点名堂给人看。俗话说，新官上任三把火，曹操一上任就申明禁令、严肃法纪，不仅如此，他还让人做了五色大棒，悬挂在衙门的左右。

当时，最受皇上宠爱的太监蹇硕的叔父——蹇图，有次因为违禁夜行，被曹操用五色大棒打了。他本来只是想教训教训这个违禁者，来个杀鸡儆猴，结果下手重了，打死了。

这事一出，可把司马防吓坏了，因为曹操是他举荐的。幸好不管是司马家还是曹家，朝廷都有人，就没有殃及司马防，而如果不是曹操父亲四处斡旋的话，曹操很可能连命都没有了。最后，虽然他因为严厉执法在工作中取得了不错的成绩，但还是被明升暗降，调去了其他地方。

当时的曹操还是太年轻，他想治理好当地，也就想一视同仁，但现实不是这样的。京城里看似不起眼的一个人，很可能背后拥有强大的势力。因此这件事对曹操的打击很大，可以说是他进入社会后遭受到的第一顿“毒打”。

但曹操的性格就是这样，任性、放荡和不留情面，所以不管他被调去哪里，任什么职，他都因为这样那样的问题而干不长。大都是打了不能打的人，惹了不该惹的事，抑或得罪了不该得罪的权贵。总之，他的仕途非常不顺，直到黄巾起义爆发。

当然，他的仕途不顺，也是针对他的出身来说的。黄巾起义爆发时，曹操正因为被免职，在家里无所事事。

丛林法则二：弱肉强食

人的一生，机遇很重要，想成事，时机很重要。如果曹操身处和平年代，抑或身处盛世，他都不会脱颖而出；如果“脱颖而出”，就很可能是犯了事，不是杀头就是进监狱，总之不会是好事。可在乱世就不一样了，黄巾起义一爆发，到处都在打打杀杀，到处都在招能打能杀的人，他也就成了稀缺人才。如果只是能打能杀，最多也就是个武将，可他还懂谋略、懂兵法，那就更稀缺了。

不管哪个朝代，面对农民起义，朝廷都是毫不客气地出手。因为急于平乱，曹操这种稀缺人才就被拜为骑都尉（骑都尉是掌管骑兵的将领，有点像现在的骑兵团团长），跟着左中郎将皇甫嵩出征平乱。

打人是曹操的特长，战场也就成了他的地盘，在自己的地盘，曹操英勇无敌，所向披靡。

人生没有一步是多走的，曹操所看的那些兵法书籍，让他在战场上有了很好的实践，他卓越的军事才能，也让他成了战场上那个“最靓的崽”。

因为表现出色，曹操被委以重任，出任东郡太守，拜为议郎。东郡太守属于一郡的最高行政长官，相当于直辖市市长。

曹操升职还是很快的。战场是曹操的地盘，上阵杀敌他很在行，可做官就不一样了，做官要懂为官之道，这些，年轻的曹操还不懂，更没有经验，所以没做多久，他就又因为桀骜不驯、不愿意迎合权贵而受到了排挤。

曹操不愿意迎合任何一个人，有人给他气受，他也做不到忍气吞声。最后，他一气之下，索性以生病为由，辞官回家休养。

曹操能够任性地不开心就辞职，也是因为他是“官二代”，没有生存压力。不过，辞官回家后，曹操并没有躺平啃老，他开始认认真真地看书，不仅看关于兵法的书，还看权谋之术，他要做制定规则的人。

有了几段工作经历的曹操，已经知道自己适合做什么了。既然做不了执行规则的人，那就做制定规则的人。

如果一个人整天浑浑噩噩，无所事事，很可能只是不知道自己要什么，适合什么，一旦知道了，也就有了方向和目标。曹操不再浑浑噩噩，他坚定地朝着自己的目标前行。

为了实现自己的目标，曹操沉下心来学习。他博览群书，兵法、权谋之术、诗词歌赋，他都看，不仅看，还创作诗词、练书法。曹操脱胎换骨的变化，就是在这段时间内完成的，这也是曹操沉淀自己、打磨自身实力的过程。

黄巾起义的爆发，威胁着东汉的政权，为了平乱，朝廷加强了地方势力；而地方势力的大增，又威胁着东汉的政权。

这是一个死循环，一个解不开的结。

东汉中平五年，汉灵帝刘宏为了巩固政权，设置了西园八校尉，34 岁的曹操再次出山，出任八校尉中的典军校尉，这个职位多由皇帝亲信担任，属于掌管近卫禁军的武官，相当于现在的中央警卫团营长。

虽然依旧是武官，但这次和之前有所不同，之前，曹操的目的只是率兵上阵杀敌，立功受奖。可这次，随着年龄和阅历的增长，他的目的已经不仅仅是上阵杀敌，他还要成为那个制定规则的人，既然做不到听别人的，那就让别人听自己的，他要拥有话语权。

东汉中平六年，汉灵帝刘宏去世，趁政权新旧交替之际，董卓擅政。

在各地吹起讨伐董卓的号角时，曹操一马当先，率先加入了讨伐董卓的行动中。

当然，曹操讨伐董卓初期，并没有生二心，只是抱着平乱锄奸的想法，但并不顺利。在他刺杀董卓失败，被董卓通缉追杀时，他因为狼狈逃跑，途中误杀了收留他的人。

“宁我负人，毋人负我”就是在那时候说的，这句话的本意是，我对不起别人，难道别人就没有对不起我吗？从这句话来看，曹操对误杀恩人还是有些愧疚之心的，只是他那不服输的性格，让他为自己的行为狡辩，既然已经杀了，还能怎么办？我是对不起他，难道别人就没有对不起我吗？

类似这样的话，我们很多人都说过，可他那句话流传至今就变了味儿，变成了“宁愿我负天下人，也不愿天下人负我”，这和“宁我负人，毋人负我”是完全不同的意思，有些类似于“宁愿错杀一千，不愿放过一个”。这也是曹操成为历史上“阴险狡诈毒辣”的奸雄代表的原因之一。

舞台上，曹操的脸谱是白脸。舞台上的白脸，是指用白粉涂面，不用真面目示人，也就是奸诈小人。曹操误杀恩人，是他的疑心病在作祟，仓皇逃命时，他看谁都像追杀他的。

人是有多面性的，曹操的枭雄形象，让人们很容易就将他与浑身沾满血的莽夫联系起来，进而忽略了他的另一面。实际上，他不仅有智谋，是政治家、军事家，还是文学家、书法家，他的诗词，丝毫不比那些有名的诗人差。

打如意算盘，挟天子以令诸侯

富贵险中求，刺杀董卓的失败，并没有让曹操停下刺杀董卓的脚步，还让他意识到了团队的重要性。独木难成林，在那样一个乱世，做个“独狼”行不通，想要成事，必须有好的团队，有一批能人在身边，而若想拥有一批能人，就要舍得花费金钱。

曹操没有犹豫，他拿出了全部家当，用来招兵买马，他要好好地赌一场。

重赏之下必有勇夫，曹操用金钱，先是分化和诱降了部分黄巾军，然后从中挑选出一些精兵，组成了一支精锐青州军。有了这支青州军，曹操可谓如虎添翼，军事力量大增的他，也就被封为了兖州牧。

此时的曹操，也已经不再只安心于做汉朝重臣了，他野心十足。曹操内心的变化，被他的谋士毛玠看在了眼里。毛玠做过县吏，战乱时曾投靠刘表，觉得刘表成不了大事，又投靠曹操，见曹操有野心，就对他说，国家正处在分裂中，君主流离，百姓居无定所，渴望安定，那袁绍和刘表虽然强大，却没有做长远考虑。曹操问他有什么好计，毛玠说：“奉天子以令不臣，脩耕植，畜军资。”要做长远战略规划。

曹操听后，大喜过望，他早就有此意，毛玠可谓说到了他的心里去。

曹操是个行动力很强的人，说行动就行动。东汉建安元年，曹操打着保护和供养汉献帝刘协的名号，将刘协从洛阳接到许昌，开始实施他的“挟天子以令诸侯”计划。

这一步走得既大胆也很有想法，又让群雄一愣，原来还可以这样？

董卓和曹操都是擅权，都很大胆，但相比董卓，曹操的擅权更高明。因为他让群雄讨伐他时，也有了忌惮。当然，群雄就是想要像讨伐董卓一样去讨伐曹操，也已经做不到了，毕竟皇上就在他那里，皇上受他控制，他让皇上发什么诏令，皇上就发什么诏令。

就是说，曹操将自己与皇上捆绑在了一起。因此，既有强兵在手，又有“天子”这张王牌的曹操，今非昔比了。

曹操成了那个制定规则的人，他开始把他想安排的人全部安排到他想安排的位置上。

之后，曹操又让傀儡皇帝刘协封他为大将军，并以王师为命，率兵四处征战。随着他的地盘越来越大，实力越来越强，大将军一职已经无法满足他了，他让刘协把大将军的封号给了袁绍，自己做了大司空。

曹操以为袁绍会感激他，谁知袁绍气不打一处来，阿瞒你凭什么呀，凭什么我要听你的摆布？袁绍不服气太正常了，从出身来说，他出生在“四世三公”之家。所谓“四世三公”之家，是指四代都有身居“三公”高位者。在汉代，“三公”是指丞相、太尉和御史大夫。而从经历来说，他和曹操是发小，两个人一起长大。汉灵帝刘宏死后，外戚何进被宦官诛杀，是他率兵进宫杀了宦官；讨伐董卓时，又是他号召关中联军，最后还先后占据冀州、青州、并州、幽州，是统一了河北的强人，曹操哪一点比自己强？

袁绍从不愿屈居于人之下。之前，董卓掌权时，他因不愿屈居于董卓之下，才要讨伐他；现在，曹操“挟天子以令诸侯”，已经让他很不满了，还要让他屈居于曹操之下，他怎么可能答应？

是骡子是马，拉出来遛遛。东汉建安五年，袁绍一气之下举兵南下，决心与曹操一决高下。双方对峙于官渡。

当时，袁绍一方有近十一万人，而曹操这边还不到两万人。袁绍信心百倍，曹操的手下害怕了，兵力差距这么大，这不就是鸡蛋碰石头吗？必输无疑。曹操却不这么认为，他胸有成竹，说袁绍志大才疏，刚愎自用，又缺少胆略，这样的人，就是有再多的兵马，都不足为患。

最危险的敌人往往来自你身边，因为对你太了解，你的软肋他就很清楚，并能轻松拿捏。曹操能这么说袁绍，就是因为他们从小就认识，还经常在一起玩，他不仅了解袁绍，还经常捉弄他。

据说，有一年曹操和袁绍在洛阳，看到一户人家结婚，就偷偷地跑去了洞房门口。

经过分工，袁绍负责大喊捉贼，曹操负责抢新娘。在袁绍喊了有贼人后，等那户人家跑出来问他贼在哪儿，袁绍就随手往远处一指，等那户人家跑去追“贼”，曹操则跑进洞房，扛起新娘就跑。那户人家见了，追了过来，曹操和袁绍就分开逃跑。袁绍由于不小心，掉进沟里，曹操不仅没有救，反而指着袁绍对那户人家说，贼人就在这儿。那户人家就又冲着袁绍去了，袁绍眼见要被捉住，惊慌之下一用劲从沟里跳出来逃了。事后，袁绍责怪曹操，说自己掉沟里，他不仅不救，还出卖自己。曹操则笑着说，他要是不那么做，袁绍怎么知道自己能从沟里跳出来？

从这个故事不难看出，袁绍和曹操在一起时，始终是处于弱势的。

因为太了解，也就知道了对方的软肋，更知道对方的性格和行事逻辑。官渡之战中，曹操一方因为奇袭了袁军的粮仓，导致袁军主力溃败。而这场战争，最终也以袁军死伤近十万而告终。

这场以弱胜强的战争，不仅打败了袁绍和袁军的气焰，也让曹操和他的军队士气大涨。由于双方相持于官渡，历史上又将此战役称为官渡之战。

官渡之战爆发时，司马懿 22 岁。

局势不明时，蛰伏为上

曹操在官渡之战中的大胜，奠定了他统一北方的基础，也影响着日后“三分天下”的格局。当然，此时的曹操还不知道未来会出现“三国鼎立”的局面，但这场战争的胜利，让他更加确信，想要成事，人才最重要。

曹操四处招募人才，河内太守魏种就向他推荐了司马朗和司马懿两兄弟。

司马家“二达”的才华，曹操早有所耳闻，“二达”的父亲司马防，还是他人生中的第一个伯乐。因此，曹操马上派人去司马府，征召司马朗和司马懿，让他们来他的司空府，为他效力。

这相当于一家实力雄厚的大企业的董事长，亲自点名要你，你还不磕头作揖表达感谢？但曹操和他所派去的人都没有想到，司马朗同意了，司马懿却拒绝了。

司马朗自小就是神童，远近闻名，不仅有见识，有远见，对局势的判断也很准。曹操已经掌握了东汉的政权，势头正猛，曹操的身边，人才济济，能来这样的团队，不管是对自己未来的发展，还是对自身能力的提高，都有好处，同意也是必然的，正常人都会这么选择。

司马朗是常人眼里的聪明人，从小到大，他都是人们嘴里的“别人家的孩子”，是每个孩子都应该学习的榜样，是人生标杆，他的选择不会错，可司马懿为什么要拒绝呢？

无论是源自家族遗传的优良基因和教育背景，还是得益于杰出兄长的影响与启迪，司马懿均展现出不输于司马朗的卓著越见识与深邃远见，其对局势的判断能力也很强，这在他十多岁时就已经显现出来。当时有名士就说，他和哥哥司马朗相比，可谓是后来居上，有过之而无不及。

司马家族在当地是名门望族，司马防又是走仕途的，家里少不了名士和朝臣来拜访。司马防在家的时候，若不经他允许，“司马八达”不会参与他们对朝政的讨论，但可以旁听，听得多了，司马懿对朝政之事也就有了自己的见解。

司马防不在的时候，哥哥司马朗和别人谈朝政之事，司马懿偶尔也会说上几句，通常不说则已，一说必定震惊四座。

司马懿 16 岁那年，当时的名士杨俊来他们家，在和司马懿交谈后，就说他“此非常之人也”，意思就是，这个人不是一般人。

至于他不一般到什么地步，哪些方面不一般，杨俊没有说，但崔琰说了。崔琰是司马朗的朋友，当时任尚书，对司马懿的评价很高，史书上说，他震惊地对司马朗说：“君弟聪亮明允，刚断英特，非子所及也。”意思是说，伯达啊，你弟弟聪明通透，做事果断，你这个做哥哥的都比不上啊。能这么不见外地说话，可见崔琰和司马朗的关系非同一般。不知当时的司马朗听了是什么感觉，他可是自小被誉为神童的，小他 8 岁的弟弟比他还强，那得厉害到什么程度啊！

不过，虽然才华和能力都不逊色于哥哥，但在那种乱世中，面对未知的未来，司马懿并没有急于去工作，而是继续看书、学习，直到 23 岁才有了第一份工作。

司马懿的第一份工作是河内的上计掾。

掾在当时是对一些辅佐官员职务的通称。那时候，位于“三公”等高位者，都是可以召掾属的。上计掾的工作性质有点像统计，工作内容也是辅佐太守，做一些年终考绩工作，比如说统计仓库存粮数，统计垦田和赋税数，以及统计户口人数等，相当于一个基层小公务员。

从基层小公务员做起，一步步往上爬，相比曹操的第一份工作，司马懿的仕途起点并不高。基层的特点是事情多而杂，上计掾这份工作，职位不高，薪酬也不高，却忙得要命，并不好干，再加上是跟数据打交道，就更麻烦了，并不是谁都能做的。做上计掾，不仅要心思细腻，还要思路清晰，更要坐得住。但这还只是对专业的要求，上计掾的工作还需要形象好、气质佳、会说话，这种要求有些类似于大公司、大企业对前台的要求。

为什么上计掾会对外在形象也有要求呢？主要是他们需要经常向太守汇报情况，形象太差，把太守吓着了怎么办？因此长相必须“周正”，这点也很好理解，如做老板秘书的，因为需要和老板一起出去应酬，如果情商低、形象差，还不会说话，老板怎么带得出去？

总之，司马懿的这份工作，既要有会计的专业性，也要有前台的“门面担当”属性，还要有秘书的“应酬”属性，他们不仅要在言行上讨喜，还要能够揣摩上司的心思，懂得看上司的眼色行事，等等。

当然，这些对司马懿来说都不成问题。情商高、会说话、会看上司眼色，知道对方想听什么、想要什么……是司马家族所擅长的。

不过，虽然上计掾司马懿做得得心应手，但毕竟只是体制内的一个小小公务员，想要有出头之日，还需要有人赏识才行。可有人赏识了，还是势头正盛、处在上升期的曹操，司马懿却拒绝了。

装病拒征召，也为奇货可居

司马懿拒绝的原因有很多，其中一个原因，很可能是他对举荐他的人有看法。举荐司马懿的人是魏种，曹操曾因赏识魏种的才华举他做孝廉，可魏种却在兖州任职时，与兖州各郡一起反曹。曹操得知后，勃然大怒，觉得魏种是个白眼狼，称不管他跑到哪儿，只要他去的不是越人的不毛之地，不是胡人的蛮荒之地，都要把他抓回来砍头。不过，曹操也只是这么说说而已，两年后，虽然抓到了魏种，但曹操却因爱他的才华，不仅没有砍他的头，还原谅了他，觉得他之所以反自己，也有他不得已的苦衷，所以又把他安置在河内，做了太守。

这样一个曾经背叛了恩人的人，人品一定有问题。何况，曹操虽然没有治魏种的罪，但以曹操那多疑的性格，肯定会对魏种有所戒备。那时候，被举荐者一旦接受了举荐者的举荐，就一辈子跟这个人捆绑在一起了，司马懿不想冒这个险，他不想被魏种拖累。

当然，这只是有可能存在的其中一个原因，毕竟同样是魏种举荐，司马朗却接受了。

同样的选项，两兄弟却做了截然不同的选择。从一个人对一件事的选择上，是能够看出一个人的行事逻辑的。司马朗和司马懿都心思缜密，但对司马朗来说，魏种是个什么样的人虽然重要，却也没有重要到影响自己去曹操那里做事的地步，他身正不怕影子斜，不担心曹操监视他；而对司马懿来说，即使只是未知的危险，他也要避免。

还有一个可能存在的原因，司马懿当时还年轻，进入曹操的阵营，对他来说还为时过早，毕竟曹操虽然已经掌握了东汉的政权，可做的却是“挟天子以令诸侯”的事，属于大逆不道。曾经大逆不道的董卓擅权，不就被群雄讨伐，最后死得很惨吗？曹操会不会是第二个董卓？还需要再观察观察。

局势还不是很明朗时，还是蛰伏为上的好，这也是司马家族的传统。

小官吏司马懿，竟然拒绝了正春风得意的曹操，此举对以稳求进的司马家族来说，既在意料之中，也在意料之外。意料之中的是，这是司马家族的为官秘籍，在局势还没有彻底明朗之前，鸡蛋不要全装在一个篮子里。老大司马朗已经去了曹操的司空府，老二司马懿暂时不去，先看看，以便给家族留条后路。

当然，司马懿拒绝曹操征召还有一种可能性，那就是有他的一份傲气，而这份傲气与他的老师胡昭有关，胡昭就对曹操的召唤置之不理。

胡昭是历史上有名的书法家，他才智超群，深谋远虑。这样一个人，对于急于在乱世中夺得天下、广纳人才者来说，非常吃香。可胡昭不仅对做官没有兴趣，就是对朝政之事也没有兴趣。

胡昭不喜欢过整天不是阴谋就是阳谋的生活，更不愿意说一些阳奉阴违的话。可以说他是知世故而不世故，或者说，他看透了政治的黑暗、腐败后，不屑于与那些人为伍。他喜欢过自由自在、不受约束的逍遥生活，因此任何人请他，他都毫不犹豫地拒绝了，即便有人登门想让他说上几句，他也始终一言不发，关门谢客。

袁绍就曾经为了请他出山，不惜重金收买，可连请几次，他都拒绝了。袁绍当时就想，这个人怎么这么不知好歹，我请你，是看得起你，你是敬酒不吃吃罚酒。得不到的就毁掉，袁绍觉得胡昭既然不能为自己所用，那还不如把他杀了，以避免他去别人的阵营，与他作对。

袁绍派杀手去追杀胡昭，胡昭毫不畏惧，你要追杀我，我就跑，天下之大，我就不信你能追杀我一辈子。还是曹操爱才，曹操用重金、大官职诱惑胡昭，请他出山，却也被胡昭拒绝。曹操虽然心里不高兴，但却没有强迫，毕竟强扭的瓜不甜。

面对名利诱惑不动摇，一心只想做自己的胡昭，最后开了家学堂，就这样司马懿做了他的学生。虽然司马懿和胡昭对朝政的态度不同，但见胡昭拒绝曹操，曹操也没把他怎么样，就觉得自己拒绝，曹操应该也不会怎么样，而且自胡昭拒绝曹操之后，曹操好像对胡昭更感兴趣了。司马懿也许就会想，既然如此，那自己就先拒绝他，如果他真的欣赏自己，肯定还会再派人来的，到了那时候，再去也不迟。趁这段时间，自己还可以再观察观察局势的发展，多沉淀沉淀。

司马懿不仅拥有和哥哥一样的聪明通达、远见卓识，还拥有哥哥身上所没有的腹黑和奸诈。如果曹操不仅没有像董卓一样被群雄诛杀，而且势头越来越盛，他肯定还需要人，而对于拒绝了他的人，曹操肯定记忆深刻，毕竟得不到的才是最好的。

秦朝相国吕不韦就说过，人就像那珍稀的商品一样，越少越稀奇，越少价格越高，“奇货可居”。只要把那些珍稀的商品囤积起来，等到价高时，就能卖个好价格了。既然人和商品一样，为了抬高自己的身价，就要让自己变成“奇货”。而变“奇货”之途，就是给曹操留下深刻印象，引起他的注意。

当然，这么做也是有一定风险的，好在曹操征召的不仅有他司马懿，还有他哥哥司马朗，司马朗已经去了，再加上父亲曾做过曹操的举荐人，曹操应该不会因此事而迁怒于他们司马家。

司马朗能马上答应去司空府，也许也有这方面的考虑，毕竟两兄弟要是都拒绝，曹操又正得势，以曹操的脾气，会放过他们司马家吗？因此，还是让在官场有些经验的自己先去吧，给几个弟弟打个头阵。

站在司马家族的立场来看，司马朗和司马懿的选择，对司马家族最有利。司马懿还年轻，又刚刚走上工作岗位，为曹操这样的枭雄做事，一旦出错，很可能连命都没有了。但司马朗不一样，司马朗在面对残暴的董卓时，都能让他心花怒放，因此应对曹操问题应该也不大。

真相没出来前，所有的猜测都是合理的

一切都只是猜测，而所有的猜测，又都是站在合理的推演上的。

司马懿拒绝曹操征召，可能有多重原因，也可能只是一时不想去工作，但后面引发的事，让他不得不一直演下去。也就是所谓的“一个谎言要用无数谎言来圆”。

站在曹操的角度，司马懿的拒绝，有些摆谱的意味，这是曹操没有想到的事。胡昭拒绝是胡昭的资历、经验、名气在那里摆着呢，可司马懿算什么？一个刚刚进入社会不久，名不见经传的小喽啰，竟然不把他这个大司空放在眼里，也太不知天高地厚了。曹操生气了。

意识到会惹怒曹操，司马懿不得不写了封信给曹操，在信中，他找了个拒绝的借口，称自己患有风痹。

最初，司马懿想说自己生病，可有病也不至于拒绝征召，只需要推迟就行了，可推迟的话，既达不到静观时局变化的目的，也达不到抬高自身价值的目的。于是他就灵机一动，说自己患了风痹。

风痹是一种肢节疼痛、麻木的病，一旦犯起来，就走不成道了，这种病不仅不容易好，而且即使暂时好了，也容易复发，因此装患风痹最合适。可曹操的多疑是出了名的，你说你得了风痹，那好，我就验证一下，看你说的是不是真的。

于是曹操就派私家侦探去调查。

司马家的人也都知道曹操的性格，在司马懿说自己患了风痹后，也料到曹操会调查，就让司马懿装患风痹，整天待在家里不出门，长时间地躺在床上。

所有的伪装里，装病最不容易，最容易穿帮，你必须时刻提醒自己，自己是个病人，不然，一些下意识的行为会暴露你身体的真实情况。

更要命的是，司马懿装病，不仅要装给曹操派出的私家侦探看，还要装给家里的仆人看，一旦有奴仆知道他在装病，传出去被曹操知道了，别说自己，就是司马家族也可能受牵连。所以装病这招，不是一般人能做的；司马懿能做，就证明他不是一般人。

曹操派的私家侦探通过在司马懿家周围转悠，通过对他的邻居和朋友走访，得出结论，司马懿确实整天待在家里，平时也就是看看书，有名士去了，他就坐

在那里聊聊天下大事，没发现什么异常。

曹操可不是这么容易就能被糊弄的，他还要继续试探。后来，他不派私家侦探了，派了一名刺客。曹操为什么要这么做，为了这么一个初出茅庐的年轻人，至于吗？其实对曹操来说，是至于的，但并不是他多重视司马懿这个人，而是他不喜欢被骗。

如果被人骗，那就是在污辱自己的智商，曹操不能忍。对曹操来说，司马懿即便真的有病，若不是风痹，也是对自己的欺骗，所以他要让刺客试探，司马懿是不是真患了风痹。

这位刺客很敬业，在一个月黑风高的夜晚，他身穿夜行衣，手拿匕首，翻墙跳进了司马府，并潜入司马懿的卧室，在看清躺在床上的司马懿后，他举起匕首，往床上乱扎。

——是往床上乱扎，不是往司马懿的身上乱扎，刺客可不想出人命。如果司马懿的腿没有问题，那么出于本能，在匕首扎向床时，他的腿就会动，甚至还会跳下床，往外面跑。

这时候就能看出司马懿的厉害来了，司马懿做事，会把所有可能出现的情况全都考虑到。既然装患风痹，也就不仅要白天装，还要晚上装，不仅要装，还要记住自己的肢体是麻木的，是行动不便的。所以在刺客往床上扎的时候，他只是口中大喊救命，双腿并没有动。

其实，在刺客潜入卧室时，司马懿就已经发现他了。因为刺客进屋后，卧室太暗看不清，需要站在那里先适应一会儿，而躺在床上的司马懿，已经习惯了卧室的黑暗，所以他是能看到有人进来的。

刺客进入卧室的种种行为，让司马懿意识到，这个人不是冲着杀他来的，而当刺客只扎床边，观察他的反应时，他明白，这很可能又是曹操的一次试探。于是，他就很好地控制住了自己的腿，并大喊救命。

刺客完成了他的试探，满意地跳出窗子，回去复命了。

曹操听了刺客的话后，虽然对司马懿患风痹一事还是有些半信半疑，却也没有再追究，毕竟他还有更重要的事需要做。

司马懿想要的目的都达到了，但代价太大了。时时刻刻装病，不是件容易的事，而且既然装了这个病，就无法再去干其他工作，他的仕途也就此中断了。

从司马懿装患风痹，曹操屡屡试探都没有暴露可以看出，司马懿的伪装能力和忍耐能力有多强；而从曹操的屡屡试探也能看出，曹操的疑心有多重。或许，曹操对司马懿的不放心就是从这时候开始的，甚至可以说，他们二人的较量，其实从这时候已经开始了……

第二章　在仕，静观其变等待时机

东汉建安十三年，命运的齿轮开始转动

所有的成功者都会有一段沉寂的日子，在沉默中积蓄力量，在时机到来时爆发。司马懿这一装身患风痹，就装了七年，在这七年里，他像隐去了般沉默。

沉默不是无所事事，司马懿也没有两耳不闻窗外事，他在默默地观察着时局的变化，韬光隐晦地蛰伏，就像那夏蝉，长久的蛰伏，只为了等一个让它鸣唱的夏天。

从司马懿之后的经历来看，蛰伏也是他行走仕途的手段之一。他曾无数次蛰伏，而每一次蛰伏结束，他都会有精彩的亮相。

为挥一剑，可磨剑数年，他的这种特质，让他在刀光剑影的官场走到了最后。

东汉建安十三年是个非常关键的年份，这一年里发生了很多事，这些事也都是改变历史格局的事，而这些事所牵扯到的人物，有曹氏家族、司马家族、刘备、诸葛亮和孙权……

曹操没有成为第二个董卓，他从东汉的大司空做到了东汉的丞相。而随着曹操的升职，司马懿的大哥司马朗也跟着“水涨船高”，从司空掾属做到了丞相主簿。

司马朗在 7 年前，弟弟司马懿装身患风痹时，就进了曹操的司空府，最初做的是司空掾属，之后，他又去做了县令。在做县令期间，他为百姓做了很多实事，获得了很好的口碑。在陈寿的《三国志》中，司马家族中只有司马朗被写了进去。这就是所谓的“金杯银杯，不如老百姓的口碑”。

司马朗善良、仁厚、亲民，是百姓爱戴的好官，但他身体不是很好，中途曾

不得不辞去县令职务，回家休养了一段时间。身体恢复后，他又去做了一段时间的县令，在曹操自封丞相后，他就进了丞相府，做起了丞相主簿。

东汉建安十三年，司马懿30岁，属于而立之年。虽然与哥哥司马朗相比，他的事业处于停滞期，但他却在这7年里成了家，而且在30岁的时候有了长子司马师。

司马懿的妻子叫张春华，两个人是包办婚姻。

张春华的父亲张汪当过粟邑县县令，母亲是“竹林七贤”之一山涛的姑祖母。张春华有家世，有教养，读了很多书，不管是智慧还是见识，也都远超他人。从司马家和张家的家世来说，他们两个人可谓门当户对，但因为是包办婚姻，所以两个人的感情也很复杂。

张春华个性强悍，为人泼辣。司马懿装病拒曹操征召期间，有一天，躺床上的他看到天快要下雨了，想到他的宝贝书还晒在外面，因为急于收书，一时忘了“自己身患风痹，行动不便”，竟然跑了出去，被婢女看到了。由于怕婢女泄露出去，张春华就把她杀了。

当时，司马懿是感激张春华的，觉得她杀得好，可随着时间的推移，司马懿觉得这个女人太狠毒了，心狠手辣，非常可怕。尤其是在娶了年轻、温柔且美丽的柏夫人后，司马懿对张春华更是厌烦，年老色衰的张春华在司马懿的眼里，就成了“老东西”“老怪物”。

当然，厌烦张春华是他们年老时候的事，东汉建安十三年，两个人的感情还不错，特别是张春华还为他生了个大胖小子，司马懿在这段时间也就有些“妻管严”。当然，毕竟是男人，重要的是事业，司马懿也就开始考虑复出。

东汉建安十三年对刘备尤其重要。刘备，字玄德，是西汉中山靖王刘胜的后人，黄巾起义的时候，他也曾参与镇压农民起义的行动中，但由于实力有限，单凭他自己成不了什么事，因此就不得不先后依附陶谦、曹操、袁绍、刘表等。刘备虽然能力一般，但却宅心仁厚，为人处世也都是以德服人，所以很多人都佩服他。

对于刘备的人品，民间有这样一句话：“做人学刘备，做事学曹操。”从这句话中，不仅能看出刘备人品的高洁，也能看出曹操做事的成功。刘备也是有大志向的人，他也想成就一番事业，作为汉朝皇室后人，他以兴盛汉室为目标。

但刘备有自知之明，他知道，靠他自己的能力很难成事。于是，东汉建安十三年，在他听说了诸葛亮这个人后，三顾茅庐，最终用真诚打动了诸葛亮。因为有了诸葛亮，之后的刘备才能与曹操、孙权三分天下。

东汉建安十三年，对诸葛亮同样也很重要，刘备的三顾茅庐，让他成为历史上有名的军师。

诸葛亮，字孔明，出生于琅琊郡一官吏之家。8岁时，他的父亲就去世了，他不得不带着弟弟诸葛均跟随叔父诸葛玄先去豫州，再到荆州，可以说长期处在漂泊中。叔父去世后，诸葛亮就在隆中隐居，但最终出山，尽心尽力地辅佐刘备。

诸葛亮在历史上属于完美男人，他的完美，不仅体现在他的才华上，还体现在他的外貌和对待爱情的态度上。有人曾对三国的美男子排了个序，第一名是何晏，第二名是周瑜，第三名是孙策，第四名就是诸葛亮，第五名是荀彧。

第一名是何晏，他胜在皮肤白皙，有着“傅粉何郎”之称，据说，他的脸就像擦了粉一样，粉白粉白的；第二名是周瑜，他的美是种俊美，气质超凡脱俗，风度翩翩；第三名是孙策，他不仅美在俊秀，还美在性格，开朗幽默；第四名是诸葛亮，他的美，在于他的高大英俊和儒雅；第五名是荀彧，他美在清雅俊秀，温文尔雅，据说他很喜欢佩戴香囊，一旦他去谁家，即便是三天后，依然能在那家闻到香味。

诸葛亮不仅外形好，是美男子，而且还是个全才，在治国、内政、后勤、军事、政治、文学、绘画、音乐等方面很有天赋，在三国里他称第二，没人敢称第一。更难得的是，他虽然有貌有才，却从不以貌取人。在爱情上，他看中的也是一个人的内在。

诸葛亮的妻子叫黄月英，是历史上有名的丑女。诸葛亮身材高大，儒雅俊朗，黄月英却又黑又丑，让人很是不解。

人人都说丑妻家中宝，可男人娶妻，往往都是把外貌放在第一位的。当然，这是普通男人的择偶标准，诸葛亮不是普通人，因此他看中的，是妻子的才华和性格。

俗话说，好看的皮囊千篇一律，有趣的灵魂万里挑一。虽然黄月英外貌丑陋，但聪慧有才华，跟诸葛亮在一起，他们总有聊不完的话题，事业上的事，黄月英有时也能给诸葛亮出谋划策。

当然，这还只是一方面，另一方面，黄月英的家世也很不一般，她的父亲黄承彦是荆州知名学者，虽然财富不多、权力也不大，但影响力很大；她的母亲出自荆州最有势力的蔡家，荆州牧刘表的夫人就是蔡氏的亲妹妹，而大将军蔡瑁是蔡氏的亲哥哥。

这么一看，从山东流亡到荆州的诸葛亮，找到黄月英也属于跨越阶层了。再加上两个人灵魂契合，他们的感情也就没有像司马懿与张春华一样，随着时间的推移而改变。

东汉建安十三年，对孙权来说也很重要，因为这一年，他与刘备联手，在赤壁之战中大破曹操。自此，三国鼎立雏形渐成。

孙权，字仲谋，他的父亲孙坚曾任东汉吴郡司马，东汉末年，群雄割据时，孙坚和长子孙策占据江东，随着孙坚和孙策先后去世，江东也就交给了孙权。

曹操平定北方后，开始向南用兵，他写信给孙权，称他奉天子之命，讨伐了叛逆的刘琮，现在他要统领水军八十万去孙权的吴地。曹操这封信的言外之意就是，识相的，赶快投降吧！

孙权不可能投降，江东是他父亲和哥哥好不容易打下的，他不能丢。不过，由于实力有限，他自知不是曹操的对手，就想到了联手刘备。刘备早就对曹操“挟天子以令诸侯”不满，闻此提议欣然同意。于是，孙权和刘备经过谋划，组成了孙、刘联军，并在赤壁与渡江的曹军展开了一场历史性的对决。

曹军北方将士不习惯坐船，为此，曹军将舰船首尾相连，这样人马在船上便如履平地。但这恰恰给了孙权的军师周瑜机会，他与黄盖采用火攻，将火把扔在了曹军的船上。当时东风正急，火势很猛，曹军连在一起的战船就被烧光了，随着火势越来越大，又蔓延到了曹军设在陆地的曹寨，曹军烧死、淹死者不计其数。

赤壁之战的失利，让曹操在短时间内统一全国的愿望落空。同时，赤壁之战的大胜，又让孙、刘借此役发展并壮大了他们的势力。三国鼎立的局面，就此形成。

这么一看，东汉建安十三年实属不寻常，对很多人来说，命运的齿轮开始转动……

野心家已达，便是雄心

司马朗在很多方面都有些像荀彧，有才华、有品德，野心还不大，这样的人才，是野心勃勃的曹操喜欢的，因为他们不仅安于在幕后做辅佐工作，他们的德行也让他们很难去背叛一个人。

曹操自封丞相后，野心也就更大了，他知道，若想实现他的政治野心，就必须拥有一批能力非凡、能助他实现野心，且没有多少野心的人才。像司马懿预料的那样，曹操始终无法忘记七年前拒绝他的司马懿。

七年里，曹操四处征战，在此期间，他与袁绍、刘备等人作战，且越战越勇。

刘备在与曹操的作战中，连输几场，几乎成了孤家寡人，无处可去的他，就去了荆州，投奔了任荆州牧的汉室宗亲刘表。刘表设宴安慰他，酒足饭饱，去上厕所时，刘备摸到了自己的髀（大腿），发现大腿肌肉已变得松弛，意识到自己很久没骑马打仗了，很是感慨。回到酒宴上后，刘备对刘表说，若是长久如此，什么时候才能光复汉室啊！刘表听后，大为感动，感慨不已，就给了他地盘和兵马。这就是“髀肉之叹”典故的来历。

袁绍在与曹操的官渡之战中大败后，逃回邺城。袁绍无法接受自己的失败，更接受不了自己十多万的兵力会输给二万兵力不到的曹军。输给任何人，都不能输给曹操！又气又悔又伤心的袁绍，因为这一战，竟然元气大伤，先是一病不起，接着便在东汉建安七年五月的某天死在了邺城。

通俗来说就是，袁绍是被曹操气死的。

袁绍死后，曹操还是有些难过的，毕竟是自己的发小，被自己气死，他心里有些过意不去。当然，难过归难过，该占领的还是要占领。

袁绍死后，他的两个儿子也没有消停，为了继承权，他们展开了明争暗斗。俗话说，兄弟齐心，其利断金。兄弟不合心，自然也就无法和气势正旺的曹军作战。兄弟俩在黎阳与曹军作战大败后，不得不像他们父亲当年一样，逃回了邺城。

曹操并不罢休，他乘胜追击，最终在东汉建安十年攻破邺城。占领邺城后，曹操亲自去袁绍的墓前祭奠，他痛哭流涕地诉说着他们的友谊，诉说着他们为何会从朋友变成针锋相对的敌人。最后，曹操还去看望了袁绍的夫人，并安慰她，为她送去了珍宝和各种丝绸棉絮。

一代枭雄曹操，也算是性情中人，时势让曾经的好朋友反目，成为敌人，也是一件让人唏嘘的事。邺城被曹操占领后，袁绍的两个儿子带着残兵败将仓皇逃跑。之后的两年，曹操一直都在为肃清袁氏残余势力而四处征战。

东汉建安十二年，曹操不仅肃清了袁氏势力，还取得了已经继承袁绍位的袁尚的头颅。

这次大胜，让曹操觉得自己已经天下无敌了，之后在讨伐乌桓中，他又取得了决定性的胜利。班师途中，曹操登碣石山，写下了有名的《观沧海》：

东临碣石，以观沧海。

水河澹澹，山岛竦峙。

树木丛生，百草丰茂。

秋风萧瑟，洪波涌起。

日月之行，若出其中。

星汉灿烂，若出其里。

幸甚至哉，歌以咏志。

从这首借景抒情的诗中不难看出曹操那一揽天下、豪迈自信的霸气，以及统一中原的雄心壮志。东汉建安十三年，曹操先废“三公”，恢复丞相制度，然后自任丞相。

蛰伏在家的司马懿无时无刻不在关注着时局的发展，当然他更关注曹操，毕竟曹操曾聘请过他，而他的哥哥司马朗也在为曹操做事。曹操气势如虹，有吞吐宇宙之象，大有可为，是自己加入的最好时机。不过，虽然想要加入，但司马懿却并不着急，他按捺住性子，等待着曹操的召唤。

恰在这时，曹操的谋士荀彧向曹操推荐了司马懿。荀彧是春秋战国时期著名的思想家、教育家荀子的后人，在历史上，他虽然没有祖先名气大，却有“王佐之才”，而且人品也很好，有着“圣人”之称。

荀彧和曹操，一个在历史上被誉为“圣人”，另一个在历史上却被称为“奸雄”；一个看重人的品德，另一个只看才华，不拘小节。这样的两个人，为什么又会在一起共事？“圣人”又为什么要给“奸雄”做谋士呢？

其实，荀彧给曹操做谋士时，曹操的野心还没有这么大，也没有“挟天子以令诸侯”。当时，他们有着同样的梦想，都以匡扶汉室为己任。曹操年轻的时候，也是有着远大的抱负的，他也曾想忠诚于汉室。做官时，也为官清廉，执起法来更是毫不留情。曾经，他也是有着很好的口碑的，虽然比不上荀彧，却也很受百姓爱戴，不过却因经常得罪权贵而无法在仕途上走稳。

董卓擅政时，曹操最开始讨伐董卓也是以匡扶汉室为己任，只是随着军阀的混战，随着他的权力越来越大，他的内心发生了变化，成了乱世“奸雄”。而荀彧呢，有才华，有谋略，欣赏他的人也很多，袁绍就曾把他奉为座上宾，想要他为自己做事，但荀彧通过和袁绍的接触，发现袁绍成不了大事。可见，荀彧对袁绍的看法，也和曹操很相似。

相比袁绍，曹操既有统一天下的抱负，还有强大的军事力量，荀彧看来看去，觉得汉室的兴盛好像也只有靠他了，于是投奔了曹操。

摆谱把握好度，给个台阶就要下

荀彧匡扶汉室的政治理念一直都没有变。东汉建安十七年，荀彧发现曹操有篡汉自立的想法后，不顾曹操挽留，离开了曹操。荀彧是颍川世族的领袖，影响力很大，他的发声，也成了阻碍曹操实现野心的绊脚石，为了消除这个潜在的危险，曹操将他调离中枢。最终，荀彧在跟随曹操伐吴途中去世，也有说是服毒自尽。

曾经荀彧投奔曹操的时候，曹操受宠若惊。曹操这个人，非常爱才，因此他还曾形容荀彧是“吾之子房”，通俗来讲就是，荀彧是他最好的谋士。在这点上，曹操并没有说一套做一套，他确实也很信任荀彧，自荀彧来到他身边，凡是荀彧的计策，他基本上都会采纳。可以说，曹操能够成事，很大的原因就是初期有荀彧在身边为他出谋划策。

曾经董卓擅权威震天下时，曹操就向荀彧问过计。荀彧说董卓这个人为人残暴，残暴程度超出了常理；还说这样的人是成不了事的，即便成了事，也不会长久，更不可能有所作为，等等。从董卓最后的结局来看，和荀彧说的一样，可见荀彧看人的眼光是多么准了。

司马懿在曹操的脑海里时不时就会闪现一下，每次看到司马朗，他也会想起那个拒绝了自己的“二达”之一司马懿，听到荀彧举荐他，就派人去征召。这次征召，除对司马懿的欣赏外，更多的是好奇。他要好好看看，这个拒绝了自己的人到底有多大本事，竟然有这么大的架子。

这时候的曹操，已经和七年前不一样了。七年前，曹操只是怀疑司马懿在装病，可七年后，他相信司马懿就是装病。

虽然司马懿装病装得很像，但对曹操来说，识破并不难，因为曹操就是“演戏”高手。曹操小时候很调皮，也不听话，他的叔父经常在他父亲面前告他的状，而每次叔父告状，他就少不了要挨父亲一顿毒打。

曹操就开始琢磨了，怎么才能既报复叔父，又让父亲不再相信叔父呢？有一天，曹操见叔父过来，就假装倒在地上，口眼歪斜，叔父问他怎么了，他说自己中风了。叔父就去告诉了他父亲，父亲跑过来一看，曹操好好地站在那里，就问他，你叔父说你中风了，你怎么会好得这么快？曹操假装一脸惊讶，无辜道，自己根本就没有中风，还说他也不知道叔父为什么会撒谎，更不知为何说他中风，一定是叔父烦他，才在背后说他坏话的。

曹操的父亲也就相信了曹操的话，对自己的兄弟有了不满，此后兄弟再在他面前说曹操什么，他也就不相信了。想想看，这样一个“演戏”高手，怎么可能完全相信司马懿是真的患了风痹呢？即便他派了私家侦探去侦察，也派了刺客去试探，甚至私家侦探和刺客都说司马懿患风痹是真的，曹操最多也就半信半疑。

当然，司马懿装病骗自己，曹操很生气，但却也因此对他产生了浓厚的兴趣。深谙此道的曹操很想看看，这个后生为什么要装病，又是如何能做到伪装得那么像，伪装得那么久的。

能伪装得不露破绽，不管他是什么样的人，都是个人才。既然是人才，重才不重德的曹操就想把他拉入自己的阵营。因此，曹操在派人去征召司马懿时，又说了一句“若复盘桓，则收之”。什么意思呢？就是说，如果司马懿再用各种借口推脱，就把他绑起来带走。也就是说，这次他无论如何也要把司马懿拖来。

司马懿这次没有推脱，也没有推脱的必要，他正等着曹操征召呢。

对司马懿来说，曹操再次征召自己，是在给自己台阶下，有台阶自己还不赶快下去？如果继续忸怩，真的惹毛了曹操，那还不丢了命？何况他想要达到的目的也已经达到了。再说了，这次还是荀彧的举荐，能跟荀彧这样的人捆绑一辈子，他愿意。

当然，虽然他等着曹操征召，但又不能在曹操派来的人面前表现得过于迫不及待，过于兴奋，因此还得假装不得不去，不敢不去。

“影帝”司马懿对这样的表演非常擅长，历史上也因此说他是被迫去了丞相府。

装被迫，既是抬高自身身价的手段，也是为了给自己留条后路，他司马懿要让天下人看看，去曹丞相那里是万不得已，曹丞相势力那么大，他能不去吗？敢不去吗？这样一来，即便最后曹操被清算，他还是有机会和曹操切割的。

好一个进可攻，退可守！这种行事逻辑，可以说是贯穿了司马懿的一生，也让他的一生免遭生死的磨难。

谋事先谋身，少刷存在感

没有机会时，不要着急，也不要胡乱折腾，沉下心来做自己能做的事；有机会时，绝不犹豫，马上行动，以免错过。

曹操时期，司马懿亮相的机会并不多。在一个提防你的领导面前，保护自己的最好方式就是半隐身，领导不需要你，或者领导有事情，但你却没把握帮助解决时，那能躲多远就躲多远，做个“透明人”；领导需要你，且领导要办的事情你也有足够的把握去解决，甚至还能把事情做得尽善尽美时，那就要毫不犹豫地站出来。

司马懿装患风痹拒绝曹操的第一次征召，既是因为当时局势还不明朗，也是为了给曹操留下深刻印象，让他越是得不到就越想得到，更是因为他知道曹操的脾气性格，自己若是在那时候拒绝了他的征召，让他很没面子，那么他就一定要把这个人招到身边来，失去的面子，他一定要找回来。

摸透并利用好上司的脾气性格和行事方式的人，在职场上很吃香，也更容易有升职的可能。司马懿对曹操的性格摸得很透，因为摸得透，他知道刚进丞相府不是自己露头的时候。

司马懿进丞相府后，曹操给他的职务只是个文学掾，所谓文学掾，也就相当于现在的文秘工作，主要是处理丞相府的一些文书，也就是些抄抄写写的事。这个职务实际上和七年前司马懿的第一份工作——上计掾——差别不大，只是一个是记录文字，另一个是统计数据。当然这两份工作也有其他不同点，即面对的上司不一样，工作地点也变了：以前是在河内郡，为太守做事，而现在是在丞相府，为曹操做事。

七年后的职位和七年前的职位差不多，职场人士在面对这种情况时，很容易心理失衡，觉得自己没有受到重视，要么借口不干，要么消极怠工。司马懿面对这种情况时更有理由这么做，因为他是曹操请来的，而且是曹操身边最受信任的谋士荀彧推荐的，还是丞相府司马朗的弟弟，他的父亲对曹操还有知遇之恩……总之，有诸多理由让曹操重用他，但曹操没有这么做，而司马懿也没有心理失衡。

司马懿没有心理失衡，因为他就不是一般人，他一如既往地兢兢业业，一如既往地任劳任怨，将本职工作做得没有一丝纰漏，所做之事也让上级挑不出任何毛病。

不做就不做，要做就认真做，将事情做到极致，这就是司马懿在工作上的态度，也是他的行事逻辑。当然，还有一点，司马懿太清楚自己的处境了，他深知自己面对的是睡觉带剑、梦中杀人的曹操，是自己曾拒绝过的狠人，因此他必须打起十二分精神，谨慎做事，小心做人，以免做错事，被曹操抓到把柄，别说难以实现自己的人生目标，甚至还可能危及生命。

不过，虽然做人、做事滴水不漏，也没有犯什么错，但在文字掾这个职位上，司马懿也没有多少建树。没有建树的原因也有很多，比较重要的原因就是曹操身边的谋士不少，其中的荀彧、荀攸、贾诩还有着“三大谋士”之称。

上文说过，荀彧有着“圣人”之称，他是曹操的“子房”。荀攸则是荀彧的堂侄，曾任黄门侍郎，后被荀彧推荐给了曹操。东汉建安三年，曹操出征张绣，荀攸随行并出计，曹操没有采纳，导致战局不利。之后，曹操在听从了荀攸的计策后，反败为胜。曹操征伐吕布时，也是因为荀攸和郭嘉出计，才得以活捉了吕布……

对于荀攸，曹操曾说："忠正密谋，抚安内外，文若（荀彧）是也，公达（荀攸）其次也。"意思是说，自己的谋士团里，荀彧第一，荀攸第二。

第三就是贾诩了，贾诩曾是董卓的部将，董卓死后，他还当过张绣的谋士，曹操讨伐张绣时，是他说服张绣投降于曹操，贾诩因此得到了曹操的重用。官渡之战前，其他人对与袁绍作战没有信心，贾诩却信心百倍，结果大胜；赤壁之战前，贾诩对于曹操与刘、孙联军作战曾持反对意见，说应该休战养民，曹操没有采纳，结果大败；曹操能够平定关中，也跟贾诩使用离间计，瓦解了马超和韩遂有很大关系。因此，曹操曾说贾诩"使我信重于天下者，子也"。

曹操身边有这么三位响当当的人物，哪里轮得到司马懿展示他的谋略？没有对比就没有伤害，在这些人面前，司马懿充其量就是职场上的一只菜鸟。

司马懿不着急，也不多话。他那慢吞吞的性格，让他在人才济济的丞相府表现得像个滥竽充数混日子的平庸之辈。当然，这也未必不是司马懿的策略之一。

相比哥哥司马朗，司马懿为人处世更加谨慎，也更加小心，不管做什么事之前，他都要反复推敲，反复权衡，直到万无一失了才会行动。刚进丞相府的他，无论是资历、经验，还是人脉，都不能和其他人比，更不要说他还没有获得曹操的足够信任，在这种情况下，就是有再好的计策，曹操也不会重视的，既然不重视，怎么可能采纳？还是隐身吧！闭嘴吧！

当然，司马懿并非从来没有给曹操献过计。

东汉建安二十年，曹操征讨割据汉中一带的军阀张鲁时，司马懿随军同行，他向曹操献计，说益州牧刘璋听信手下之言，将刘备迎进了益州，结果引狼入室，被刘备俘虏。刘备在夺得蜀地后，蜀人还没有归附，他就兴兵江陵，让汉中处在虚空中。如果此时攻打汉中，必定会引起益州的震动和不安，到时再趁蜀兵心还不齐时，攻打蜀地，也就能占领蜀地了。

好一个声东击西之计。一向沉默的司马懿能够献计，是因为他觉得这是个千载难逢的好机会，明着是在攻打汉中，实则是为了占领蜀地。这个计策如果曹操当时采纳并实施，历史很可能就会改变，蜀国很可能就不存在了。可这个司马懿有着必胜把握的计，曹操不仅没有采纳，反而说司马懿是人心不足。

已得陇地，还想蜀地，这就是人心不足。曹操在说"人心不足"时，还特意看了一眼司马懿，司马懿被曹操的这一眼看得心里顿时“咯噔”一下，他没有解释，也没有再提，他怕再说下去曹操会觉得他野心太大，留不得。

此后，司马懿即便有什么好的计策，在曹操没有问到他头上时，他也就不会主动说。他想，在自己还没有获得曹操完全信任前，在自己还不能独当一面时，他能够做的，就是尽可能地隐藏自己，不要太出风头。

谋事前先谋身。而想要谋身，就要低调、谦逊，少刷存在感。这是司马懿在曹操时期的状态。

刷存在感是把双刃剑，刷好了，一飞冲天；刷不好，很可能就会被“枪打出头鸟”。

存在感刷得好不好，很重要的一点是在谁的面前刷，如果是在欣赏你、喜欢你的人面前刷，那么肯定会加分；如果是在讨厌你、不喜欢你、对你有看法的人面前刷，那纯粹就是在自找苦头。

此后，司马懿便沉下心来，沉淀自己，隐身观察着周围的一切。他仔细地盘算着，哪些事做了会对自己有利，哪些事做了对自己不利；哪些人可以深交，哪些人只能浅交，哪些人又不能交……

司马懿的这种策略，在那时候还是很有必要的。因为他自从进入丞相府，曹操看似没有太把他当回事，却也没有放松过对他的观察。

司马懿喜欢观察周围的一切，曹操喜欢观察身边的任何人。

司马懿装患风痹拒绝为他做事的事，曹操心里还没有完全过去，不是他心眼小，也不是他容不下人和事，而是他觉得，司马懿如果是装的，那这个人就太可怕了，可怕到了极点。一个装病那么像、那么久的人，绝对不可能是普通人。可这么不普通的一个人，来到他丞相府后，却表现得像个透明人，在人群中极不起眼……曹操细思极恐，隐藏得如此深的人，该是多么可怕啊！

这么可怕的人，既是曹操需要的，也是曹操需要提防的。到底是自己需要的，还是需要提防的，曹操还在观察，还在了解。因此，他对司马懿有种既不重用，也不忽视的态度。也就是说，曹操会给司马懿一些在他看来能够让司马懿发挥能力的事去做，但这种机会又极其有限。

这有些像放风筝，线拽在自己手里，时不时地松一松手，看风筝往那儿飞，能飞多远。时不时地，曹操还会试探一下他，这种试探，通常是突然发生的。

有一天，司马懿陪曹操出征，曹操摔了一跤，司马懿去扶他，他看着司马懿，突然问道，脚为什么比脸和手白。

在对方不注意、没有准备的时候，突然提出一个问题，所得到的答案就是一个人内心的真实写照。曹操问完后，眼睛一眨不眨地盯着司马懿，司马懿先是一怔，接着摇摇头说他不知道。

司马懿的这句“不知道”是真的，没有作假，因为他怎么可能想到，一个丞相会无缘无故问脚为什么比脸和手白。

曹操在他回答“不知道”后，意味深长地说，因为脚“藏”着。曹操说这句话时，眼睛也始终盯着司马懿。司马懿的心又是“咯噔”一下，他知道，曹操问他的这个问题，绝不是随便问的，一定是有目的的。

“藏”是什么？是隐藏，隐藏什么？隐藏野心。也就是说，曹操对司马懿的怀疑始终存在，他怀疑司马懿在丞相府混日子是假，隐藏自己野心是真。

处在这种环境下的司马懿，精神高度紧张，有种打入敌人内部做间谍的感觉。一方面，他要力争窃取机密，另一方面又担心自己暴露。可以说，曹操时期，司马懿在丞相府过得很不轻松，可谓过着如履薄冰的生活。

这样的生活，换成任何人都难以坚持下去；即便能够坚持下来，也需要有强大的内心和稳定的内核。司马懿将这种复杂的环境当作磨砺自己的机会，他清楚地知道，在曹操这里，他是找不到机会的，好在曹操年龄大了，他完全可以从曹操的继任者那里寻找机会。

可曹操的继任者又会是谁呢？

善于表现自己的智谋，学会隐藏自己的智谋

曹操百年之后的继任者，肯定在他的几个儿子中，这是不容置疑的事。

曹操的妻妾不少，有10多个，儿子就更多了，有25个。除了6个儿子早夭，还有19个，而在这19个儿子中，曹操最喜欢的就是历史上有名的“曹冲称象”典故里的曹冲。

曹冲是曹操和环夫人所生，不仅聪慧异于常人，而且情商很高。据说他五六岁时，智商已经与成年人相当了，不过这也应了那句话，早慧者早亡。东汉建安

十三年，在曹操自任丞相的这一年，13 岁的曹冲患上了瘟疫，不治而亡。

又是东汉建安十三年，这一年真是个非比寻常的年份。

曹冲早逝，让曹操一提起来就心疼无比。当然，虽然曹冲聪慧，惹人怜爱，可即便他没有死，他也不适合做曹操的继任者，因为曹冲太过仁慈。相传有这样一个故事，说曹操的专用马鞍放在仓库里被老鼠咬坏了，仓管员很害怕，想负荆请罪，但还是怕被处死，就向曹冲求救。曹冲听完后，让他过几天再去请罪。随后曹冲就回到了府里，他先将自己的一件衣服戳破，弄成像老鼠咬过的样子，然后闷闷不乐地去见曹操。曹操问他发生什么事了，曹冲就说他听说衣服被老鼠咬坏，衣服的主人也会遭难，现在他的衣服被老鼠咬坏了，他不知道会发生什么，很害怕。曹操一听，哈哈大笑，安慰曹冲说，那都是别人在胡说，老鼠咬坏东西很正常，不用担心。曹冲听后，也就高兴地笑了。几天后，仓管员来请罪，说自己失责，让曹操的马鞍被老鼠咬坏了。曹操听后不仅没有生气，反而大笑，说他儿子的衣服放在床上都能被老鼠咬，更不要说放在仓库里的马鞍了，被老鼠咬了很正常。

因为曹冲的帮助，仓管员没有受任何惩罚。从这个故事不仅能看出曹冲的仁爱之心，还能看出他对下人很好，下人能有事找他，向他求救，也就足以说明他平时没有把下人当下人看，当然，更能说明他的机智和聪明。

太过仁慈的人通常是从不了政的，因此即使曹冲活着，继任者也不可能是他。当然，如此聪慧仁慈的一个孩子，却在 13 岁时就死了，实在很可惜。

宅心仁厚的曹冲不会想到，他死后，有个“大才”之人却因他的死也被处死了，这个人是他的朋友，处死他这个朋友的人，是他的父亲。不知曹冲知道这一切，会是多么伤心难过。

曹冲的这个朋友叫周不疑。周不疑是荆州人，论聪慧程度，和曹冲不相上下，也是当地有名的神童。周不疑不仅文采出众，还足智多谋。曹操攻占荆州后，周不疑就来投奔曹操了，曹操欣赏他的文采，曾想将女儿许配给他，但却被他拒绝了。周不疑拒绝的原因，很大可能是不想让人觉得他是在攀附曹操。

虽然被拒绝，但曹操爱才，就没有强迫他，还让他做了最爱的幼子曹冲的谋士。两个神童倒有很多共同语言，很快就成了无话不谈的朋友。曹操攻打柳州，铲除袁绍的残余势力时，周不疑就曾随军出行，当时周不疑出了十计，曹操只用了其中的一计就打败了袁绍的儿子袁尚。那次攻破柳州城，光俘虏的敌人就达到了十万人。

因为这场战役，周不疑成了炙手可热的人，曹操也曾想过让他取代已死的谋士郭嘉的地位，谁料曹冲却因病去世了。

曹冲死了，曹操就把周不疑杀了。曹操杀周不疑的原因很简单，他觉得能够制衡周不疑的曹冲已经死了，其他的儿子，以及他自己，都驾驭不了周不疑。

既然驾驭不了，那就让他从这个世界上消失。

曹丕曾在曹操决定杀周不疑时劝阻过曹操，说周不疑有大才，想留着自己用。曹操就说周不疑有大才不假，但曹丕驾驭不了他，不仅曹丕驾驭不了，曹家人都驾驭不了，既然驾驭不了，那么留下他就是祸害。

最终，曹操派刺客深夜潜入周不疑的房间，将他杀了。周不疑死时，只有17岁。

不能为我所用的人才，就是我最大的敌人。梅花鹿那高耸的鹿角，让它高贵而美丽，然而，那高耸的鹿角也给它带来了杀身之祸。周不疑就是那美丽的梅花鹿，他的才华是鹿角，因为“鹿角”，他被曹操欣赏；因为“鹿角”，他被曹操杀了。

人要善于表现自己的智谋，不然你就是再有才华也没有用；但也要学会隐藏自己的智谋，不然就会像那有着高耸鹿角的梅花鹿一样，给自己带来杀身之祸。周不疑的死，既是因曹操奸诈多疑，担心自己无法驾驭又恐其失去控制，或是被他人所用，同时，也是由于周不疑年轻且不知官场的险恶，将自己的才华暴露无遗所致。如果他能像司马懿一样，懂得保护自己，想必也不会死得那么早。

除了曹冲，曹操疼爱的儿子就是曹植了。曹植在历史上有着文学家、诗人、音乐家之称，曹植诗词中流传最广的是他的《七步诗》和《洛神赋》。

曹操虽然是枭雄，在战场上了得，却也是诗人，他的文学造诣也很深。曹植能成为除曹冲以外曹操最喜欢的儿子，就是因为曹植的诗该豪迈时豪迈，该动情时动情，让曹操很是欣赏。

东汉建安十五年，曹操在邺城建造的铜雀台落成，他兴致勃勃地召集文士们“登台为赋”，曹植第一个出场，即兴作了一首《登台赋》：

从明后而嬉游兮，聊登台以娱情。
见太府之广开兮，观圣德之所营。
建高殿之嵯峨兮，浮双阙乎太清。
立冲天之华观兮，连飞阁乎西城。
临漳川之长流兮，望园果之滋荣。
立双台于左右兮，有玉龙与金凤。
连二桥于东西兮，若长空之䗖蝀。
俯皇都之宏丽兮，瞰云霞之浮动。
欣群才之来萃兮，协飞熊之吉梦。
仰春风之和穆兮，听百鸟之悲鸣。
天功恒其既立兮，家愿得而获逞。
扬仁化于宇内兮，尽肃恭于上京。
虽桓文之为盛兮，岂足方乎圣明。
休矣美矣！惠泽远扬。
翼佐我皇家兮，宁彼四方。
同天地之矩量兮，齐日月之辉光。
永贵尊而无极兮，等年寿于东王。

曹操看后，惊喜不已，特别是后面那五句。那五句是什么意思呢？是说，齐桓公、晋文公开创了太平盛世，可哪里比得上我父王的圣明？这一切是多么美妙，多么吉祥啊！恩泽惠及远方的黎民百姓。我父亲尽心辅佐汉室朝廷，使四方永享安乐。那恢宏的气度能够与天地相媲美，那无私的品德就像日月光辉闪耀。愿父王永享无尽的尊贵，有如东公王一样年寿无疆。

在儿子曹植的诗里，自己所开创的太平盛世胜过了齐桓公、晋文公开创的太平盛世。自己没有任何私心，品德高尚，竭尽全力地辅佐汉室，让百姓安居乐业。自己虽不是君王，却拥有君王的能力。曹操因为曹植的这首《登台赋》，对这个儿子就更喜欢了，对他寄予了很大的期望。

曹操有意将世子之位给曹植，曹植知道父亲的心思，为了立军功，他在东汉建安十六年主动请缨，随同曹操西征。在近一年时间里，父子俩一直在一起，感情也就更深了。凯旋后，曹操封曹植为临淄侯。

不过，由于曹操的内心还顾及长幼有序的传统，而曹植的上面还有哥哥，因此曹操也就没有把继位者定下来，他想再观察观察、考察考察曹植。

曹植上面还有三个哥哥，一个是同父异母的大哥曹昂，一个是同父同母的二哥曹丕，第三个是同父同母的三哥曹彰。

在曹操喜欢的儿子排行榜上，曹昂和曹彰分别处于第三、第四位。曹操之所以喜欢这两个儿子，是因为他们虽然不如曹冲聪明，也不如曹植有文才，但却作战英勇。不过，曹昂在东汉建安二年的时候死了，且是因为救曹操而死，这也让曹操为此伤心难过了很久。

除了难过，就是悔恨了，曹昂的死是因为曹操的好色。当时，曹操率兵攻打张绣，张绣本来在谋士贾诩的说服下已经投降于曹操，可曹操见张绣的婶婶邹夫人漂亮，就起了色心，他命人将邹夫人带到他的房间。

张绣听说后非常愤怒，觉得自己受到了污辱，便带着一队人马奔了过去。曹操哪里会想到张绣会因为漂亮婶婶和自己开战，没有丝毫准备的曹操，经过一场混战，不仅损失了大将典韦，还死了儿子曹昂和侄子曹安民。

曹昂是曹操的原配丁夫人带大的，丁夫人虽然没有孩子，却将曹昂视为亲生儿子。曹昂的死让她恨透了曹操，因此回了娘家，再也不回曹府。即便曹操去请她，请求她的原谅，她也不回，而曹操对丁夫人的态度也很有意思，竟然毫无办法，只得悻悻然地独自回家，像做错了事的孩子。

可见，即便是曹操这样的狠人，也有孩子气的一面，怪不得说男人至死是少年呢。

曹昂一死，继承人的候选人又少了一位。那么曹彰呢？曹操的这个儿子只喜欢上战场，对其他事根本就没有兴趣。曹昂死后，曹操也曾私底下提醒过曹彰，让他多读点书，多看些历史方面的书，谁料曹彰却说他不喜欢看书，也不想做其他事，只想做卫青、霍去病那样的武将，还说他的舞台在战场，他的使命就是驰骋沙场。曹操知道，这个儿子不是能玩计谋的。

这样一来，曹彰也被从继承人的候选名单中剔除了。继位者候选人，只剩下曹操疼爱的曹植，以及曹操不喜欢的曹丕了。

站队是门艺术一：所选之人不能有硬伤

做对事赢一时，跟对人赢一世。职场上，站队很重要，因为“站错队”而成为职场斗争牺牲品的，大有人在；同样，因为“站对队”而平步青云，从此走上人生巅峰的也大有人在。职场如此，更不要说官场了。官场上“站对队”，别说是自己，就是自己的家族、后人，也都会跟着沾光；而“站错队”，代价就更大了，不仅有可能被贬，还有可能被杀，甚至殃及家人和族人。

一朝天子一朝臣，不就是如此吗？不管哪个朝代，新帝上位，总有一批人上去，一批人下来，一批人被查办。官场上因为跟对人而一生荣耀，跟错人而丢了性命的不胜枚举，因而在选择站谁的问题上，司马懿尤其谨慎。

司马懿对曹操的继任候选人逐个做了分析。

曹操的长子曹昂死了，三子曹彰又不适合从政，最受曹操宠爱的四子曹植似乎是最有可能继位的，而朝臣中，也有很多人将眼光看向了曹植。曹植既有文才，又有武略，身边还有丁仪、丁廙、杨修等谋士，确实实力不凡。

长子、三子、四子都被曹操重点考察过，那么二子曹丕呢？

从现在看历史，我们当然知道最后继位的不仅是曹丕，而且改朝换代，取代汉朝建立魏国称帝的也是他。可为什么之前曹操在对继任者的选择上，好像一直在忽略他呢？

由于亲生母亲刘氏早逝，曹昂由曹操的原配丁夫人带大。曹丕、曹彰和曹植，均由正室卞夫人所生。既然曹操遵循的是长幼有序，那么长子曹昂死了，曹丕和曹彰、曹植又是同一母亲所生，且卞夫人又是正室，那么曹丕就属于嫡长子，继任者不是首先应该考虑嫡长子曹丕吗？或者说，不应该顺理成章地由曹丕继位吗？为什么反而好像忽略了他呢？

可见，曹操是有多么不喜欢这个儿子。

曹操确实不喜欢曹丕，不喜欢的原因不少，除了他在勇猛善战上比不上曹昂、曹彰，才情上比不上曹植，聪慧和情商上更无法和曹冲相比，还因为曹操觉得，曹丕为人极不真诚，喜欢耍心眼。

我们都说，真诚是永远的必杀技。之所以说真诚是永远的必杀技，不仅因为真诚很难得，还因为一个人真诚不真诚，对方一接触就能知道，特别是那些阅历丰富的人，一眼就能识别出对方是一个什么样的人，值不值得结交，值不值得信任。

曹操的阅历自不用说，且他的心眼多得就像那细密的蜘蛛网，任何微妙的信息都能被他捕捉到，因而对于那些心眼多却不及他心思细腻的人，他总能轻易察觉出来。曹丕有心眼，也爱耍心眼，曹丕玩心眼的时候，在曹操那里就是透明的，曹操看得一清二楚，因而对于这个各方面都不突出，却喜欢玩心眼的儿子，他是怎么都喜欢不起来。

没有哪个孩子不希望得到父母的宠爱，一旦父母宠爱其他兄弟姐妹，忽视自己，甚至还厌恶自己，那么，这个孩子就会产生严重的自卑心理，情节严重者，还会对其他受宠爱的兄弟姐妹产生嫉恨心理。

曹丕就是如此，他明显地感觉到父亲不爱自己，他也曾千方百计地讨好父亲。在最受父亲疼爱的异母弟弟曹冲死后，见父亲悲痛欲绝，他一边表现出极度的悲伤，一边好心安慰父亲，结果却被父亲误会，以为他是在猫哭耗子假慈悲，甚至还冷冷地来了一句“这是我的不幸，是你们的幸运”。好像曹丕巴不得曹冲死去，这样他就少了一个竞争对手一样。见同母弟弟曹植因为才情而受宠，他就不断地看书，练习写诗词歌赋，以便证明自己的才情丝毫不比弟弟曹植差。可每次他用心写出来的诗作都无法让父亲满意，父亲看到他的诗作时的样子，和看到曹植诗作时的样子完全不同，这也让他很是懊恼，内心极度不平衡。

曹冲活着时，对于这个最小的弟弟，曹丕不会产生嫉妒心理，毕竟年龄差距比较大，成为他竞争对手的概率也很小。曹植不一样，曹丕非常嫉妒曹植，即便他们是同一母亲所生，甚至可能正是因为他们是同一母亲所生，他就更嫉妒曹植了。当然，曹丕嫉妒曹植，除曹植是他最大的竞争对手外，还因为曹植跟他的妻子甄宓走得很近。

甄宓似乎很喜欢曹植，曹植对这个比自己大很多的嫂子更是喜欢，他们每次见面都面露喜悦，好似有着说不完的话，让曹丕忍不住怀疑他们是否有私情。即便他们之间没有私情，曹丕也会不舒服。再加上父亲曹操对曹植的宠爱，也就让他更嫉恨曹植了。

因为嫉恨曹植，曹丕连甄宓也讨厌起来，可他不能讨厌父亲，即便父亲不喜欢自己。

曹丕把不能讨厌父亲的怨恨，全都给了曹植，觉得他的存在掩盖了自己的光芒。

一个人爱一个人，掩藏不住，一个人恨一个人，同样掩藏不住。曹丕内心里对曹植的怨恨，又被父亲曹操看在了眼里，因此曹操对他就更加冷淡了。

丞相不喜欢五官中郎将曹丕，喜欢平原侯曹植，平原侯继位的可能性很大。朝臣们有时会在背后议论，曹丕能感受到他们看自己的眼神都多了些异样，这让他既愤怒又无可奈何。

按照常人的思维分析，曹丕继承曹操的丞相和魏王位的可能性没有曹植大。但司马懿不是常人思维，就像他之前拒绝曹操的征召一样，他反其道而行之，在很多人都不看好曹丕时，他经过层层分析，仔细观察，最后做出了不一样的结论。

曹丕很可能才是那个最后的继位者。

司马懿觉得，虽然曹操很欣赏才华横溢的曹植，也一直想将他当成未来的继位者培养，但内心还在犹豫，如果没有犹豫，他完全可以马上立曹植为世子。为什么没有立呢？就是在曹操看来，曹植还有不适合当继位者的地方。而这个不适合的地方，别人可能没有看出来，但司马懿却看出来了。

曹植虽然有才华，出口成章，但他的文人气息太浓了。文人的那种任性不羁虽然很吸引人，却也是他们的致命弱点。如果一个人太任性，就容易做出一些出格的事，再加上他还不羁，那么做出出格之事的概率就增加了很多，而这都会让他的优势化为乌有。

曹丕虽然各方面都不突出，性格也过于阴晦，且喜欢耍心计，作为儿子的话，确实不容易讨得父母欢心，但这样的人却非常适合当官。为人处世太直白的人，是做不了官的。

心计对自己人使不好，但对敌人使会让自己走到最后。现在，人们不是经常会说一句话吗？某某在宫斗剧里活不过几集，某某在宫斗剧里能活到最后。活到最后的是谁？就是那个有心计的人。

于是，在接班人的选择上，曹操属于感情上偏向曹植，理智上又偏向曹丕，因为这种摇摆，才让他迟迟无法做出决定。

既然还没有决定，那么曹丕就还有机会，如果运作好了，机会还不小。

当然，虽然司马懿已经决定站队曹丕，但他并没有马上行动，他还在默默地观察着、分析着、权衡着。他知道，这个选择太重要了，决定着自己未来的发展，也决定着自己的命运，甚至决定着家族的命运，他要好好想想。

站对队，选对人，太重要了，稍有不慎，万劫不复。因此，千万不能掉以轻心。

站队是门艺术二：猪队友很可怕

司马懿在对曹丕和曹植的个性，以及他们的优劣势都做了仔细的分析后，又开始评估他们两个人的谋士。世子之争，与其说是曹丕和曹植之争，倒不如说是他们二位的支持者之争，更是他们二位的谋士之争。因为想要坐上世子之位，阴谋、阳谋必不可少。

司马懿经过一番分析，发现曹丕虽然不如曹植受曹操喜欢，但曹植身边的谋士已经让曹操厌烦了。之所以下此结论，是因为他对曹植身边的三大谋士杨修、丁仪、丁廙做了重点分析和评估。

丁仪和丁廙是亲兄弟，他们博学多才，他们的父亲丁冲还是曹操的朋友。曹操闯天下时，丁冲就曾立过大功，曹操对丁冲也一直心怀感恩之情。丁冲死后，曹操因为欣赏丁仪的才华，想将女儿清河公主嫁给丁仪。但曹丕却说丁仪虽然有才，但眼睛有疾，女人嫁人还是要看长相的，不如嫁给伏波将军夏侯惇的儿子夏侯楙。

夏侯楙是曹丕的朋友，曹丕这么说，也是带有私心的。曹操在决定将女儿嫁给夏侯楙后，有一日见到丁仪，便后悔道，他应该把女儿嫁给丁仪，丁仪是如此优秀，即使双眼瞎了，也应该把女儿嫁给他。还说何况丁仪只是视力差，曹操说完，又说了一句，我儿曹丕害我。

丁仪听了此话，就怨恨起了曹丕，再加上丁仪才华横溢，与曹植更有共同语言，于是和弟弟丁廙一起做了曹植的谋士。其实丁仪的妻子也是才女，据说《寡妇赋》就出自她的手。

丁廙和哥哥丁仪一样，都博闻强识，很受曹操赏识。身为“曹植党”的一员，丁廙对曹植的支持直截了当。在朝臣们对于世子之争一直讳莫如深时，丁廙却能直接地跟曹操谈论这件事，并直言不讳地支持曹植，说曹植仁厚孝顺，学识渊博，文采斐然，天下贤能之士，没有一个人不是站在曹植这一边的。甚至还说，这些人愿意为曹植生，为曹植死。

在曹操说他很爱曹植，想立曹植为世子，问丁廙怎么样时，丁廙说，“知臣莫若于君，知子莫若于父”，还说他不怕招来杀身之祸，他知无不言，言无不尽。

丁仪和丁廙已经够有才华了，还有个更有才华的杨修。

杨修出身“四世太尉”，用现在的话来说是出身豪门。因为颇有才华，在司马懿刚刚进丞相府任文学掾时，杨修就已经是丞相府的主簿了，和司马懿的大哥司马朗的职务一样。

丁仪、丁廙、杨修，这三个人有一个共同的特点，那就是虽然有才，却狂傲不羁，言行从不给自己留后路。他们支持曹植的方式，也和他们的为人一样，很张扬，很直接。

不用说，他们能够成为曹植的谋士，是因为曹植欣赏他们，不仅欣赏他们的才情，还欣赏他们的性格，特别是杨修，不仅出身好，而且才华横溢。别说曹植，就是曹操最初也很欣赏他，不仅欣赏他，而且重用他。

杨修有多有才，从祢衡对他的态度就能看出来，辞赋家祢衡的辩才和文才都很出色，但人却很狂妄，谁都看不起，曹操就曾被他怼过。有一次，曹操因为他的才华想要召见他，他直言不去，不去的原因是什么呢？是他觉得曹操不配和他见面。

够狂吧！祢衡不是在针对曹操，他是谁都不看在眼里，除了孔融和杨修。

孔融就是“孔融让梨”里的那个孔融。孔融是孔子的二十世孙，刚正不阿，言辞激烈，当然也自恃才华盖世，谁都不能比。东汉建安十三年，孔融因触怒曹操而被杀。

又是东汉建安十三年，东汉建安十三年真是神奇的一年。

狂傲的祢衡，欣赏的也是狂傲的孔融。据说，有人问祢衡，荀彧怎么样，祢衡说，可以借荀彧的脸奔丧。意思是说，荀彧长得很好，但才情一般。荀彧在历史上可是有“圣人”之称的，他还被曹操称为自己的“子房”，可这样的人在祢衡眼里都不如杨修。当然，祢衡的评判未必就是正确的，毕竟他是一个很自我的人，他对别人的评价，更多的是主观判断，但却也能说明杨修的才华不一般。

杨修的才华不一般，凡是爱才之人，都会喜欢他的才，但他喜欢卖弄聪明，这在曹植看来可能并不是缺点，甚至还是优点，但他却犯了曹操的大忌。对于这些，曹植没有意识到，恃才狂傲的杨修更没有意识到。

杨修没有意识到这会危及自己的生命，更会影响到曹植成为曹操的继任者。

杨修、丁仪、丁廙，他们为人处世从不遮掩，喜欢就喜欢，不喜欢就不喜欢，"外露"是他们的底色，也是他们人生悲剧的源头。

他们没有意识到他们这么做不仅会影响自己，还会影响他们支持的曹植，但司马懿意识到了。司马懿能够意识到，除了因为他对人性的把握，还因为他与曹操的几个儿子早有接触，对他们的喜好、性格、特点都非常了解，甚至对他们的心腹也很了解。

一切都像是命运的巧妙安排。司马懿进入丞相府后，职务虽然是文学掾，但曹操又让他吃住在丞相府，与他的几个儿子多接触。曹操的目的很简单，像司马懿这样的世家子弟，读书多，见识广，他想让司马懿和他的儿子们多相处、多互动，以便让儿子们从司马懿身上学到些什么。

从这点上来说，司马懿即便在曹操身边一直隐藏实力，曹操也知道他的才华并未完全展现。

和曹操的几个儿子接触，对司马懿来说是个难得的好机会。其实刚进丞相府，丞相府里的大小人物都没有逃过司马懿的眼睛、耳朵，更不要说让他有这种机会了。通过和曹丕、曹植及其身边的谋士接触，司马懿对他们有了比较深入的了解。

曹植的优势很明显，但劣势也很明显。他的劣势，除了他身上有着太重的艺术家气质而做不好政治家，还在于他身边的那几个谋士，虽然有才却经常用力过猛。

凡事不能太过用力，不然容易将好事变成坏事。

《周易》曰："月满则亏，水满则溢。"世间万物都是如此，一旦用力过猛，就会物极必反。

司马懿知道，曹丕如果想在世子之争中赢曹植，就不能着急，欲速则不达，不疾不徐方能得到自己想要的。

入伙前，先给自己的角色定位

独木难成林，想要成事，团队很重要。而要想进入一个核心的团队，首先就要了解这个团队的成员组成，然后找准自己在这个团队中的位置。

司马懿将目标牢牢地锁定在了曹丕身上。

既然站队，那就还有个问题一定要注意：一旦选择，你们就是一条船上的人、一根绳上的蚂蚱，必须共荣辱，共进退。司马懿能做出如此选择，是经过了深思熟虑的。他了解曹操，知道曹操情感上虽然更喜欢曹植，但若选择一个人做国家的统治者，显然曹丕比曹植更适合，这也是曹操迟迟不立世子的原因所在。

看清局势后，选择好自己要走的那条路，就不要再三心二意，紧盯目标，稳步向前，最后伺机而动。

其实，与其说是选择站队曹丕，倒不如说是选择站队做了世子的曹丕。如果曹丕不是世子候选人，司马懿也不会去站队他。因而，司马懿在进入曹丕的支持者团队后，首先想的就是如何让曹丕成为世子。这也是所有站曹丕的人的目标。

司马懿不打没有把握的仗，即便只是进入曹丕的支持者团队，在正式进入之前，他也要先在曹丕的团队中找准自己的位置。

在曹丕身边，司马懿自然不能像在曹操身边那样。在曹操身边，他需要“收”，主打低调、收敛，等待机会；而在曹丕身边，他需要尽可能地寻找机会展示自己。在曹操身边，他不仅不能太出风头，还要尽可能地隐藏自己的实力；而在曹丕身边，他要做的就是竭尽所能地成为曹丕所倚重的人。这是两个极端，是司马懿对隐藏实力的释放。

想要成为曹丕所倚重的人，就要深入了解曹丕现在所倚重的人的情况。这些人将会和自己捆绑在一起，决定着曹丕能否在世子之争中将劣势转化为优势，并成为最终的胜利者。

能在曹丕与曹植的世子之争中起到关键作用的，是曹丕的三位谋士，而这三位谋士也是曹丕现阶段最倚重的人——吴质、陈群和朱铄。

吴质出身寒微，有才华，善谋略，因为诗词歌赋写得好，也就和曹植成了诗友。吴质有谋略，但他的谋略更多是阴谋。在这一点上，他又与曹丕有着很多共同语言，因而两个人也就成了私下的朋友。

曹丕和曹植争世子之位时，曹植也曾想让吴质成为自己的谋士，但吴质认为，曹植虽然文采出众，但在政治上就是个菜鸟。因此他选择了曹丕，并成为曹丕竞争世子之位时最为倚重和信任的人。

不过，司马懿知道，吴质的出身和他的性格特质决定了他只能是曹丕一段路上的倚重者——此人虽然有才，也有些阴谋诡计，但却不是世家大族出身。那时候是很讲究世族门阀的，吴质结交上层，在他同阶层的人看来，就是在攀缘。因此，吴质私底下名声并不好，不管是上层还是同阶层的人，都说他趋炎附势。同阶层的人嫉妒他，鄙视他，上层人士又瞧不起他。更重要的是，他在与上层人士交往时，又仗着是曹丕的朋友，还有些才华，为人很是张狂，因而经常得罪人。

吴质性格上的这种特质，有些像曹植身边的杨修。吴质和杨修曾有过一次直接交锋，那次，吴质用小心计战胜了急于求成的杨修。

曹操迟迟不立世子，或者说迟迟不立曹植为世子，让杨修有些着急。有次他听说在朝歌任职的吴质藏进一辆装着破竹篓的车子，进了丞相府，要密见曹丕。杨修自己不能去查，但觉得这是个打压曹丕的机会，就上报给了曹操。

杨修上报曹操的事，曹丕身边的人知道后马上汇报给了曹丕，曹丕很是着急。曹丕让吴质进府，就是为了商量怎么争夺世子之位，而曹操最讨厌的就是他们兄弟几个拉帮结派，钩心斗角。如果被父亲知道了，自己很有可能就得退出世子之争了。

曹丕肯定不甘心，就将此事告诉了吴质，吴质听后不仅不着急，反而微微一笑道，这有何难？既然他们爱打小报告，不如咱们就来个将计就计。于是，曹丕命人将木头装进绢车运进府里，并故意释放消息，称里面藏有人，是来密见曹丕的。

杨修不知是计，非常高兴，马上又上报给了曹操，曹操见曹丕如此频繁地偷偷见人，发了怒，令人去查。结果发现根本就没人，于是对杨修的话产生了怀疑。吴质这一计，和曹操儿时报复那个经常告他状的叔父如出一辙。

招数不怕类同，有用就行。战胜杨修后，吴质更得意了，再加上曹丕对他的信任和倚重，让他再面对同僚时，尾巴就翘上了天。

从吴质使的这一计中能看出，他确实机智，也确实有些谋略。但司马懿判定，这样的人在仕途上很难走得远，原因有三：第一，他的出身限制了他；第二，他的性格让他树了很多敌人；第三，他喜欢使阴招。喜欢使阴招、阴谋的人，能用，但不能常用，毕竟阴招和阴谋，都是不能见光的，是上不了台面的。因此一旦曹丕继位成功，吴质的使命基本上就结束了。

也就是说，为了达到目的，一个人可以让自己变黑，但当达到目的后，就必须将自己洗白了。因此吴质能用，但不能大用，更准确地说是不能常用。从这一点来说，吴质注定也不会是他司马懿的长期同谋。

而从杨修打小报告的一系列行为来看，如果曹植以后输给曹丕，很大原因可能就输在曹植一方急于求成、得意忘形上。

曹丕的另一位谋士陈群，出身于名门望族颍川陈氏，他的祖父陈寔、父亲陈纪、叔父陈谌均为朝廷名臣，有“三君”之称。东汉兴平元年，刘备任豫州刺史时，陈群曾是他的别驾，刘备与袁术在徐州发生争战时，陈群也曾出了一计，但未被刘备采纳，进而导致失败。刘备事后很后悔没有采纳陈群的建议，但已经晚了。

之后，陈群和父亲一起投靠曹操，曹操欣赏陈群的才华，对他委以重任。他先在司空府任治书侍御史，又在丞相府任丞相军事，很得曹操信任。陈群不仅在政治上颇有建树，而且性格沉稳，在曹丕和曹植的世子之争中，他站在了曹丕一边。

陈群不管是出身还是政治经验，或是他的性格，都让司马懿觉得，他会是那个仕途上走得很远的人。而这样的人，通常根基又比较深，可以成为自己以后团结的对象，是可以长期与其同谋的。

曹丕的第三位谋士是朱铄。朱铄的出身，历史上没有记载，只说他是名武将，作战勇猛，性格急躁。不过，此人能够进入曹丕的谋士团队，应该也是有些谋略的，但不多。

司马懿觉得，朱铄虽然现在在曹丕的谋士团队，但最终还是武将的命，这样的人，是可以长期维护的对象。

司马懿在了解了这几位的各方面情况后，也就知道了自己的优势和劣势。

自己在机灵上不如吴质，在政见上不如陈群，在勇猛上不如朱铄。但是，自己性格沉稳，深谋远略，是有机会成为像吴质一样多谋，像陈群一样沉稳的人的。曹丕的团队，需要一个他这样全面的人。由于吴质的性格弱点，以及朱铄的局限性，司马懿认为自己在曹丕的谋士团里甚至有可能取代吴质，成为曹丕最为倚重的人。

纳投名状，“孝”是可以演出来的

想要入伙，就要纳投名状！

纳投名状，是指进入一个组织或者效忠一个组织时，给组织的一种保证。纳了投名状，就表示你决定对组织忠诚，也有让组织看你能力的意思。凡是看过《水浒传》的应该都知道，投靠水泊梁山者，都要遵守个个铁规，那就是必须手拿一条人命。这条人命，是入伙梁山的投名状。

战场上，降兵降将打头阵，也是在纳投名状。还有谍战剧，那些叛变过来的人，都要给出至少一条有价值的情报，这情报，也是投名状。司马懿也准备给曹丕纳个投名状。

其实，曹丕对司马懿还是很熟悉的，两个人之前相处得也还不错，甚至他们的相处有点亦师亦友的感觉。曹丕知道，想要从世子之争中获胜，就需要更多支持者，特别是有智谋的支持者。只是司马懿在还没有认定支持谁前，他将自己的喜好隐藏了起来，装得很中立，以至于看起来他对曹丕和曹植的态度似乎都差不多。曹丕摸不准他的心思，对他是否支持自己也没有把握。

在决定支持曹丕后，司马懿也就有意无意地给曹丕提一些建议，谈一些想法，甚至还会出一些计策。曹丕知道司马懿支持自己后，很开心，也能听取他的建议。

有一次，曹操准备出征，曹丕又像之前的每一次一样，挖空心思，挠着头皮准备写一篇感天动地的文章，为父亲送行。只是之前的失败经历，让他既紧张又焦虑，既担心自己写的父亲不喜欢，又担心弟弟曹植写的让父亲对他的宠爱又多一分，因此迟迟下不了笔。

司马懿知道，这是他给曹丕献计的最好时机，于是对曹丕说，此次丞相远征，是个好机会。曹丕不解，问他为什么这么说。司马懿问曹丕，每次丞相出征，曹丕是怎么做的，曹丕说写一篇为父亲送行的文章。司马懿问他写后的效果怎么样，曹丕一听，瞬间变了脸色，唉声叹气起来。司马懿接着问，为什么你不换种方式表达感情呢？曹丕问他换什么方式，司马懿说，你写文章送行，就是在用自己的劣势和平原侯的优势相比。

司马懿一下子就说到了曹丕的痛处，这是曹丕一直以来备感尴尬和无奈的地方，在他看来，这是一个无解的问题，顿时就没有信心了。

司马懿为人处世一直都很谨慎，也很谦逊，很少说话不考虑对方感受，但这次却很直白，他能如此不留情面地和曹丕说，就是想要点醒他。当然，该给的面子，他还是要给的。于是，司马懿又说，要比，就要用自己的优势和对方的劣势相比，这就有点像田忌赛马。

春秋战国时期，齐国大将田忌每次与齐威王赛马都输，很是扫兴，他的朋友孙膑看出了其中的门道。孙膑是鬼谷子的徒弟，有名的军事家，他对田忌说，想要在赛马中取胜并不难，只需调整下赛马的出场顺序就行了。田忌问他如何调整，孙膑说，齐威王出上等马时，你只需用下等马与其比赛；齐威王出中等马时，你只需用上等马与其比赛；当齐威王用下等马时，你只需用中等马与其比赛。田忌照孙膑的说法做了，结果，田忌两胜一负，第一次赢了齐威王。

用自己的优势与对方的劣势比，曹丕不是不知道这个道理，可父亲出征，他们兄弟几个几乎都是用诗文送行——自己与曹植比，优势又在哪儿呢？

司马懿怎么可能看不出曹丕的心思，继续说，写文章是平原侯的强项，这也是丞相宠爱平原侯的最大原因，所以丞相出征对平原侯来说，是个绝佳的表现机会，他一定会写一篇精彩绝伦的文章，而你就是再用心写，也未必能写得比平原侯好，且因为有了比较，你会输得更惨。

曹丕一想，不是一直都是这样吗？自己每次都想在写文章上比过曹植，可没有一次能比得过，可不写文章，还能怎么送行？总不能喝酒吧！

司马懿说，什么都不用做，什么也都不用说，只管流泪就行了。司马懿说完，停了下来，看着曹丕。曹丕让他继续说下去。司马懿说，丞相要远征，路途劳累而辛苦，打仗也危险重重，更不知道何时才能归来，作为儿子，会舍得老父亲远征吗？

曹丕顿时明白了司马懿的意思，他惊喜万分，纳闷自己之前怎么就没有想到这一招。写文章他不如曹植，可论演戏，特别是演哭戏，他绝对比曹植强。

虽然曹丕“演”舍不得，和曹植写文章表达舍不得，属于强项对强项，不分胜负，可曹植的强项之前一直都在用，而曹丕的“表演”舍不得却是第一次用，这对曹操来说，也就多了些惊喜。

曹丕在流泪时，想的不是父亲远征，而是自己一直以来不管用什么方式讨好父亲，总是得不到他的宠爱。想着想着，他就越想越伤心，越想越难过，越想越委屈，眼泪也就止不住地流了下来。

曹操再懂人性，也不会知道曹丕这眼泪的成分里是对他的埋怨，还是对他的爱，只是觉得曹植的送别文章虽然依然优美，却并不出乎自己的意料，而曹丕的不同，曹丕的不舍，都在眼泪里。眼泪里的不舍和文章中的不舍相比，还是眼泪来得更真诚，更实在，更打动人心。曹植文章里表达的对他的感情，和曹丕的眼泪相比，有些华而不实了。

朝臣的感觉更是如此，对于他们来说，他们能共情的，自然也是曹丕的眼泪。曹植文章里的感情是带有艺术性的，是夸张的，而曹丕流泪所呈现出的感情，是生活的，是落了地的，是让他们也禁不住鼻子一酸、眼圈一红的。

眼泪能够传染，曹丕的眼泪，朝臣的眼泪，竟然让铁汉曹操也禁不住鼻子一酸，老泪纵横。曹操一下子觉得，曹丕这个儿子或许并非一个只知道玩心眼、对人冷漠的人，对自己还是很孝顺的。

曹丕从曹操看自己的眼神中，也看出了疼爱的成分。这种久违的感觉，一时之间竟让他悲喜交加，眼泪流得也就更多了。而这，再次被曹操视为是对自己的舍不得，是对自己的爱和孝顺。

这是曹丕难得的，在曹操面前战胜了弟弟曹植。

司马懿只提了一个建议，就改变了曹丕长久以来在曹操那里心机深重、没有真情的刻板印象，并进而改变了曹丕在父亲曹操那里不受待见的局面。

曹丕此后有事，都会找司马懿出计。司马懿也就自然而然地成了曹丕谋士团队里的重要一员。

当然，此时的司马懿给曹丕出计，还只能偷偷进行。暗地里，他是曹丕的谋士；明面上，他依然是那个兢兢业业的文学掾。

第三章　准确把握机会，一切皆有可能

锋芒只在最好的时机“侧露”

不出计则已，一旦出计，必定是好计。

开口表达是需要注重天时地利人和的，不是只要出于善意，就什么都不顾地直接说出来。司马懿在曹丕身边，才华是外放的，能展示的都尽量展示，因为此刻的曹丕正处在迷茫中，需要有人给他出主意。在曹操身边不一样，曹操的谋士不少，且个个都是出过大谋，定过乾坤的。司马懿在那些有名的谋士面前，就是个不入流的菜鸟，最重要的是，那些谋士跟随曹操久了，是经过了曹操的考验的，曹操对他们很信任。

出谋定计有个前提，就是双方一定要互相信任，面对一个对你不是很信任的人，你是很难拿出好计谋的，因为你需要考虑这个计谋献出以后，对方是否会多想，是否会认为你有其他目的，或者即便采纳了，却没得到想要的效果，甚至招致了失败，对方会如何对你？你能承担得起后果吗？

司马懿在曹操身边，就处在这么一个尴尬的位置。因此他的才华是收敛的，甚至有时候他还要极力地隐藏才华，只在适当的时候露出来一点，一看苗头不对，随即又隐藏起来。就像那潜水的人，在水里憋久了，会露出头，呼吸一下新鲜空气，随即又将头潜入水中。

司马懿已经很谨慎了，但疑心很重的曹操，有时候还是会因为一两件事，对他产生猜忌。而这种猜忌，实际上也是因为司马懿那时隐时露的才华，让曹操觉得可疑。

曹操对司马懿的猜忌从未完全消除过，不过，每当他想落实自己的猜忌时，却又无论如何都找不到证据来佐证，于是只能不了了之。

曹操和司马懿之间的关系，有些像警察看一个人，怎么看都觉得有问题，但却没有一个完整的证据链，来证明对方有罪。他们之间的关系，又有点像捉迷藏，一个找，一个藏。藏的人在暗处，找的人在明处，暗处的人看到明处的人就在他旁边，难免会胆战心惊，而找的人明明知道藏的人就在自己身边，却又怎么都找不到，免不了担忧害怕，生怕他突然蹿出来，给自己一闷棍子。

当然，司马懿也并非没有出过计，如果一直不出计，爱才的曹操又怎么会留他？

东汉建安二十二年，司马懿在跟随曹操征伐孙权取胜后，孙权派使者向曹操乞降，说他愿意称臣，还说曹操有天命，应该称帝。孙权说出了曹操内心的渴望，曹操暗地里高兴，嘴里却说孙权是故意把他架在火上烤。

曹操在说完这句话的时候，还看了司马懿一眼，司马懿知道是让他发表意见。这种情况下，司马懿再装傻充愣肯定行不通。于是司马懿说，汉朝国运就要结束了，命数也已尽了，又说丞相这是应运而生，十分天下现在已经得了九分，但还是尊奉天子，谁又不说丞相品格高尚？

一听，司马懿就是在拍马屁，马屁拍得，和当年他哥哥司马朗为了一家人逃命，吹捧董卓差不多。曹操被司马懿拍得很舒坦，就看着司马懿，示意他继续说下去。司马懿得到鼓励，继续拍马屁，说孙权上表称臣，既是天意，也是众望所归，还说虞、夏、商各朝之所以不推辞，就是因为敬畏上天，知天意。

司马懿和曹操说话非常小心，说的时候，从言语到表情，都表现出一种万分钦佩的真诚。做到这一点，对司马懿来说不难——对人性和对曹操都足够了解的他，是知道曹操喜欢听什么，想听什么的。但因为曹操的敏感和多疑，司马懿在说的时候，不仅言语、表情要到位，还要从内到外都要让曹操感觉到，自己所说是发自内心的。不然，你的马屁拍得越多，他对你的印象越不好，觉得你是在阿谀奉承。曹丕之所以不被曹操喜欢，就是因为让曹操看出了他的言不由衷。

司马懿在说完那些关键的话后，就没有再说话了，这就是他的聪明之处。司马懿的聪明之处，就表现在话不说尽，事不做绝。话里真真假假，假假真真，真中有假，假中有真。即便露出些许破绽，也让人无法从他的破绽里发现什么。

杨修不一样，杨修总是将他的聪明发挥到极致，也表现到极致，让人因为他的聪明而喜欢他，又因为他的聪明而讨厌他。最终，杨修就是被他的聪明害了，也就是所谓的聪明反被聪明误。

杨修的聪明，曾经让曹操很喜欢——谁不喜欢一个懂自己的人呢？杨修的聪明，更多体现在善于揣摩人心上。

善于揣摩人的心思的人在职场上是很受上司喜欢的，所以他们通常会成为上司的助理或者秘书。因为你正准备交代他做什么事，还没有交代他已经做好，摆在你面前了。甚至有些你不能言说的事，只需一个眼神，他便知道了，很快替你做好。最后出了事，他也能替你背锅，不给你惹一点儿麻烦。这样的人，通常会成为上司的心腹。

善于揣摩人的心思，在爱情上就是善解人意。善解人意的男性和女性，相比不解风情的人，更容易得到爱情。

然而，如果一个人对你的心思看得太透，就像你肚子里的蛔虫一样，也是一件很可怕的事。因为每个人的内心都有不可告人的阴暗之处，这些，是我们不愿意让别人看到的，但他却看到了，而且还说出来了，是不是很可怕？而如果这个人还利用他对你的了解来对付你、拿捏你，这个人是不是就不仅让你讨厌，还让你害怕，让你恨不得他消失？

曹操对杨修的态度，就是经历了这样一个过程。

曹操在没有立世子之前，随时随地会用各种方式来考察候选人。杨修仗着对曹操心意的了解，不仅为曹植提前准备了不少问题，还将它们一一列出来，让曹植思考，而这些问题最后基本上都被曹操拿出来突然提问。

曹植原本就聪明、有才华，再加上做了准备，所以每次回答问题都既准又快。最初，曹操很高兴，但曹植每次都能又快又准地回答，让曹操产生了怀疑，为何曹植的答案全是自己想要的？

疑心重的曹操私底下打听了一下，才知道，曹植之所以能够回答得如此完美，是他提前做了准备，而他准备的问题，又都是杨修提供的。

本来是闭卷考试，一下子变开卷考试了。对此，曹操既惊讶又生气，惊讶的是他知道杨修了解他，但不知道杨修竟然如此了解他，简直就像是他肚子里的蛔虫；生气的是，他觉得这是一种作弊行为。曹操最爱曹植的才华，杨修这么做，让曹植的才华在曹操的心里打了折扣。

就像一个每次考试都考双百的学生，老师突然发现，他之所以每次考双百都是因为作弊一样，让你难过。当然，对杨修，曹操也就不仅仅是讨厌了。

自作聪明！曹操的内心再次响起了这个声音，这个声音在曹操的心里已经响过很多次了。曾经，曹操就因为杨修的自作聪明动过怒，那还是在他攻打汉中时，因为久攻不下，他就想到了撤兵，可又觉得有些可惜。于是，有一天，在军中问他口令的时候，他随口说了一句“鸡肋”。

“鸡肋”的口令就这样被传了下去，但下面的人却不知道是什么意思。当时，杨修也在随军征战，他在听了这个口令后，什么都没有说就起来收拾行装，准备离开。有人问他为什么收拾行装，他说“鸡肋”的意思就是食之无味，弃之可惜，说明要撤军了。

当然，最后结果果然如杨修所说——撤军。但这件事被传到曹操耳朵里后，他就皱起了眉头，“自作聪明”几个字涌上了心头，有种心思被人看穿的“懊恼”。

能看穿别人的心思，用好了，就会像司马懿一样，避祸成事；用不好，就会像杨修一样，聪明反被聪明误。

杨修和司马懿，都能看穿曹操的心事，但结局却完全不同。原因就在于，司马懿看穿却装作看不穿，而杨修是看穿后，恨不得天下人都知道他能看穿曹操的心事。

一个隐，一个显，也就有了截然不同的两种结果。

能看穿曹操心事的司马懿，只用了一个小小的建议，便让自己的仕途进入了一个新的阶段，依次做了黄门侍郎、议郎、丞相东曹属、丞相主簿等。而丞相主簿这个职位，又给了司马懿机会，让他在帮助曹丕争夺太子之位上发挥了很大作用。而杨修也能看穿曹操的心事，但却因为过度使用，最终为他的悲剧命运埋下了伏笔。

站对了队，跟对了人

一荣俱荣，一损俱损。加入一个团队，就应该和这个团队荣辱与共。随着曹丕在曹操及部分臣子心目中的形象发生转变，双方团队的世子之争，也就进入了一个白热化的阶段。

双方团队不断地通过各种方式进行较量。此时，他们不得不这样，已经坐上了“贼”船，还能下来吗？没人能下来，只能硬着头皮，大家一起往前奔了。何况，如果这次他们所站之人赢了，当上了世子，继承了丞相、魏王之位，那么他们也会青云直上；而一旦所站之人输了，他们的政治前景也就随之黯淡了，甚至结束了，再严重点，很有可能失去性命，因而双方也都铆足了劲。

两个团队之间的争斗，与其说在为他们所站之人争输赢，倒不如说是他们在为自己的前途努力。

司马懿在加入曹丕的谋士团后，确实让曹丕一方的势力有所增加，但与曹植相比，曹丕还是稍稍落下风。而之所以稍落下风，很大程度上是因为在他们父亲曹操的心里，曹丕与曹植相比是落下风的。

东汉建安十九年，曹操东征孙权，下令曹植留守邺城。邺城是曹氏的政权、军事中心。曹植能被曹操委以重任，防守邺城，可见曹操对他的放心，以及他在曹操心中的分量。

曹丕面对这种情况，不可能不着急，他知道父亲对弟弟越重视，自己的机会就越小，朝臣中那些原本中立的，也都会去支持弟弟。曹丕不想输，不能输，更输不起。

曹丕左思右想后，冒险去找曹操最信任的谋士贾诩，希望能从贾诩那里探听到些什么，也希望贾诩能够在他父亲那里帮他多说点好话。

曹丕之所以去找贾诩，是因为他发现，贾诩虽然在世子之争中没有选边站，基本保持中立，但对他印象不错，只要贾诩能够有一丝丝偏向他这边，那么他赢的概率就会大大增加。

贾诩是何等聪明之人，怎么可能直说？曹操对这方面还是很忌讳的，他不希望两个儿子为了世子之争而闹得你死我活，所以谁明目张胆站某一方，就处置谁。

曾经，崔琰、毛玠就因为在这方面犯了曹操的忌，被清理了。

崔琰出身名门士族的清河崔氏，不仅长得朗目疏眉，英气十足，而且很有才华，是冀州士林的领袖人物，很多文人志士都和他有来往。曹操因为仰慕他的才气，将他纳入了自己的帐下，让他在丞相府西曹任职；毛玠是兖州陈留人，投靠曹操前曾任县吏，以清正廉洁著称，在丞相府东曹任职。

东西曹相当于丞相府的人事部门，西曹主要负责幕府内的人事任免，崔琰所选之人，大多是世家大族子弟；东曹除主要负责幕府外，也管地方官僚的人事任免，毛玠选人遵循的是“乱世从能”，也就是不看德行，不看出身，只看能力，这有点我们现在所说的“不管黑猫白猫，抓住老鼠就是好猫”的意思。

曹操因为对于立谁为世子一直犹豫不定，眼见自己年龄越来越大，便写了封密函给部分重臣，想征询一下他们的意见。既然是密函，肯定是想控制在一定的范围内，他不想加深两个儿子之间的矛盾。其他臣子都明白他的意思，也都各自用密折回复曹操，只有崔琰不仅公开了那份密函，还在上朝时公开说应该立曹丕，原因就是立嫡立长，还说五官郎将曹丕仁慈聪慧，应该立他为世子。不仅如此，他还引经据典，高调表示他要用生命来捍卫曹丕的世子地位。

崔琰那犹如行为艺术般的夸张做法，不仅让朝中大臣大跌眼镜，还惹怒了曹操，认为他既是在绑架自己，也是在向曹丕邀功，总之，包藏祸心。曹操生气也就罢了，曹丕也很生气，根本不领情，原因是，曹植是崔琰的侄女婿，曹丕认为崔琰之所以这么做，看似是在帮他，实际上是在助曹植。因为崔琰的这种做法，势必会引起曹操的反感，对自己不仅没有帮助，反而有害。而朝臣则认为，崔琰之所以这么做，是他在两头押注，不管哪方被立为世子，他都能自圆其说地获利。

既然崔琰包藏祸心，曹操肯定也就容不下他了。恰好这时候有人诬告崔琰，曹操借此机会治了崔琰的罪，之后还又找了个借口赐死崔琰。

诬告崔琰的是谁呢？就是曹植的坚定支持者——谋士丁仪。从丁仪诬告崔琰可以看出，崔琰或许并不像曹丕以为的那样，明着帮自己，暗地帮曹植。

毛玠也支持曹丕，不过他用的是密折，在崔琰被赐死后，他非常难过，恰好也有人诬告他，诬告他的人，同样是丁仪。谁支持曹丕，丁仪就和谁是死敌，他就要报复。丁仪还真是有仇当即就报，从不隐藏，也不过夜。

曹操因为丁仪对毛玠的诬告，将毛玠关进了大牢。最后，毛玠虽然在曹丕的授意下，被桓阶等人救了出来，可他还是被免职了，回家不久，毛玠就郁郁而终了。

崔琰和毛玠的结局，让很多人谈“世子之争”色变，没有人敢再在公众场合说，就是私底下也都讳莫如深。

曹操忌讳朝臣选边站，结党营私。当然不仅是曹操，历代帝王都是如此，可在立储之事上，又没有哪个朝代没有选边站的。对于贾诩来说，不管是曹丕还是曹植，皆可，他原本是持中立态度的，当然，当曹丕问到他的时候，他也不能不答，于是说，曹丕只要孝顺便是。

贾诩未必是在给曹丕支招，但却和司马懿对曹丕所提建议如出一辙，因而曹丕也就将功夫用在了如何对曹操展现父子之情上。

当然，很多时候，竞争双方如果势均力敌，那么两方中谁会取胜，更多是看哪方少犯错，或者说，在双方实力都差不多的时候，按兵不动最好。不是有句话吗？多做多错，少做少错。比赛到了关键时刻，比的就是谁犯错少。

因此，静静地等待对方犯错，或者引导对方犯错，可能是最保险、最不费力的做法。

曹植和他的团队，与曹丕和他的团队相比，原本是有优势的，但因为犯了一个大错，而这个错，又是曹操之所以一直没有立曹植的主要原因，进而导致了局势的急转直下，最终，将大好形势拱手送给了曹丕一方。

这个大错是什么呢？

东汉建安二十二年，曹植与属下饮酒作乐，醉酒之后竟然擅自驾驶皇室车马，夜闯司马门。

司马门是只有天子才能走的门。在那个等级森严的时代，皇宫里的各个门都有严格的出入规定，身份不同者出入的门也不一样，即便是诸侯，也不能从只有天子才能通过的司马门走。然而，曹植醉酒后竟闯入了。

这个错犯得有些不可思议，或许是因为不管是曹植，还是曹植身边的谋士，都是些恃才狂傲的文人骚客，他们在喝酒喝到一定程度的时候，会因为兴奋忘了自己的身份，把持不住，做一些出格的事来。

曹植为人清高，也很难跟所有人打成一片。在继位者之争中，旁人的吹捧让他和他的团队以为自己这方已经稳操胜券，因此就有些得意忘形。

当然，曹植喝醉了，没有多少意识，犯这样的大错，也是有可能的。可其他人呢？特别是他身边的谋士们，这时候他们去哪儿了？不是应该去阻止曹植的这种疯狂行为吗？

可没有，没有一个人去阻止，这说明他们都喝多了，或者是他们觉得，司马门就是一个门，过了也就过了，不算什么事。

这场闹剧导致的后果是，曹操大发雷霆，不仅将管理皇室马车的人处死，就是当时最喜欢的儿子曹植也在他心里一落千丈。当然，更多的是对曹植的失望，有些恨铁不成钢。

大好的局面，就因为曹植酒后的低级错误，反转了。

东汉建安二十二年十月，曹丕和曹植之间的继位者之争正式落下帷幕，曹丕胜。

风光时，不要得意忘形

曹丕被正式立为世子，曹丕的支持者得势，而曹植的支持者不仅失了势，有些还丢了性命，最先丢了性命的就是杨修。

当然，杨修的死并不仅仅因为曹植在与曹丕的世子之争中失利，还有很多原因。比如，他是四世三公的袁氏家族中袁术的外甥等，还有就是他太聪明，且他又是曹植的支持者等。

如果曹植在世子之争中获胜，那么杨修不会死，因为他的聪明，将会成为曹植继位后的一个很好的帮手，但曹植不是世子，曹丕才是。既然曹丕已经是世子了，那留下最聪明的对手，对曹丕及整个曹氏政权，都是危险的。因此，曹操必须为曹丕扫除一切障碍。

虽然曹操并不是很喜欢曹丕这个儿子，但当曹丕成为他的继位者后，曹丕代表的就是曹氏政权，因此他怎么都要维护。

看一个人是另一个人垫脚的石头还是障碍，这是跟当时的局势有关的。如果曹植是世子，杨修就是那块垫脚的石头，如果曹丕是世子，那么杨修就是最大的障碍。即便曹操不杀他，曹丕继位后也会杀他。

也就是说，杨修的生死，与曹植是否成为世子息息相关。

曹操杀杨修，所找借口是“前后漏泄言教，交关诸侯”，意思就是他泄露秘密，结党营私。如果有泄露秘密和结党营私这事，也是之前就发生的事，是曹操早就知道的，但当时曹操并没有以此为由治杨修的罪。当时没治杨修的罪，是当时不需要他死，现在需要他死了，就要翻出来治他的罪了。

说你行，你就行，不行也行；说你不行，你就不行，行也不行！都是领导一句话的事。

聪明而不断彰显自己聪明的杨修，就这么死了。如此有才华的一个人，死了真是可惜，但没有办法，他站错了队。

这还没完，曹植的另外两位谋士，丁仪和丁廙两兄弟，最后也死了。他们比杨修死得晚，是曹操死后，继位的曹丕找借口，将他们杀了的。曹丕不仅杀了他们两兄弟，还将他们两兄弟族人中的男人全部都杀了。

其实两兄弟的族人，原本可以不用死，当时曹丕让丁仪自裁，丁仪对自己下不了手，也就没自裁。几天后，曹丕以丁仪贼心不死为由，不仅杀了他，还杀了他的弟弟丁廙，以及族人中的男丁。

世子之争中的失败者曹植，他的三位重要谋士的结局就是死；世子之争中的胜利者曹丕的谋士，自然就是一人得道，鸡犬升天。作为曹丕谋士团一员的司马懿，在曹丕被立为世子后，于东汉建安二十四年被任命为太子中庶子，辅佐曹丕，负责执掌侍从、奏事、谏议等事务。这一年，司马懿 41 岁。

因为助曹丕成为世子有功，司马懿与吴质、陈群、朱铄被称为“太子四友”。此时的司马懿，已经相当于曹丕的管家了。也就是说，一旦曹操去世，曹丕继位，他就能跟着曹丕飞黄腾达了。

当然，司马懿的仕途虽然大大地上了一个台阶，可这一年对司马家族来说，是一得一失。“得”是指司马懿的高升；而“失”则是指那个深受百姓爱戴的司马朗去世了。

司马朗死于一场瘟疫，年仅 47 岁。

当时军队中流行瘟疫，司马朗去视察并看望，在给患病的将士送药时，感染上了瘟疫，不治而亡。这也真应了那句话，好人不长命。

司马懿虽然被任命为太子中庶子，辅佐曹丕，但曹操或许还想继续考察司马懿，所以在他做了中庶子没多久，就任命他为军司马。

“马”在古代属于战略武器，非常重要。“司马”本来是指负责管理马匹的官员，三国时期，“军司马”不仅负责管理马匹，还负责征调军事需要的人力、物力，以及组织士兵开展军事，属于掌握军事、军政的长官。

曹操能够任司马懿做军司马，是认可他有这方面的能力。做好本职工作，是司马懿一直以来在工作上的态度，不管在哪儿任职，任什么职，他都能把工作做得让人挑不出一点儿毛病，不过也谈不上出彩。

司马懿的身上，是带有中庸思想的。他明白物极必反的道理，所以很多时候，他都在追求一种平衡。当然，这只是司马懿的一种策略，不该出头的时候，绝不出头——枪打出头鸟嘛；该出头时，他又会毫不犹豫，立刻出手，他是很善于抓机会的。

每个人的身上都有两面性，司马懿也不例外。

能出这种损招的人，绝对是个狠人

司马懿做任何事之前，都会做一番权衡，对自己即将做的事做一番分析。他知道，出任军司马是需要跟随曹操出征的，在此期间，自己需要在曹操面前展示一些自己的谋略，如果一点儿也不展现，那么自己就是个庸人，一个庸人又如何辅佐世子呢？但却又不能全部展现，展现得多了，就有危险了，说不定会像杨修一样，被曹操找个借口杀掉。因此何时展现自己的谋略，如何展现，展现多少，这个度一定要把握好。

司马懿任军司马期间，曾试探性地向曹操提出“灭贼之要，在于积谷”，意思是要想战胜敌人，首先就要屯田积谷，为打仗打下经济基础。这虽然算不上谋略，却也是策略，而这个“屯田”之策，也被曹操采纳了。

从之后与诸葛亮的几次交锋中能看出，诸葛亮北伐之所以没有成功，最大的原因就是粮食问题。从司马懿的“屯田”之策可以看出，他对粮食在战争中的重要性看得很清楚。

出计还是要慎重。其实任军司马期间，司马懿有很多次献计机会，如果是杨修、吴质等人，为了在曹操面前展示他们的谋略，肯定会千方百计地献计，但司马懿没有，他只有在不得不献计的时候才会献。这么做，最重要的原因就是曹操疑心太重了，一旦自己献计太多，他就会猜忌，甚至觉得这样的人留在丞相府是种威胁。另一方面，如果献计，就不但要被采纳，还要赢得漂亮。

从这点上来说，司马懿也算是个有着完美倾向的人，他不做就不做，要做就要做到尽可能的完美。

东汉建安二十四年，关羽率兵攻打樊城，因为势头太猛，曹兵招架不住，接连大败。曹操急了，他想要亲自出征，但因为年龄大了，被随行的朝臣极力阻止住了。

想派其他人去，很可能打不赢，自己去打，又有些力不从心，曹操一时之间竟然无计可施，最后想到了迁都。

司马懿当时也在跟随出征，他想，这丞相是老糊涂了，胜败乃兵家常事，怎么能仅仅因为打了个败仗就要迁都呢？迁都是小事吗？是说迁就能迁的吗？

如果按照以前的习惯，曹操没有问，司马懿是不会说的，可这次他就打破常规，急忙向曹操进谏，说迁都大可不必，迁都会导致军心、民心动荡，并说曹军大败的重要原因就是汉水暴涨，更重要的是，曹军虽然打了败仗，却还没有大伤元气。总之，迁都万万不可。

从司马懿的这番话中能看出，对于曹军的整个作战情况，他是非常了解的，不仅了解，还进行了仔细分析，不然说不出这番话。

司马懿说的时候，一边说，一边频频观察曹操的表情，他要根据曹操表情的变化调整自己的观点和说话方式。见曹操听进去了，没有反对，甚至还若有所思，司马懿才又接着说，虽然关羽勇猛无敌，却也不是没有打败他的可能。

曹操看司马懿的眼神也就亮了一下。

在这之前，司马懿还出过一计，只是没有被曹操采纳，这才导致到了需要迁都的境地。当时，司马懿对曹操说，荆州刺史胡修和南乡太守傅方，因为为官粗暴，生活骄奢淫逸，百姓怨声载道，这样的官员是不适合驻守边防的。

曹操听后没有在意。之后，随着汉水流域因为暴雨而发生洪灾，关羽也趁机乘船进攻，致使于禁和庞德一个被俘，一个被斩。胡修和傅方被吓坏了，就向刘备投降了。

由于樊城已经被关羽围困，曹操想着汉献帝刘协所在的许昌离樊城又近，自己又无将可派，还不能亲自率兵前往，情急之下，就想到了迁都。一听司马懿说不能迁都，不需要迁都，还能够改变被动局面，甚至有可能打败关羽，因而迫不及待地让他赶快说出他的计策来。

道不轻传，法不贱卖，司马懿的计策，曹操不让他说，他是绝对不会轻易说的，见曹操急着问他，他就说了：用离间计，分化孙、刘联盟。

孙权和刘备结盟，只是为了对付同一个敌人，而这个敌人就是曹魏。

虽然他们为了对付共同的敌人而结盟，但双方却并不是一条心，甚至还各怀鬼胎，各有各的目的，各有各的想法。既然他们两方联手，曹魏这边难以取胜，那么就先将结盟的他们分开，在打破他们的结盟后，就能轻松应对了。

曹操的脸上露出了笑容，这确实是个好主意。那么，该如何打破他们的结盟呢？司马懿说道，打破孙、刘的结盟，只需先收买一方。在司马懿的计策里，要收买的是孙权。收买孙权是因为孙权本质上就是个精致的利己主义者，什么事都会优先考虑自己，相比孙权。刘备更讲义气，这样的人不好收买。

而这一计的关键，就是孙权的性格，如果孙权也是刘备这样的人，一旦结盟，就会将双方当成一个整体，那么这一计是不能用的，以免被对方来个将计就计，假装被收买，然后来个里应外合，那可能又要改变历史了。

因为孙权不仅能够收买，还能被利用，所以这计对曹魏来说，就是一条好计。

那要用什么来收买孙权呢？用荆州南部的土地，这是孙权一直想拥有的。

收买一个人，首先就要知道这个人想要什么，并知道你所给的这个东西的价值是否超过了他能背叛另一方的价值。同时，还要清楚自己给出的这个东西是不是自己可以放弃的。很明显，给孙权荆州南部，曹魏是愿意的，因为曹操同意了。

依计进行。孙权不仅欣然同意解除与刘备的结盟，而且主动提出，他要派兵去攻打关羽的江陵、东安两座城池，这样一来，关羽也就只能主动解除对樊城的包围了。

孙权的胃口很大，他在得到了曹魏所给的荆州南部后，还想要关羽的江陵、东安两座城。也就是说，他不仅要背叛他们的结盟，而且要趁着盟友与敌人曹魏作战，去攻占盟友的老窝。从这件事能看出，孙权这个人真是利益至上，毫无契约精神。

当然，孙权在派兵攻打关羽的城池时，还特意让人给曹操带话，说这件事万万不能泄露，以免关羽有所准备。做敌人不让做的，肯定是对的。曹操这边不仅没有保密，还故意将此事泄露了出去，目的就是让孙权和关羽斗。

正所谓，鹬蚌相争，渔翁得利。

关羽见后院起火，急忙派兵去支援，结果被孙权伏击了。关羽兵败退走，樊城之围也就解除了。见关羽败走，曹军想要乘胜追击，司马懿又出了一计，称不要追，说这么一追，也就成了曹、刘结怨了；而如果不仅不追，还放关羽离开，那么就是孙、刘结怨了。

好一个将矛盾转移，好一个坐山观虎斗。原本关羽在和曹军作战，结果司马懿用了一计，就让关羽和孙权成了敌人。

司马懿的这计一出，曹操在心里叫好的同时，又犯起了嘀咕，心想，能出这种损招的人，一定是个狠人！

千年老狐狸，阴险试探

司马懿是个狠人，出的招也狠，这一计，不仅导致关羽被擒，还被杀。而孙、刘自此结下了血海深仇，双方互战不止，曹操这边就能坐收渔翁之利了。

事情还没有结束，在孙权派人送来关羽的头，称要让曹操高兴时，曹操的心情却是复杂的。曹操非常欣赏忠诚勇猛、武艺超群的关羽。官渡之战时，曹操打败袁绍，当时为袁绍效力的关羽成了俘虏，曹操并没有将关羽当作俘虏，反而对他予以厚待，不仅三天一小宴、五天一大宴地招待，还送他金银珠宝，赠他赤兔马。曹操希望关羽为他效力，但关羽因为与刘备的生死誓言，拒绝了赤兔马，并在得知刘备下落后，替曹操斩了颜良，在报了知遇之恩后离开；赤壁大战中大败的曹操，逃跑时在华容道被关羽截住，曹操以昔日之情向关羽求情，关羽义重云天，就放了曹操。

这都是关羽和曹操的故事，他们的故事还有很多，每段故事都成就着他们各尽其礼节、尽显英雄气概的佳话。因此，曹操在看到关羽的头颅后，从私人感情上来说，他是很伤心难过的，当然更多的是可惜。不过从各方利益来说，这么强劲的敌人死了，他很高兴。

但司马懿又给高兴的曹操泼了盆凉水，他说孙权的这一做法，就是在将刘、孙的矛盾转移，因为刘、关、张三人是桃园结义了的，不仅是君臣，还是兄弟，他们是要共生死的，三人中的一人被杀，后果有多严重，可想而知。所以孙权这么做，就是为了让刘备迁怒于曹操，以便让他不再成为刘备的目标。

孙权同样是想鹬蚌相争，渔翁得利。曹操一听，确实如此，自己差点就中了孙权的计了，便问司马懿，接下来应该怎么做。司马懿说，对关羽进行礼葬。

曹操采纳了司马懿的意见，他先用香木刻了一个关羽的身躯，然后设牲醴祭祀，行王侯之礼，最后还将香木刻的“关羽”安葬在了洛阳南门外。不仅如此，曹操还亲自拜祭，让大小官员一起送殡，并追封关羽为荆王，派人守墓。

曹操这么做，是将关羽当成了自己的功臣在安葬。或者说，他是以刘备对关羽的感情在替刘备厚葬关羽，并非仅仅是为了不让刘备迁怒于自己。同时，他这么做，于他而言，好像也是在说，关羽，你活着不能成为我的臣子，你死了我也要让你成为我的臣子。

从关羽攻打樊城到曹军大败，再到樊城被围困，曹操无奈想迁都，到最后樊城之围解除，关羽被杀，刘备、孙权结仇……一系列事情，从败局到胜局，从劣势到优势，司马懿连出三计，计计成功，计计阴险，最后，曹操还为自己立了个“牌坊”。当然，此计太完美了，完美到曹操在兴奋之余，禁不住打了个寒噤。

曹操内心的一连串变化，司马懿在出计时就预先想到了，他知道他这一连串计一出，曹操心里肯定会打鼓，也知道这计有多完美，自己在曹操那里就有多危险。

司马懿在曹操那里危险，是曹操觉得司马懿这个人危险。

曹操在品尝过胜利的喜悦后，开始为曹氏的政权担忧起来，他想起曾经有人说过，说司马懿有“狼顾之相”。所谓“狼顾之相”，就是指狼回头看时的样子。狼行走时总是左右看，不停回头观望，而狼回头观望的时候，又是头往后转，但身子却不动。所以“狼顾之相”这个词，被用来形容一个人谨慎多疑，心怀不轨。

曹操想到有人说司马懿有“狼顾之相”后，心里也就犯起了嘀咕，古相书上可说了，有“狼顾之相”的人，常常心怀叵测，有逆反之心。

一个能够设计出一连串如此完美计策的人，如果一直忠于自己，那肯定是好事，可如果这个人有逆反之心，那可就是心头大患了，不能留！绝对不能留！

司马懿彻底地让曹操睡不着了。原本就疑心很重的曹操，越想越觉得司马懿是个潜在的危险分子。为了验证司马懿是否真的有“狼顾之相”，有一天，曹操故意让司马懿走在他的前面，走着走着，他突然大叫了一声：“仲达，等一下！”

司马懿转过头来，身体却一动不动——果然有“狼顾之相”。曹操的后背一紧，就起了对司马懿的杀心。司马懿原本已经有所防备，在他给曹操出了那一连串计策后，他已经知道自己很可能会引起曹操的猜疑，因此尽可能地低调，让自己忘记那一连串计策，忘记自己立了那么大的功。可他再小心也有疏忽的时候，他哪里会知道，他的一转身，就暴露了出了他的“狼顾之相”。

曹操看到司马懿回头时，身子一僵。司马懿感觉到了异样，言行举止更加谨慎了。司马懿的“狼顾之相”，自此就印在了曹操的脑海里，搅得他吃不香，睡不着。而这也让他想起了早年间的一个梦，那还是小时候做的一个梦，梦里有三匹马在同一个槽里吃食。长大后，他还时常为这个梦感到不安。

曹操认为，“槽”与“曹”同音，也就是说，有姓马的三个人，要夺取他们曹氏的天下。最初，曹操以为“三马”是指马腾、马超和马岱。马腾是东汉凉州军阀，马超是马腾的儿子，父子二人作战勇猛。曹操曾多次征召他们，但马超都拒绝了。马岱是马超的族弟，一直追随马超出征。

东汉建安十六年，马超联合关中诸侯抵抗曹操，给曹操造成了很大麻烦。马腾虽然来了曹操的帐下，但他的儿子马超却成了刘备的得力干将。

自司马懿显了“狼顾之相”后，曹操也就认定，“三马同食一槽”中的三马，并非马腾、马超和马岱，很可能是司马懿、司马师、司马昭父子三人。

曹操将此事告诉了世子曹丕，他让曹丕留意，说司马懿这个人不能留。

曹丕不仅不以为意，还为司马懿说好话，说曹操的“三马同食一槽”只是梦，还说司马懿能力非凡，很忠诚，忠诚于他，也忠诚于曹家，绝对不能杀。

司马懿有多忠诚曹家，曹丕并不能保证，但他知道，司马懿不能死，至少现在不能死，他还需要司马懿。

曹操自然也清楚，司马懿还有用。从司马懿的连环计来看，他确实有才华。如今刘备和孙权两方的势力都在增强，曹家确实需要有能力之人。不过，虽然司马懿能用，但却一定不能大用。这是曹操提醒世子曹丕的话。

虽然曹丕在父亲面前很肯定地说司马懿是忠诚于曹家的，忠诚于他的，但偶尔他的脑海里还是会不时地闪现出父亲提醒他的话，因而他对待司马懿也就处在了有时近，有时远，有时还会暗地里观察的阶段。

司马懿的背后是长了眼睛的，有没有人从背后盯着他，他是能感觉得到的。因此，不只是在曹操面前，就是在曹丕面前，他也越发地小心起来，不仅小心，他还越发忠诚，他要让曹丕觉得是自己想多了。

司马懿“忍”功厉害，表演能力也强，他所表现出的忠诚，让一直对他带有杀心并寻找各种机会试探他的曹操，到死都没有找到机会杀他。

曹操没有杀司马懿，当然并不仅仅是因为曹丕为他说情，也不仅仅是需要他，而是因为杀司马懿需要由头，可司马懿在做事上一直都是任劳任怨，所有的事情都做得极其有分寸，而且都是对他们曹家有利的，他找不到丝毫破绽，这也让曹操无法对他下手。

不过，找不到破绽就是最大的破绽。曹操知道这一点，因而也只能感慨，如果有一天曹氏的天下真被司马懿父子三人夺去，也是天命如此。

有谋略的人都很厉害，更厉害的是那些知道头上悬着剑，却还能做到让那把剑始终落不下来的人。这样的人，他们为人处世，一定是小心谨慎的，他们一定会事事不落人把柄。当然，能做到这样的人少之又少，司马懿就是其中之一。

东汉建安二十五年正月，曹操在洛阳病逝，终年 66 岁。

临死前，曹操最不放心的依然是司马懿，他给曹丕留遗嘱：此人不死，日后必反，择机诛之。

可惜曹丕没有听父亲的。

机会稍纵即逝，必须紧紧抓住

话说三分，留有余地。

司马懿面对对自己猜忌多于欣赏的曹操，更是如此。一边说还要一边揣测对方的心理，以便决定接下来是说还是不说，是全说还是说几分留几分。

从东汉建安十三年到东汉建安二十五年，12 年间，司马懿犹如深入虎穴的间谍，他藏着掖着，如履薄冰。终于，曹操死了，上台的是欣赏他多于猜忌他的曹丕。当然，更重要的是，从上到下都知道，他司马懿是曹丕的人，这对于司马懿来说，就像是多了一把保护伞。

如果换作其他人，有了曹丕这把保护伞，肯定会趾高气扬，从受惊的兔子变成横着走的螃蟹。可司马懿没有，他谨慎惯了，虽然知道他的头上不再悬着一把随时就会落下来的剑，但曹丕对他并非全然相信，因而他在曹丕的面前，说七分留三分。

曹丕继承了魏王和丞相之位后，封司马懿为河津亭侯，任司马懿为丞相长史，协助自己处理丞相府的事务。即便司马懿再低调，也无法掩盖他一下子从默默无闻的幕后走到灯光照耀的前台的事实。

不过，越是这样，司马懿就越是谨慎行事，同时他还观察着周围的一切，他知道有无数双眼睛在盯着他。

人之将死，其言也善。曹操临终前留遗言，说司马懿是曹丕身边的一枚定时炸弹，时间一到就会爆炸，可曹丕为何还要如此重用司马懿？除司马懿是他成功夺得世子位的最大功臣，以及他自信地认为司马懿是忠于他以外，还因为他的父亲曹操死后，玺绶不在他这里，是司马懿一边忙着操办曹操的丧事，一边吩咐弟弟司马孚提醒他尽快继位。

这件事太重要了。当时，曹操刚死，曹丕不想让臣子们觉得他急不可耐，他想让臣子们知道他很孝顺，父亲的死让他很伤心，甚至他想让臣子们觉得，对他而言父亲的丧事比他继位更重要。因而，他真真假假，假假真真地沉浸在了悲伤中。

一直支持曹植成为继任者的曹彰，在曹丕已经被立为世子后，还没有死心，曹操死后，他仍然想再给弟弟曹植最后争取一下魏王、丞相位，于是他在第一时间率兵讨要玺绶。如果不是司马懿让弟弟司马孚不停提醒、催促曹丕，甚至请曹丕的母亲卞夫人以魏王王后的名义，让曹丕速登魏王位，曹丕本来就要到手的魏王位很可能会旁落曹植。

因此，曹丕在继位后一想起这件事，额头就冒出冷汗来，他在为自己庆幸的同时，也惊异于司马懿有如此厉害的预知能力。

曹丕在被立为世子后，觉得自己继承丞相、魏王位是靴子落了地，但司马懿却不这么看。

司马懿是做父亲的人，他知道一个父亲如果将本来准备给爱子的宝贝给了另一个儿子，那么他内心一定是愧疚的，再加上曹植身上的文人习气和那失去世子位的落寞，都会让曹操心生怜爱。同时，曹操还会担心曹丕上位后会谋害曹植，毕竟曹丕在他的心里比曹植有心计，比曹植心狠手辣。

不仅曹操这样想，就连曹彰也是这样想的。虽然曹丕和曹植都是曹彰同父同母的兄弟，但在曹彰眼里，如果曹植上位，会善待曹丕及其他兄弟，曹丕上位则不会。因此为了给亲弟弟曹植夺魏王位，在父亲死后，他第一时间不是悲伤，而是不惜得罪亲哥哥曹丕，甚至不顾自身危险，带兵讨要玺绶。

失去世子位的曹植太让人心疼了，因此曹操在将世子位给了曹丕后，东汉建安二十四年，他还想再考验一下曹植，再给曹植一次机会。在曹仁被关羽围困的时候，他下令让曹植担任南中郎将、征虏将军，给曹仁解围。谁料他的命令发出去了，曹植却因为醉酒无法受命，这件事情让曹操对曹植彻底失望了，所以才让曹丕的世子位坚持到了曹操病逝。

曹操去世，原本说曹丕继位也就稳了，可支持曹植的，不仅有曹彰等诸王，还有不少朝中大臣，谁知道会不会出现变数？只有继位了，才算落袋为安。这是司马懿早就明白的事，可曹丕却是在继位后才意识到。在“太子四友”中，曹丕对司马懿的封赏最多。

“四友”中的另一个功臣陈群，在曹丕继魏王位和丞相位后，被封为昌武亭侯，徙为尚书。同时，曹丕还采纳了他的建议，改变了父亲曹操唯才是举的举荐制，改为九品中正官制，也就是官级品位由出身何门世家而定。

此举得到了各大门阀世家、大地主、大官僚的欢迎，其中包括那些曾经反对曹氏集团的名姓贵族。一时之间，官场上出现了“上品无寒士，下品无士族”的局面。

能够如此被曹丕赏识，一即位就被封赏，司马懿的功劳无疑是大的。但仔细看就会发现，司马懿的功劳更多是对曹丕个人而言，朝臣未必全部知晓。司马懿不想被别人说他是靠和曹丕的关系才爬得这么快的，也就想着，怎么也要拿出点东西给人看看，毕竟是骡子是马，拉出来遛遛才知道。

恰好东吴孙权率军西征。孙权经常做那种落井下石的事，曹操刚死，曹丕的政权还不稳，孙权也就觉得这是他出击的好时机。

孙权瞄准的这个机会确实不错，除了曹氏政权刚刚处在新旧交替阶段，还因为樊城和襄阳正处在缺粮少兵之时。对于应战，曹魏的大多数朝臣抱着消极的态度，说条件还不允许，能力还不够，还说要赶快召曹仁回驻宛城。

司马懿不认可这种说法，他说，与魏军作战并不是孙权的最好选择，依照孙权现在的情况，不允许他这么做。司马懿说话从来不是一口气说完，他总是先提起别人的兴趣，然后才会说。果然，曹丕和朝臣都问他为什么这么说。司马懿说，孙权刚刚打败了关羽，与刘备结下了血海深仇，如果再与魏军开战，他难道就不怕蜀军偷了他的老窝？孙权现在肯定还想同魏和好。

司马懿这话一出，有同意的，也有说他想当然的，还有说他是在以他的心度孙权的心的，更有说孙权做事向来都喜欢乘人之危，此次肯定就想入侵大魏的。

司马懿见说服不了大家，就又说，襄阳非常重要，是水陆交通要道，绝对不能放弃不管。

朝臣又是一阵哗然。最终，曹丕没有听司马懿的，他不想自己刚刚继位就立于危墙之下。曹丕不仅召曹仁回宛城，还令人放火烧了樊城和襄阳。意思就是说，我守不住，你也别想得到。结果，一切都如司马懿所料，孙权根本就没有入侵樊城，孙权得罪刘备，被刘备发誓砍他头搞得焦头烂额，因此即便再想乘人之危，也是有心无力。而此事也让曹丕在后悔之余，又对司马懿多了一份倚重。

把自己人搞得多多的，把敌人搞得少少的

曹丕在魏王和丞相位上坐下不久，就开始想称帝的事了。

在这一点上，曹丕丝毫不掩饰自己的野心，他不像他的父亲，还忌讳着什么君君臣臣的关系，还要摆个傀儡皇帝在那里当吉祥物。

曹丕的心思，司马懿从他的一些举动中看出来了。首先，曹丕开始为夺天下而掌握军权，为此，他还拉拢了高级将领，如同族的父辈将领夏侯惇、曹仁，分别封他们为大将军和车骑将军；封同辈的曹休为领军大将军、东阳亭侯；提拔曹真为镇西将军，封东乡侯镇守长安等。不仅如此，对父亲曹操重用的老臣，他也都一一提拔了。

曹丕确实有心计，他拉拢老将、老臣，就是为了让他们在自己称帝时说不出反对的话来，毕竟吃人的嘴软，拿人的手短。拉拢完军事将领，曹丕又开始拉拢

文臣，不仅为他们加官进爵，还禁止宦官干政。他的这一做法，果然又赢得了之前对宦官权重不满的朝臣们的好感。

把自己人搞得多多的，把敌人搞得少少的。曹丕在人际关系的维护上，确实胜过弟弟曹植一筹。曹丕继位后，朝臣们都在担心他会对曾经的“对手”、他一直嫉恨的弟弟曹植下手，但他却没有。他没有那么做，是因为魏王位、丞相位不是他的终极目标，在还没有达到终极目标之前，他需要笼络更多的人，包括曹植的支持者。

即便不能一下子让曹植的支持者转化成为他的人，最起码也不能让他们成为自己的敌人。

司马懿把曹丕的心思看得一清二楚，但他最初也只是默默地观察着，没有说什么，以等待其他朝臣的反应。其实曹丕想称帝，也有他的不得已，他和父亲曹操不同：曹魏政权是由曹操一点一点地打出来的，曹操征战四方，开疆拓土，他的威望足以支撑他“挟天子以令诸侯”；曹丕则不行，他的战绩不够，威望也不能和他的父亲曹操相比，所以虽然他继承了曹操的魏王位、丞相位，但如果继续实施“挟天子以令诸侯”，就难以服众。因此，只有尽快逼迫汉献帝刘协禅位，清除汉朝残余势力对他的威胁，这才能够继续统治下去。

当然，曹操不称帝还有一个原因，就是当初追随他征战的很多人都忠于大汉，觉得他的能力能够匡复大汉，所以才追随他。比如曹操的“子房”荀彧，荀彧虽然为曹魏政权出力不少，但他的内心始终是忠于大汉的，他投奔曹操，就是指望曹操能够匡复汉室。在东汉建安十七年，因为反对曹操称魏公，荀彧与曹操发生了激烈的争执，最后被曹操调离中枢。荀彧内心非常失望，也很纠结和后悔，因为他越来越觉得，在曹操的统治下，汉室离匡复越来越远，甚至可能再也无法匡复了。永远忠于大汉的荀彧，觉得自己成了大汉的罪人，在痛苦和纠结中郁郁而终。

像荀彧这样的重臣，曹操身边还有很多。曹操知道，一旦他称帝，很多人就会离开他，那么他好不容易打下的江山，可能会因为这些人的离开而不复存在。到了那时候，不仅势力会受到很大的影响，还会坐实“名为汉相，实为汉贼”的称号。因此，只有当那些忠于汉室的朝臣势力变弱时，自己才有可能称帝，取代汉朝，重新建国。

曹操没有等到那个机会到来就死了，曹丕却等到了。

曹丕坐上魏王位、丞相位时，那些汉室忠臣很多已经去世了，如影响力很大的荀彧。这些人的去世，让汉室忠臣势力变弱，即便他们不满，想反抗，也已经不足为患了。可以说，曹丕称帝，除了他的野心，还有天时、地利和人和的共同作用。他不得不这么做，也有机会这么做。曹丕一边为称帝做准备，一边观察着朝臣的反应。司马懿也在观察朝臣的反应，并冷静地观察着曹丕行为上的漏洞。

本来站位曹丕只是希望他坐上世子位，进而继承曹操的丞相、魏王位。结果还能帮助他坐上皇位，这对司马懿来说，就有点像花一只买猫的钱，不仅得到了猫，还得到了猫食盘，而最后还发现那猫食盘是个古董——意料之外的惊喜！

曹丕在观察后，发现无人对他的一系列做法提出异议，便开始等朝臣上书——等朝臣上什么书呢？上让他称帝的书。到了那时候，他就可以顺水推舟，以顺从民意为由做这件事了。

在官场上待久了的人，嗅觉都是很灵敏的，但凡有一点风吹草动，他们都会察觉到，更不要说那些时刻揣摩领导心意的人了。身处曹丕这个位置上，身边少不了谄媚之人，他们时时刻刻都在揣摩着曹丕的心理，曹丕喜欢听什么，他们就说什么；曹丕想要什么，他们就提前为他准备好。

善解人意的左中郎将李伏，率先大胆劝进，让曹丕称帝。

“昔日先王初建魏国，在境外的人没有详审此事，都以为先王进王爵。武都人李庶、姜合当时羁旅于汉中，他们对臣说：‘必为魏公，非魏王也。定天下者，乃魏公子桓，此为神之所命，符合符谶，以应天人之位。’臣把姜合的话告诉了镇南将军张鲁，张鲁问出处何在，姜合说：‘是根据孔子玉版推算的。天子历数，即使在百代以后也可推知。’一个多月后，有人逃到汉中，他写的册文和姜合的话如出一辙。姜合擅长内学，知名于关右。张鲁虽有自立之心，耽溺邪门歪道，没有立刻领悟姜合之言。但之后他与臣等密议，有人建议结好刘备，张鲁当即怒道：‘宁为魏公奴，不为刘备上客！’张鲁言发于心，实在是出于这个原因。姜合先迎王师，之前在邺城病逝。自臣在朝，每每为亲近之人说此意图，当时尚无合适时机，故而不敢公开陈述。殿下即位初年，各种祥瑞纷至沓来，这是昭然可见的天命。殿下圣德深广，天命符表愈明，实在是天下之福。臣每次庆贺祥瑞，想说应对了姜合之言，但臣尽礼事君，人们反以为是臣谄媚。何况臣名行秽贱，入朝日浅，出言为罪，只得自我抑制。如今殿下洪泽布于四海，灵恩可通天地，海内宁静，远方归服，兆应并集，以扬上天明命，始终对应。臣不胜喜舞，谨具写于表中，以通殿下。”

曹丕一看，喜不自禁，但却下令说：“以此告示外人。我薄德之人，何能致此？未敢当也。这实在是先王的至德通于神明，固非人力所为。”

曹丕的“告示外人”，其实相当于说，大家看到了吧，照左中郎将李伏来做，这下知道我的意思了没有？

该演的戏，一个动作都不能少

李伏选择劝进，是为了在曹丕称帝成功后，让自己作为最大功臣一飞冲天。当然，只是个人的书面或口头劝进还不行，还必须有点“天意”，毕竟能够坐上帝王位的，都要有天命。

于是，李伏就用各种“天降祥瑞”来佐证：“自魏王即位以来，麒麟降生，凤凰来仪，黄龙出现，嘉禾蔚生，甘露下降。此是上天示瑞，魏当代汉之象也。”

“魏当代汉”，这就是曹丕想要的。

李伏开了个头后，接着就是太史丞许芝，他上表说：“种种瑞征，乃魏当代汉之兆，可安排受禅礼，令汉帝将天下让于魏王。”

之后，陆续有朝臣上表了。曹丕虽然嘴上说着自己哪有资格做天子，但却又在东汉建安二十五年六月，亲率十多万兵南下，称要捉拿孙权。当然，他走着走着就走到了豫州，在豫州，他称要打猎。明眼人都知道，他所说的“猎物”，就是汉献帝刘协。

司马懿本来还想再等等，见曹丕如此着急，担心他急中生错，便站了出来，说称帝已经是大势所趋，是天命所归，但有些该走的程序，还是要走走的。

司马懿这所谓的程序指的是什么呢？就是演戏，演一场天下是汉帝主动让出来的戏给天下人看。曹丕再问，司马懿就又说道，可以先让人递话给汉献帝刘协，让他禅位；如果他不禅让，就再说不禅让的事。而一旦汉献帝愿意禅让下诏，也不要急于答应，不仅不要急于答应，还要多推辞几遍。如何推辞呢？就是在汉献帝坚持禅让后，建议他另择贤良。在他再三下诏之后，再勉强答应。当然，这样答应还不行，还差点仪式。称帝这么大的事，怎么能没有一点仪式呢？

司马懿的话，让曹丕激动不已。这样好，这么做既能避免天下人的非议，还能争取到民心。于是，在汉献帝刘协连下了两次诏，在许昌搭“禅位台”，以效仿尧禅位给舜的做法，并亲自捧玉玺给曹丕后，曹丕才假装勉为其难地答应了。

汉献帝刘协两次下诏、搭“禅位台”禅让，只是大家看到的，大家看不到的是，汉献帝刘协在御史大夫歆华给他旁敲侧击地说明意图后，确实没敢犹豫就答应了。当然，他并非心甘情愿地把大汉的刘氏天下让给曹家，只是他这个傀儡皇帝当累了；对他来说，刘氏的大汉已经名存实亡了，与其整天背着一个“天子”的虚名过提心吊胆的日子，倒不如早早让位。何况他心里也很清楚，曹操因为各种因素要立他这个傀儡，他这个傀儡虽然没有实权，但暂时还是安全的。可曹丕不一样，曹丕不想要他这个傀儡了，那么他的存在也就成了曹丕的眼中钉，始终是要拔掉的。

在死和禅让中选择，他选择禅让。

然而，刘协因为惧怕曹丕而同意禅位，可有个人不怕曹丕，也不想让。这就让曹丕还算顺利的“禅位”戏码遇到了一些麻烦，这个麻烦出在曹丕的妹妹——汉献帝的皇后曹节——身上。曹操死时，曹节做皇后已经七年了。

曹节为曹操和卞夫人所生，也就是说，她与曹丕、曹植、曹彰是同父同母的兄妹。东汉建安十九年，曹操逼迫汉献帝刘协废后，将皇后伏寿和她的两个儿子抓起来毒死后，立刻就立自己的二女儿曹节为皇后了。

其实伏皇后被害的前一年，曹操就将三个女儿——曹宪、曹节、曹华——一齐送进宫了，并先封夫人，再封贵人，只等皇后位空下来后，就让三个女儿中的一个坐上去。曹操之所以这么做，是想控制和监视汉献帝刘协。而从他的这个做法也能看出，他虽然有政治野心，也实际掌权，但却不愿意因称帝而背负篡位骂名，所以刘协这个傀儡皇帝一定要存在。可很多时候，计划得再好也会发生变化——曹丕要称帝。

曹丕称帝，不仅要汉献帝刘协下诏禅位，还需要妹妹交出皇后玉玺。刘协怕曹丕，曹节却不怕，她在曹丕派出御史歆华索要皇后玉玺时，就将歆华骂了个狗血喷头。曹节是皇后，且是曹丕的亲妹妹，歆华不敢硬来，也就退了回去。之后，曹丕又接连派使者去索要，曹节依然不给，逼急了，她就将皇后玉玺扔在台阶下面，流着泪大声骂道："天不祚尔！"什么意思呢？就是说，你谋权篡位，老天不会让你长久的。

对于这段，南朝范晔的《后汉书》中是这么记载的："魏受禅，遣使求玺绶，后怒不与。如此数辈，后乃呼使者人，亲数让之，以玺抵轩下，因涕泣横流曰：'天不祚尔！'左右皆莫能仰视。"

因为曹节的这句诅咒话——"天不祚尔"，让她成了汉室的英雄。其实，曹节的这种做法，又何尝不是为了自己的利益？毕竟如果她哥哥不篡位，那她就是皇后，虽然汉献帝刘协这皇帝只是个傀儡，但天下还是姓"刘"，而她的儿子也将会是皇位继承人。

曹节还算幸运，即便她把皇后玉玺扔在了台阶下，诅咒哥哥曹丕不会长久，曹丕或许有些做贼心虚，又或许是念及她是自己的亲妹妹，并没有追究。曹节不像伏寿，因为十多年前的一封信，就被曹操连同她的儿子、族人，一起害死了。

表面平静，内在暗潮涌动

曹节在历史上还有"贤后"之称，主要是因为她和刘协去山阳后的所作所为。曹丕称帝后，将汉献帝刘协封为山阳公，曹节也就成了山阳夫人，跟着去了山阳。

那时候的山阳很荒凉。刘协和曹节去了后，曹节劝刘协脱下官服和百姓打成一片。他们利用在宫里所学的医术为百姓治病，因而被山阳的百姓称为"龙凤医家"。

如今百家岩景区的石碑上还雕刻着"汉献帝行医图"。他们不仅为百姓治病，遇到灾荒年，曹节还会说服刘协给百姓减免税赋。据说在刘协和曹节的各项措施下，短短几年时间，原本贫瘠的山阳就有了很大改观。

魏黄初五年，曹节送孙子刘康去山阳精舍读书时，看到校舍破烂，她还拿出钱财建造学堂，并成立了“山阳书院”。她提出，不论出身，年满五岁的都可以去上阳书院学习。

魏太和二年，刘协和曹节虽然搬进了在浊鹿修建的宫殿，但他们依然坚持为百姓看病。而那时，山阳已经成了魏国的一个封国。虽然这个封国很小，但刘协在那里却不再是个傀儡，他是山阳实实在在的掌权人。

或许，这段在山阳的日子才是刘协最幸福的日子，但幸福不长久，只在此七年，他就去世了。不过，去世后，当时的魏明帝曹叡不仅率群臣哭祭，还将刘协以汉朝天子礼仪葬于禅陵，谥号为孝献皇帝，可以说也是一个比较好的结局。

曹氏家族并非只有曹节反对曹丕称帝，还有曹植。曹植在得知曹丕要以魏替汉后，为汉朝悲哀，他穿着丧服哭泣。曹丕得知后非常气愤，心想，这个被我打败的失败者，竟然现在还在反对我，我本来顾及与他的兄弟之情，对他予以厚待，他却在我顺应天命称帝之时哭丧，太扫兴了，到底有何居心啊！

曹丕那颗与曹植争夺世子时的怨恨之心，让他觉得曹植这么做就是妄想要翻盘，因此对曹植有了防备之心，也曾想着处置他，但又碍于母亲卞氏的不断施压，只能将他弄出京城。

为了不让曹植在一个地方培植势力，曹丕又不断对他封徙。所谓“封徙”，就是不停换封地。他先是让曹植做了安乡侯，接着又改封他为鄄城侯。

在去鄄城途中，曹植写下了有名的《洛神赋》：

其形也，翩若惊鸿，婉若游龙。荣曜秋菊，华茂春松。仿佛兮若轻云之蔽月，飘摇兮若流风之回雪。远而望之，皎若太阳升朝霞；迫而察之，灼若芙蕖出绿波。秾纤得衷，修短合度。肩若削成，腰如约素。延颈秀项，皓质呈露。芳泽无加，铅华弗御。云髻峨峨，修眉联娟。丹唇外朗，皓齿内鲜，明眸善睐，靥辅承权。瑰姿艳逸，仪静体闲。柔情绰态，媚于语言。奇服旷世，骨像应图。披罗衣之璀粲兮，珥瑶碧之华琚。戴金翠之首饰，缀明珠以耀躯。践远游之文履，曳雾绡之轻裾。微幽兰之芳蔼兮，步踟蹰于山隅。

于是忽焉纵体，以遨以嬉。左倚采旄，右荫桂旗。攘皓腕于神浒兮，采湍濑之玄芝。

余情悦其淑美兮，心振荡而不怡。无良媒以接欢兮，托微波而通辞。愿诚素之先达兮，解玉佩以要之。嗟佳人之信修兮，羌习礼而明诗。抗琼珶以和予兮，指潜渊而为期。执眷眷之款实兮，惧斯灵之我欺。感交甫之弃言兮，怅犹豫而狐疑。收和颜而静志兮，申礼防以自持。

于是洛灵感焉，徙倚彷徨。神光离合，乍阴乍阳。竦轻躯以鹤立，若将飞而未翔。践椒涂之郁烈，步蘅薄而流芳。超长吟以永慕兮，声哀厉而弥长。尔乃众灵杂沓，命俦啸侣。或戏清流，或翔神渚，或采明珠，或拾翠羽。从南湘之二妃，携汉滨之游女。叹匏瓜之无匹兮，咏牵牛之独处。扬轻袿之猗靡兮，翳修袖以延伫。体迅飞凫，飘忽若神。凌波微步，罗袜生尘。动无常则，若危若安。进止难期，若往若还。转眄流精，光润玉颜。含辞未吐，气若幽兰。华容婀娜，令我忘餐。

从截取的《洛神赋》能看出，看似是在写爱情，实则是在写自己政治理想的失败。求爱失败，也就是事业梦想破灭。

《洛神赋》展现了曹植在文学上的才华达到了顶端。如果曹操还活着，看到曹植的这首诗，又会有什么样的感想呢？

因为曹丕和曹植这错综复杂的关系，以及他们之间的暗潮涌动，所以有人说那首有名的《七步诗》是曹植写的。

“煮豆持作羹，漉菽以为汁。萁在釜下燃，豆在釜中泣。”当然，也有人说，这首《七步诗》并不是曹植写的。为什么呢？曹丕不可能笨到用“七步写诗”来给才华横溢的弟弟出题，毕竟这个弟弟可是南朝谢灵运所说的“天下才子一石，曹子建独占八斗，我得一斗，天下共分一斗”中的曹子建啊。

不管曹丕与亲弟弟曹植和亲妹妹曹节因为他称帝之事闹得有多僵，东汉建安二十五年十月二十九日，曹丕依然受禅登基，为魏文帝，定国号魏，建都洛阳。

自此，大汉灭，魏国生。

这场禅位的戏，曹丕演得都快要把自己感动了。如此不动一兵一卒，且得了好名声的“篡位”，让曹丕满意极了，他对司马懿也就越发地倚重了。

司马懿呢，在曹丕坐上皇位的那天，他让人不易觉察地笑了笑，就像那在水里憋气很久的人，终于可以钻出水面，长长地吸一口气了。

此时司马懿知道，自己放弃曹操时代、争取曹丕时代的决策是对的。当然，他更知道，在曹丕时代，他要做的就是继续辅助曹丕，因为他的一切计划和安排，都需要有个人在前面挡着，他才能安心地在暗地里进行。

一切都在朝着他想要的方向发展，他所布局的一切，也都将徐徐拉开帷幕……

第四章　晋升之路，扶摇直上

绿叶变鲜花，从幕后走到台前

一朝天子一朝臣，在新老交替期间，集团内部都是要重新洗牌的，座次更是要重新排列。曹丕称帝后，“太子四友”有了新的职位，吴质被任命为中郎将，封侯爵，持节度幽，并诸州军事；朱铄任中领军，执掌禁军；陈群被任为尚书令，后任镇军大将军，领中护军，并录尚书事总揽朝政；司马懿被任为尚书，后转任为督军、御史中丞，封安国乡侯。

尚书此时不再是丞相属官，而是独立的政务机关；督军可执掌兵马；御史中丞作为御史大夫的副手，也拥有监察百官的权力；乡侯是爵位，低于县侯，高于亭侯。监察百官这个任务，对刚刚继位、政权还不稳的魏文帝曹丕来说，意义非常重大。曹丕能够将这个任务交给司马懿，可见他对司马懿的重视。当然，更重要的是因为司马懿对他称帝所做的贡献，配得起这些职位。

不过，魏黄初二年，也就只过了一年，司马懿的督军就被罢免了，但曹丕又升他为侍中、尚书右仆射。尚书令是陈群，也就是说，司马懿是陈群的副手。从这次的改任能够看出，魏文帝曹丕内心对司马懿的复杂心情。

让司马懿做陈群的副手，对魏文帝曹丕来说，除陈群比司马懿更让他放心外，还因为陈群在朝廷里的根系是最深的。当然，这种“深”对曹丕的皇位没有威胁，与司马懿的情况有所不同。

之所以罢免司马懿的督军之职，是曹丕在称帝的兴奋感逐渐减弱后，突然想起了父亲的遗言，他在复盘了自己继承丞相、魏王位，以及称帝的全过程后，意识到司马懿在当中所起的作用无疑是很大的，这让他既惊喜又害怕。惊喜的是这个人太厉害了，幸好他是自己的人；而害怕的也是这个人太厉害，厉害到对自己的皇位都有威胁。不过，让曹丕诛杀司马懿，至少目前是不可能的。一方面，他对司马懿目前还是信任的，毕竟司马懿没有做任何对自己不利的事；另一方面，司马懿在他称帝路上所做的那些事，让他根本就不舍得杀。当然更重要的是，他刚刚称帝，政局还不稳，他需要司马懿，甚至可以说，他离不开司马懿。

除了司马懿和陈群，曹丕的“四友”中，吴质这个中郎将虽然对他很忠诚，也很有能力，但狂傲不羁，时常恃宠而骄，太容易得罪人了，尽给自己找麻烦。这个人，能用，但不能重用，重用会惹祸端。曹丕此时对吴质的感情，显然已经与未称帝时不同了，不再是以往那般亲密无间了，这更多是因为吴质所做的事。

魏黄初五年，吴质入朝觐见魏文帝曹丕。曹丕很高兴，为了给他洗尘，约了京城有特殊地位的一些重臣去吴质家里饮酒作乐。魏文帝曹丕此举，给足了吴质面子，吴质当然高兴，大摆宴席。

大家在推杯换盏中，你来我往，很是开心。京城的朝中重臣能来吴府，完全是冲着皇上而来的，因为吴质出身寒微，跟他们本就不是一个阶层的。面对酒宴上的重臣，吴质在酒酣耳热之际，叫来了优伶为大家表演节目助兴。

不过，当那一胖一瘦两个优伶上台，说唱着关于胖子和瘦子的内容时，酒宴上的上将军曹真脸色变了。脸色变的不仅有曹真，还有中将军朱铄，只不过朱铄是面露尴尬，而曹真是面露怒色。

原因是曹真是个大胖子，朱铄是个瘦子。

两个一胖一瘦的优伶，以及他们上台说唱的内容，确实是吴质特意安排，并针对曹真和朱铄的。对于这种事情，开得起玩笑的，不把它当回事，只当作调侃，大家笑笑也就算了。但对于开不起玩笑的，会将这种做法当成羞辱。曹真就当成了对自己的羞辱。曹真既是宗室，又是上将军，位高权重，哪里被人这么戏弄过？他当场就发飙了，一边骂吴质无礼，一边在愤怒之下拔出刀要杀那两名优伶，幸而骠骑将军曹洪和轻车将军劝阻，这才没有酿成血案。

面对这种情况，如果吴质道个歉，再敬曹真几杯酒，事情也许就算了，谁知他不仅不道歉，还继续刺激曹真，说曹真就是那屠案上的肉，任由自己咀嚼。曹真瞬间气得脸色煞白，拔刀对着吴质，吴质毫不示弱，也拔刀相向。

如果不是碍于吴质和魏文帝曹丕的关系，曹真肯定已经白刀子进，红刀子出了。

朱铄见他们剑拔弩张，怕出事，就去做和事佬，他一边安抚曹真，一边劝说吴质，让吴质道歉。本来是一番好意，谁知吴质却又转而来骂朱铄，说他是想毁了宴席。

朱铄也是被“羞辱”的对象，只是想着宴席是皇上特意指定的，才一直忍着，结果还被吴质给骂了，顿时也气得拔出了剑。他不能去刺吴质，只能将剑狠狠地斩向地面。如果不是周围人的劝阻，曹丕很可能刚称帝就因为这场宴会损失几员大将。

当然，一场酒宴就得罪了两名大将的吴质，和其他同僚的关系就更加紧张了。相比吴质和朱铄，还是司马懿做事最稳妥。不过，父亲曹操的话，曹丕又不能不重视。因此他想着不让司马懿执掌兵马，但司马懿又没做错什么，为了弥补，就又升他为侍中，通过这一免一升，达到平衡。

此时的魏文帝曹丕，在朝中最信任的还是“四友”陈群、吴质、朱铄、司马懿。而在这四个人中，除了司马懿，其他三位在曹丕称帝前已是曹丕身边的大红人，只有司马懿犹如横空出世一般，突然间就成了魏文帝曹丕身边最重要的人之一。

用现在的话来说，司马懿就是个不知来历的“空降兵”。

“空降”而来的司马懿，让朝中的人不敢轻视，但同时也让他们疑惑：这个之前一直默默无闻的人，是如何做到成为皇上的亲信的?

当然，对于成为魏文帝曹丕的亲信，司马懿看得很淡，这只是他实现政治野心的第一步。此时，笼罩在他头顶的曹操那朵乌云已经散去，即便曹丕也对他有所猜忌，但至少目前没有多大杀伤力。他知道，自己现在要做的，就是借助辅佐魏文帝曹丕，逐步发展和壮大自己的势力。

魏蜀吴，互为掎角之势

曹丕称帝几个月后的魏黄初二年，刘备在成都称帝，为汉昭烈帝，国号仍为汉，改元章武。任命诸葛亮为丞相，许靖为司徒，设置百官，立宗庙，祫祭汉高祖刘邦以下的汉朝皇帝。

新官上任三把火，新帝上位，也应该要有“三把火”。汉昭烈帝刘备烧的第一把火，就是御驾亲征。刚刚称帝就出征，朝臣反对，诸葛亮也觉得不妥，劝阻他，但他还是执意要东征。他东征的原因很简单，就是要攻打东吴。

攻打东吴的原因，除桃园三结义的好兄弟关羽直接死在孙权手里，张飞间接因孙权而亡外，还有就是他要夺回因孙权背叛盟友而丢失的荆州。

张飞的死，是因为好兄弟关羽的死让他悲痛欲绝，整日饮酒，然后耍酒疯，脾气暴躁的他经常打骂下属，下属张达和范疆因为他交代的工作没完成好，怕受他的惩罚，直接就把他给杀了。

刚刚称帝的刘备，亲自率兵攻打东吴，这让喜欢投机的孙权陷入了一种尴尬境地，他夺得的荆州好似成了一个烫手山芋。孙权这才意识到，自己似乎上了曹魏的当。因为荆州这块地方，他背叛了与蜀国的结盟，还杀了关羽，惹怒了刘备，导致刘备把他当成了仇人，时不时就要派兵攻打他。

仅仅是与蜀汉作战，孙权也并不是太头痛，让他头痛的是，曹丕也刚刚称帝不久，所谓新官上任三把火，曹魏会不会借蜀汉攻打他的机会来趁火打劫？如果曹魏也攻打东吴，那么他将会腹背受敌。

孙权这个人善于投机，也善于服软，说好听点是能屈能伸，说难听点就是什么对他有利他就做什么，丝毫不考虑脸面、尊严和道义。

孙权在反复思量后，先派遣使者向刘备求和，刘备没有同意，他又向魏文帝曹丕称臣。很明显，孙权只是想在刘备攻打东吴时，借称臣把曹魏这边安抚好。

孙权向曹魏称臣，只是不得已而为之，他没奢望魏文帝曹丕答应，毕竟谁都知道他这是权宜之计，算不得数的。可没想到，曹丕不仅答应，而且喜不自禁，原因是自己刚刚称帝，孙权就要归顺，绝对是个好兆头，况且孙权的归顺也意味着他对自己的臣服，对自己能力的认可。所以，曹丕册封孙权为吴王。

对于魏文帝曹丕的这个决定，朝中很多大臣都反对，如侍中刘晔，就说孙权这人不可信，别被他忽悠了。

刘晔在曹操任司空时，曾做过他的司空掾，之后又任行军长史兼领军。曹丕称帝后，任命他为侍中，赐爵关内侯。刘晔看得很清楚，孙权的归顺就是个权宜之计，算不得数，与其册封他，倒不如在他跟蜀汉作战时趁机灭了他。

也就是说，刘晔所言，正是孙权惧怕的。敌人害怕的，做就对了。司马懿的想法和刘晔的想法一样，认为孙权这个人很不靠谱。但司马懿没有说出来，他了解魏文帝曹丕，刚刚称帝的曹丕，此刻正想通过孙权称臣带来更多的归顺者，因此他是听不进去别人的任何话的，与其说了也白说，倒不如静观其变。

果然，魏文帝曹丕没有听从刘晔的建议。

曹魏这头按住了，不用担心曹魏背后开枪的孙权可以全力以赴地对付蜀军了，他派镇西将军陆逊去夷陵迎战刘备率领的蜀军。结果，陆逊以“拖”的战术，用了一年时间，令蜀军大败。刘备逃跑时，吴军仍然死死追赶，幸好有赵云，刘备才侥幸脱险，不然刘备刚刚称帝，可能命就没有了。

刘备的狼狈逃跑，让孙权很是得意，觉得自己又行了，能将蜀国的皇帝追得狼狈逃窜，还怕什么？原本归顺曹魏就只是个权宜之计，于是，孙权懒得搭理魏文帝曹丕了，更不提称臣之事。

自己堂堂一个魏国皇帝，竟然被孙权忽悠了，且是以这种方式，简直太丢脸了。魏文帝曹丕恼羞成怒，他决定御驾南征，亲自率兵攻打东吴，他要把孙权的头砍下来，以报孙权忽悠自己的仇。

曾经阻止他接受孙权称臣的刘晔再次表示了反对。刘晔说，孙权这一役大胜，正是士气高涨的时候，此时与东吴作战，时机不对，还是避其锋芒的好。

魏文帝曹丕哪里听得进去？被激怒的他就像一头发怒的狮子，非要攻打东吴不可，这仇他若不报，他的威严何在？岂不是要被孙权、刘备，乃至朝臣嘲笑？

曹丕即刻下诏令，让曹休、曹仁、曹真各率一路大军，联合向江南发动攻击。

就是说，没有御驾亲征，但却兵分三路，由曹氏宗亲率兵攻打。本来就是因为受到了孙权的耍弄，冲动之下做出的不理智决定，因而伐吴并没有维持多长时间，曹丕就下令撤军了。

此事的发生，让司马懿对曹丕的了解又加深了一步，他给曹丕出谋划策就更加谨慎了。他觉得曹丕虽然没有曹操疑心重，但自尊心极强，为人也比较阴沉，做事容易冲动，做完又容易后悔。

看来，自己还需要重新锻炼和接受考验，想要完全获得魏文帝曹丕的信任，还需要展示自己杰出的才能，以及始终如一的勤政、忠诚与隐忍。

成为心腹，更要谨慎从事

司马懿做任何事，追求的都是“稳”字为上。虽然经过十多年的隐忍和蛰伏，他总算从暗处走到了明处，可自己在朝中的根基不深，必须戒骄戒躁、稳扎稳打。因而面对魏文帝曹丕，他虽然不像对曹操那样提防，却也没有完全放松警惕。

魏文帝曹丕对司马懿的感情很复杂，虽然有时候他也觉得不能过于依赖司马懿，但急于在自己在位时做出一番成就，他又不得不倚重司马懿。曹丕太想证明魏代汉是正确的，自己是天选的明君，所以他把更多的信任给了司马懿，甚至有种要将司马懿当成曹家人的感觉，似乎希望这么做能让司马懿有感恩之心，越发忠诚于他。

对自己的疑心还未解除，就如此信任自己，这让司马懿既感动又担心。担心曹丕太信任自己，一旦什么时候自己做得让他不满意，他会用偏激的方式对待自己，也就是反噬。

当然，曹丕能视司马懿为曹家人，也是因为司马懿的所言所行让他觉得司马懿对曹魏政权很忠心，对他这个陛下很忠心。只是时不时地，他的脑海里还是会冒出父亲给他的那句提醒。

宁可错杀一千，也不放过一个。魏文帝曹丕深知自己需要找到能够取代司马懿的人，但在这样的人出现之前，他不得不依赖并信任司马懿。

魏黄初五年，魏文帝曹丕再次决定御驾亲征，仍然是攻打东吴。从这点上也能看出曹丕的性格：有些小心眼儿，容易记仇，还有些固执。

曹丕无法忘记孙权忽悠、耍弄他的事，这仇他是一定要报的，而且非要亲自去报不可。出征前，曹丕改封 46 岁的司马懿为向乡侯，让他镇守许昌。许昌相当于曹魏的后方，地方很重要，守城任务很艰巨。能将如此重要的地方交给司马懿镇守，可见此时曹丕是将司马懿当成自己人在用的，或许他也想通过自己的信任，让司马懿对他死心塌地。

不管出于何种原因，魏文帝曹丕的此种举动，都让朝臣，甚至于曹丕“四友”中的其他三友羡慕不已。

司马懿刚开始成为曹丕“四友”之一时，还位居第四位，可如今他在曹丕的心里，似乎已经成了第一位。当然，只是工作上如此。从私人感情上来说，不管是曹丕还是司马懿，他们都感到彼此之间还是有隔阂的，甚至，是条鸿沟。对曹丕来说，这种隔阂或鸿沟，更多是因为曹操临死前所留的遗言；而对司马懿来说，他始终记得一句话，并不断提醒自己——伴君如伴虎，还是拉开一点距离的好。和一个人走得太近，容易暴露自己的缺陷，让对方找到自己的软肋，特别当这个人还是皇上时，那就要更加小心了。

运气来了挡也挡不住，司马懿的人生就像是开挂了一般。魏黄初六年，征南大将军、曹操“八虎将”之一的夏侯尚死了。

曹操的“八虎将”，是指曹操时期的八位宗亲名将，他们分别是夏侯惇、夏侯渊、曹仁、曹纯、曹洪、曹休、曹真、夏侯尚。其中夏侯惇、夏侯渊、曹仁、曹纯、曹洪属于和曹操同辈的名将；曹休、曹真和夏侯尚，与曹丕是同辈。夏侯尚和曹丕是发小、“布衣之交”，关系非常好，曹丕对他也很信任。

曹操在洛阳去世后，夏侯尚和司马懿都在护送曹操灵柩回邺城的人群中。曹丕称帝后，封夏侯尚为平陵乡侯，迁征南将军，领荆州刺史，假节都督南方诸军事。

夏侯尚的死很意外，也很突然，他不是死在战场上，而是死在家里，不是和敌人有关，而是和女人有关。

夏侯尚的正妻是曹真的妹妹，算是皇家女子。夏侯尚娶曹氏，也只是遵从曹、夏侯两家世代联姻的惯例，和曹氏并没有多少感情，曹氏既不漂亮，也不温柔，因此他不喜欢。夏侯尚有一个喜欢的小妾，两个人你侬我侬，很是恩爱。

对自己冷漠如冰，对小妾却温暖如煦，曹氏醋劲大发。自己是他的正妻，是皇家女子，竟然还不如一个小妾，曹氏跑去向魏文帝曹丕哭诉。

而魏文帝曹丕本来就是一个好色之人，也喜新厌旧，因而觉得这件事不算什么，但身为帝王，不能让皇室宗亲曹氏受委屈，就觉得这是很简单的事，把那小妾解决了不就行了。

曹丕做事阴狠毒辣，他派人把那小妾绞死了。对于曹丕来说，死的只是一个女人，但对夏侯尚来说，死的却是他最爱的人。夏侯尚悲痛欲绝，一病不起，精神都有些恍惚了。更夸张的是，他在爱妾下葬几天后，竟然还因为思念挖坟刨尸，只为了能够再见她一面。

曹丕听说后，震惊不已，骂他没出息，竟然为了一个女人变成这样。更让曹丕没有想到的是，自小妾死去，夏侯尚就一蹶不振，身体一日不如一日，在那小妾去世两年后，也就是魏黄初七年的一天，夏侯尚竟然追随她而去，死了。

因为这件事，夏侯尚也就有了“三国第一情圣”的称号。夏侯尚身体一直很好，又年轻，所以他的死谁都没有想到，太突然了，曹魏军界也就留下了一个空白。谁来填补这个空白呢？魏文帝曹丕环顾四周，宗室子弟中，竟然没有一个人的威望和能力能够担此大任。于是，他不得不又想起了司马懿。

司马懿简直就是万能胶，哪里需要就贴哪里，非常好用。

魏文帝曹丕其实并不想给司马懿兵权，曹丕知道兵权的重要性，可若不给他，又不知道要给谁。思来想去，那就先暂时给他吧，等以后有人能填那个坑了，再把兵权从他那里收回来就行了。

因此，司马懿被升任为抚军大将军，假节，领兵五千，加给中、录尚书事，留守许昌，镇抚百姓，负责军资补给。

“抚军”是将军名号，录尚书事一职的权力极大，可以干涉尚书台的事务。刘备称帝后，诸葛亮就被封为了丞相，录尚书事。而录尚书事，从所掌握的事务上来看，已经相当于宰相了。

诸葛亮任丞相，既是能力上能够担当此任，也是刘备对他绝对信任，他们之间坦白而真诚，诸葛亮对刘备也是绝对忠诚。可以说，他们之间是没有丝毫芥蒂的。可司马懿和曹丕之间更多的是互相猜忌，曹丕对司马懿做不到绝对信任，即便信任他，也是不得已而为之；而司马懿对曹丕，既无法做到绝对坦诚，也无法做到绝对忠诚。

当然，司马懿对曹丕的了解，是多于曹丕对司马懿的了解的。甚至可以说，曹丕看司马懿，犹如雾里看花，有时清楚，有时模糊。

可一切就像曹操说的，或许命该如此。47 岁的司马懿，就这样进入了人生的黄金阶段。

从此次的加封来看，司马懿已经成了魏文帝曹丕的绝对心腹大臣。面对这一系列的加封、升职，司马懿也是受宠若惊，担心曹丕会像曹操一样试探他，因此极力推辞，称不敢接受。

这里的受宠若惊和极力推辞，可谓真真假假，真中有假，假中有真。自己要接受吗？能接受吗？会不会是曹丕的试探呢？

面具戴久了，也就长在脸上了，和五官甚至脸上的纹路都融合在一起了。司马懿把诚惶诚恐、不敢接受表现得让人看不出一丝作假，别说别人，就是司马懿也未必能从自己的表情中看出端倪。因而曹丕所看到的，就是司马懿不敢接受。于是曹丕说，他之所以加封司马懿，并不是为了给司马懿荣誉，而是为了让司马懿替他分忧，甚至他还将司马懿比作萧何，认为自己在外出征，司马懿在后方的作用很大。

萧何与张良、韩信被称为“汉初三杰”，刘邦建国后，论功行赏，认为萧何功劳最大，封他为酇侯，食邑最多。其他将领不服，刘邦用了“功狗功人”来比喻萧何的功劳。

“功狗功人”的意思是，猎狗是追杀猎物的，而猎人是发现猎物及其踪迹的。众将领所做的贡献类似于猎狗追杀猎物，他们作战勇猛，但只是在执行战斗任务。而萧何所做的贡献如同猎人，是在提供方向和策略。也就是说，萧何的贡献看似不显眼，实则没有他的贡献，将领们缺少了策略和方向，即便再勇猛也难以取胜。

魏文帝曹丕能将司马懿比作萧何，可以说对司马懿的评价很高了，而司马懿也能听出来，曹丕的这番话绝对是肺腑之言。刚刚坐上皇位的曹丕，必须在朝中拥有一批亲信，在还未培植出足够多的亲信时，司马懿暂时是值得信任的，或者说，司马懿是目前最值得重用的，因为只有这样，才能稳固曹丕的江山，至于以后怎么样，那是以后的事。

不管这心腹是不是暂时的，有一点是确定的，目前，司马懿是有很大利用价值的。

因为这次加封，司马懿与中军大将军曹真、镇军大将军陈群，一同成了曹丕最可信赖的三位大将。曹丕曾经的“四友”中，陈群和司马懿走得最稳，也走得最坚挺，这也是司马懿之前就预料到的。

不过，与曹真和陈群相比，司马懿的抚军大将军一职是低于其他大将军的，但却又高于三公。如果魏文帝曹丕不在京城，后方军队都是由抚军大将军来调遣的，领兵五千的意思是可以直接指挥五千兵力，允许调动十万兵力。

从这也能看出，魏文帝曹丕不管是不是真心，都将自己的“后背”交给了司马懿，看起来对他是绝对信任了吧，实则并非如此。曹丕给司马懿这么大的权力，是因为他不知道还有谁可以担当此任，所以，他又多留了一个心眼，这个心眼不仅针对司马懿，同样适用于其他两位将军。

为了让三员大将的权力不至于大到失去控制，总揽军权的还是他魏文帝曹丕。当然，封他们三位为中军、镇军、抚军大将军，也是为了让他们三人互相制衡。

不管魏文帝曹丕留了多少个心眼，也不管他此次对司马懿的加封是不是一种临时行为，对司马懿来说，都是一种质的飞跃。因为这意味着，司马懿将从朝堂之上的文职，转为手握重兵的武将，这对他积蓄军事力量很有好处。

此时司马懿在魏文帝曹丕心里的地位，俨然已经超越了曾经助他成为世子的心腹。若换作他人，在这么短的时间内，职位、权力一飞冲天，恐怕尾巴早都翘上天、恃宠而骄了，可司马懿没有。他知道，面对突然降临的荣华和富贵，更需要谨慎对待，不然不只是魏文帝曹丕，就是其他朝臣也会因此而嫉妒他，视他为敌人的。

官场上，最忌讳的就是在根基还不深的时候给自己树立很多敌人。因此，即便成了魏文帝曹丕的心腹，司马懿在为人处世上依然和之前一样，甚至更加谨慎小心。

小心驶得万年船。朝臣中，盯着他的眼睛太多了，司马懿眼观六路，耳听八方，不敢有任何的疏漏。

为皇上解忧，该背的黑锅就要背

萧何是汉高祖刘邦的相国，曾为西汉制定了《九章律》。

魏文帝曹丕既然将司马懿比作萧何，在制定一些新政时，自然也需要他来出谋划策。在司马懿与曹丕一起制定的新政中，“削藩”策略影响最大，此策略也是由司马懿宣布的。

曹丕刚一称帝，首要解决的就是巩固自己的政权。要想巩固政权，就要靠军事能力和威望，在这些方面，曹丕显然是欠缺的。曹丕要想巩固自己的政权，就必须削弱曹氏宗室势力。

曹操时期，跟随曹操出征的曹氏将领都得到了重封、重赏。宗室势力过强，诸侯如果压过皇室，对魏文帝曹丕的政权将会是非常不利的，毕竟他的威望根本无法和父亲相比，父亲在世时，诸侯即便想翻天也不敢，他在位时就不一样了。

不说其他宗室成员，单论曹植，他在与曹丕争夺世子位的过程中，长时间保持优势地位，直到最后关头出了差错，才失去了世子位。可见，曹植的支持者丝毫不比曹丕的少，为了预防诸侯叛乱，曹丕就要集中皇权。

并非只有魏文帝曹丕这么做，历朝历代为了预防诸侯叛乱，都会集中皇权，以削弱皇室宗亲的势力，这就是“削藩”。

对于实施“削藩”策略，司马懿是认同的。于是君臣二人便就此逐条讨论，并最终共同确定这一策略。

当然，从后来司马家族取代曹氏家族来看，这无疑是“削藩”策略留下的隐患。而此策略的制定过程有司马懿的参与，这场制定“削藩”策略的历程也就显得颇有深意了。若从阴谋论的角度出发，不禁让人揣测司马懿在与魏文帝曹丕制定此策略时，是否已经在为司马家族日后取代曹氏家族进行布局了？

想象一下那天的情景：魏文帝曹丕派人召来司马懿，君臣二人坐在那里，先是聊天般地说起宗室势力过强的危害，然后就说起了“削藩”，最后说起了如何预防藩王作乱。

不让藩王拥有统治权和兵权，不让他们管理封地的百姓，也不让他们拥有相当数量的军队，如果私自培养军队，就视为造反；为了预防藩王在一个地方待久了培养出自己的势力，需要过一段时间就换一下藩王的封地；天高皇帝远，藩王远离京城，暗地里做什么朝廷不知道，朝廷需要派官员去藩王的封地，以便限制和监视藩王的一举一动……

不用说，这种做法确实解决了藩王可能作乱的问题，但却也留下了一个隐患：为外臣夺权提供了土壤。

“削藩”策略的每一条，都是魏文帝曹丕和司马懿一起制定的，这是不是司马懿布局中的一环很难说。因为如果不“削藩”，司马懿未必有机会将军权牢牢掌握在手中。

实施“削藩”策略后，曹彰、曹植、曹休、曹宇等兄弟的兵权都被收了回来，藩王们在封地也如同坐监。“削藩”策略会影响到皇室宗亲的利益，魏文帝曹丕事先知道此举会引起皇室宗亲的不满，于是便将宣布“削藩”策略的重任交给了司马懿。

将“削藩”这个“烫手山芋”交给司马懿，既是对司马懿的信任，也是想转移矛盾，把司马懿当箭靶子。司马懿何尝不知道这些，但作为臣子，这锅他不想背也要背。

果然，皇室宗亲不敢在皇上面前发泄，就去司马懿那里发泄，他们搬来了骠骑将军曹洪。

曹洪是曹操的族弟，在曹操讨伐董卓时，他们曾共同作战。在曹操被董卓的部下击败落下马来后，曹洪将自己的坐骑让给曹操，两个人这才逃了出去。可以说，他们是共同经历过生死的。魏文帝曹丕的“削藩”策略也影响到了曹洪，于是曹洪就带着曹彰、曹真等宗亲来到了司马懿的府前，冲他家的大门射箭。

对于这种挑衅，司马懿早有预料，他先是不理，最后对他们说：你们这么做，就不怕陛下怪罪吗？你们做出如此无礼之举，是在告诉陛下，他统治下的朝廷已经发生了内乱，这可是逆反之罪啊！

曹洪等人当然不服，司马懿又说：你们应该知道，当年刘氏天下时，是如何对待刘氏宗亲的吧！

司马懿将这件事一下子上升到了皇室宗亲和魏文帝曹丕之间的矛盾，他巧妙地将自己置身事外。皇室宗亲能来找司马懿而不是找皇上，说明他们不敢去，如果去了，曹丕会认为，他们不让削藩就是为了作乱。毕竟如果不作乱，又何必要那么多军队？

曹洪等人只能悻悻而归。然而，司马懿知道他们是不会就此作罢的。在魏文帝曹丕出征后，他就故意犯错，将自己送进监狱。当时，典狱长很是不解，问他为何要这么做，他说他在监狱里睡觉最踏实。对那时的他来说，确实监狱最安全。

曹丕除了实施削弱宗室力量的“削藩”策略，还制定了“九品官人法”的选人制度。此制度对后世官员的选拔产生了深远的影响。此制度由陈群提出并创立，其核心是通过一定的标准和程序，将官员分为九个等级，分别是上上、上中、上下；中上、中中、中下；下上、下中、下下。每个等级都设有相应的资格要求与职责范围，从官员品德、学识、经验等方面进行全面综合的考量。具体做法就是地方官员对辖区内人才进行初步考察，考察结果上报朝廷，朝廷再结合官员的表现和实际能力，对其进行审查，根据评定结果，将官员纳入相应品级，并根据品级来分配官职。

这种选举官员的方式，显然更优于曹操时期的“唯才是举”。曹操“唯才是举”中的“才”太单一，有些“才华”并不适用于做官；且若只看才华，会忽略对品德的考察。

九品官人法的出台，是对当时官员选拔的一种创新，非常有利于士族。因而，魏文帝曹丕一上台，士族势力大增，皇室宗族势力大减。这也是司马懿、陈群等士族官员代表能得到重用的原因之一。虽然被重用，但以司马懿小心谨慎的做派，他仍然没有居功自傲，依然谨慎从事。而魏文帝曹丕虽然没有曹操多疑，却比曹操心眼儿小很多。一直以来都不受曹操宠爱和看好的他，自尊心极强，很爱面子，在他被孙权的“归顺”玩弄后，一直想要报仇。因此，从坐上皇位开始，他就经常性地出征，大多是与东吴作战。

魏文帝曹丕太想证明自己了，自小他就为了能得到曹操的重视，不断地用各种方式证明自己不比其他兄弟差。坐上皇位依然如此，他过不去被孙权“耍弄”这个坎儿。

不管哪个朝代，只要穷兵黩武，势必都会导致国库亏空，何况曹丕还都是御驾亲征，出征费用就更多了。有些官员实在看不下去了，劝谏说，不能这么经常打仗，要给百姓和将士一个休养生息的机会。这本来是一句良言，但听在魏文帝曹丕耳朵里，却成了恶语，这官员因此成了他眼中的叛逆之臣，恼羞成怒的曹丕为此还将这名官员贬出了京城。

新帝上位，做辅政大臣

魏黄初六年底，魏文帝曹丕继续出征东吴。其中既有证明自己的成分，也包含了他极大的野心。在位五年，对曹丕来说，政权总体来说已经稳固，目光就应该看向外部了——他想要统一三国。

此次跟随魏文帝曹丕一起出征的是镇军大将军陈群，镇守许昌的任务依然交给司马懿。这次伐吴和之前的两次一样，依然是无功而返。而无功而返的原因，是天气骤冷，河里结了冰，无法行船过江作战。

从曹丕上位后的对外战争来看，确实进展得不是很顺利。无功而返，本就是件让人很沮丧的事，更让人崩溃的是，返回途中，他们遭遇了东吴的伏击。虽然魏军撤兵了，可东吴却并没有打算让魏军毫发无损地离开，特别是曹魏皇帝曹丕率领的魏军。东吴派出一支队伍，抄近路拦截魏军，给魏军来了个措手不及。

这是魏文帝曹丕完全没有想到的，突如其来的惊吓，让他原本就虚弱的身体，更加虚弱了。

曹丕原本计划在经过司马懿镇守的许昌时稍作停留，但因为身体不适，临时改道了。或许是预感到自己将不久于人世，曹丕去了一趟曾与自己争夺世子之位，自己也曾心生妒恨的曹植的居所雍丘。

曹植是魏黄初四年被曹丕改封为雍丘王的，历史上对魏黄初六年曹丕与曹植在雍丘的最后一面没有记载，只说魏文帝曹丕赏赐了曹植五百户。想象一下，如果曹丕预感到自己将不久于人世，想必也会抛开曾经的恩怨，与曹植说一些心里话，而曹植也是一样，说不定两兄弟还会抱头痛哭。

当然，或许曹丕突然去曹植的封地，是想看看曹植是否拥有威胁自己政权的能力。不管是何种原因，也不管两兄弟见面后说了什么，总之，与曹植告别后，魏文帝曹丕回到洛阳，身体一直未能完全康复。最终在魏黄初七年六月，曹丕不治而亡，终年 40 岁。

这位曹魏的开国皇帝，在位时间很短，仅仅 66 个月，也就是不到 6 年时间。而在这 66 个月里，他竟然有 44 个月在外征战、巡游。

魏文帝曹丕壮年就去世，对于他的死，说法有很多。有人说他是因为长年在外征战，长期鞍马劳顿，把身体折腾垮了；也有人说是他一年吃 23 斤石胆，有异食癖，把身体吃坏了；更有人说他死于纵欲。

曹丕和他的父亲曹操一样，都很好色，他不仅有 18 位妃嫔，登基后还将父亲的姬妾也纳入了后宫。据说，曹操刚死不久，曹丕的亲生母亲卞夫人看到丈夫曾经的女人和曹丕在一起了，气愤不已，大声骂他猪狗不如。

魏文帝曹丕的好色，以及父亲曹操刚死就与曹操的小妾淫乐，让一些历史学家将他的早死与违背道义挂上了钩，说他虽然继承了汉制，却违背了王道。这里所指的“王道”，就是父亲尸骨未寒，儿子却沉溺于淫乐，不守孝道，因为不守孝道，所以也“知王年不长”。

或许魏文帝曹丕的命不长，跟以上的因素都有关，也就是多种因素造成的。不管是何种原因，他死得都很突然，谁会想到，坐在战马上威风凛凛的40岁男人，会因为一场病说死就死了呢？

曹丕也没有想到一场病会要了自己的命，他还有那么多的雄心壮志没有完成。不过，虽有不甘，但当意识到自己大限已到时，他就不得不安排后事了，而他所安排的后事中，最重要的就是谁继位的问题。

因为魏文帝曹丕一直没有立太子，主要原因是他觉得自己还年轻，不急于立太子，要多观察观察。既然马上就要死了，那就把立太子和安排继位之事一起进行。

23岁的嫡长子曹叡被立为太子。之后，魏文帝曹丕又急召中军大将军曹真、镇军大将军陈群和抚军大将军司马懿到洛阳崇华殿，让他们三位做辅政大臣。

曹丕共有十个儿子，但其中的五个儿子在他之前已经去世了。曹叡作为嫡长子，因此继承了皇位。

曹叡由曹丕和甄宓所生，甄宓就是那位有着倾国倾城之貌的三国第一美人。甄宓曾是袁绍的儿子——袁熙——的妻子，很受袁熙宠爱。东汉建安九年，曹操率兵攻打邺城。在取得邺城后，同去的曹丕一眼就看上了有着绝色容颜的甄宓，并娶她为妻。

甄宓应该属于那种令男人见一面就难以忘怀的女人，据说曹操刚一攻下邺城，就派人召甄宓过来。但手下说，五官中郎将已经去了。当时的五官中郎将就是曹丕。

曹丕进入袁府，看到两名女子抱头痛哭，其中一名年轻女子虽然脸上全是污泥，却难掩秀色。于是他伸手轻轻为她拭去污泥，绝美容颜顿时显露无遗。这名年轻女子就是甄宓，而另一名女子就是袁绍的夫人刘氏。那时候，甄宓22岁，曹丕18岁。

曹丕对甄宓一见钟情，他先对刘氏做了自我介绍，然后又让她们不要害怕，表示会保她们周全。刘氏一听，顿时明白怎么回事了。曹操来袁府后，刘氏就跪在曹操面前，说愿意把儿媳妇甄宓送给曹丕做侍女。

“江南有二乔，河北甄宓俏”，曹操早听说过甄宓，一见之下，果然名不虚传。原本打算将她留给自己，但见儿子喜欢，便让曹丕迎娶了甄宓。

曹操和曹丕喜欢甄宓，曹植也喜欢。据说曹植写的《洛神赋》，就是以甄宓为原型。

甄宓为曹丕生了一儿一女，儿子就是曹叡，女儿是东乡公主。甄宓刚嫁给曹丕时，曹丕还是很宠爱她的。但男人大多喜新厌旧，更何况曹丕还好色。在有了其他的宠妾后，曹丕就对甄宓冷淡起来。

曹丕冷落甄宓，很大程度上是因为郭女王。郭女王也比曹丕大，是南郡太守郭永的女儿，但父母早亡，在流离失所后进了铜鞮侯家做婢女。因为有几分姿色，就被铜鞮侯送给了曹丕。郭女王有谋士之才，时常为曹丕出谋划策。那时正好是他跟曹植争世子位时，所以他渐渐依赖上了郭女王，不管去哪儿都带着她。

甄宓像所有女人一样，面对丈夫的冷淡有了怨言，说了一些怨恨的话语，而这些话又都传到了曹丕那里，曹丕不禁大怒，竟下令将甄宓赐死。

甄宓之死是曹丕称帝后第二年的事。甄宓死后，曹丕不仅让人解开甄宓的头发，用头发将她的脸遮住，还往甄宓的嘴里塞满了米糠。据说，曹丕在冲动之下赐死甄宓，有些后悔，又有些心虚。毕竟甄宓又没有犯什么死罪，曹丕为了让她面不示人，口不能言，无法申冤，就让人用甄宓的头发遮住她的脸，用米糠塞住她的嘴。

甄宓死后，魏文帝曹丕便立郭女王为后。从曹丕赐死甄宓，以及对死后的甄宓所做的事来看，曹丕不仅心狠，而且有些变态。

魏黄初七年，曹叡继位为魏明帝，不仅追赠母亲甄宓为文昭皇后，还为她修建了寝庙。

已经被尊为太后的郭女王，担心魏明帝曹叡报复，一直处在忧惧中。最终，郭女王不仅因忧惧而暴毙，而且在她死后，曹叡也对她做了母亲甄宓死后父亲曹丕所做的用发遮面、用米糠堵口的事。可见，曹叡也是个狠角色，而且是个不动声色的狠角色。

敌人助攻，成军界三号人物

曹叡的继位，对朝臣——包括司马懿——来说是很突然的，大家没有一点儿思想准备。他们谁都没有想到，魏文帝曹丕突然离世，因此都有些不知所措。

司马懿的行事风格，向来都是在足够了解一个人后，才会去做一些相应的事，说相应的话。因此，他虽然是辅政大臣之一，但却很少说什么，他需要时间来好好观察这个对他们来说很陌生的帝王，然后再决定做什么。

司马懿对魏明帝曹叡没有像对曹操和曹丕那么了解。不仅是司马懿，朝臣对曹叡也都不了解，因为曹叡不仅平时少言寡语，而且是个“社恐”，不怎么和人打交道。和人打交道少，言语又少，自然也就很难让人了解他。曹叡的这种性格，更多跟他母亲甄宓被父亲曹丕赐毒酒害死有关。

甄宓被赐死那年，曹叡18岁。他知道母亲是被父亲赐死的，却不知母亲为何被赐死，对父亲也就有了怨言，经常暗地里哭泣。魏文帝曹丕知道后，对曹叡疏远起来，并将他从原来的齐公贬为了平原侯。

随着曹叡逐渐长大，特别是当他从曹丕的另一名贵人那里得知，母亲甄宓的死，是因为郭女王不断进谗言所致后，就萌生了为母亲报仇的念头。可若想要为母亲报仇，就必须和曹丕及已经是皇后的郭女王处好关系，并顺利继位。因此，曹叡就主动向曹丕示好。父子之间的关系这才缓和下来。

曹丕和曹叡父子之间，有这么一个故事。有一天，魏文帝曹丕带曹叡去打猎，看到了两只鹿，一只是母鹿，另一只是小鹿。曹丕用箭射死了那只母鹿，让曹叡去射那小鹿。曹叡不仅没有射，反而哭着说，父皇已经射死了它的母亲，我不忍心射死小鹿。曹丕当时一听，心头一震，想起了甄宓，对曹叡有了怜爱之心，封他为平原王。

不过，虽然父子俩的关系有所缓和，但魏文帝曹丕还是没有立曹叡为太子，直到临死前几天才立了曹叡。曹叡坐上皇位后，首先见的也不是父亲为他选的三位辅政大臣，而是元老级的谋士——侍中刘晔。

魏明帝曹叡的这个做法确实有些出人意料，也有些耐人寻味。能被魏文帝曹丕委以重任，做辅政大臣的，一定是曹丕所信任的，但魏明帝曹叡第一时间却不是见父亲为他选的，而是见了自己想要见的。由此可见，曹叡也是极其有个性的一个人。对于父亲曹丕，曹叡内心应该也是有怨言的。

刘晔是东汉开国皇帝刘秀之子——刘延——的后人，虽然他在曹操、曹丕时期，职位都不高，但却被他们视为心腹：授晔以心腹之任；每有疑问，辄以函问晔。由此可见，刘晔的人品是毫无争议的。

魏明帝曹叡和刘晔差不多谈了一天，至于谈了什么，历史上并没有记载。

据说因为对这位新帝不了解，在刘晔去见曹叡时，朝臣们全都眼巴巴地等在外面，他们都想从刘晔那里探听到一些关于这个略带些神秘色彩的皇帝的事情。

等到刘晔一出来，朝臣们便争相问他新帝怎么样。刘晔说，是秦始皇、汉武帝那样的人物，只是稍稍逊色罢了。这个评价已经很高了，将魏明帝曹叡与秦始皇和汉武帝放在一起比，可见他是有着雄才大略的。

曹操生前非常喜欢这个长孙，曾说曹叡“我基于尔三世矣”。意思是说，有了曹叡，曹氏的基业也就能传三代以上了。不过，对当时的朝臣来说，对于这位既摸不透，也猜不透的帝王，只能通过他做的事来判断他是什么样的人了。这时，东吴孙权趁着魏文帝曹丕去世、曹叡刚刚继位，政权不稳，又起兵攻打江夏。

说“又”，是因为孙权从来不会错过这种“趁你病，要你命”的时机。当初曹操刚刚去世时，孙权便立即出兵西征。当时曹魏朝臣很紧张，魏文帝曹丕更紧张，担心吴军攻打樊城和襄阳，因此下令烧毁了这两座城市，并调曹仁回驻宛城。

同样的情况出现，朝臣们既愤怒又紧张，觉得孙权这是在趁火打劫，必须尽快出兵增援，甚至还有朝臣主动请缨率兵前去应战，说东吴太欺负人了，绝对不能让江夏落入东吴的手里。

朝臣们议论纷纷，群情激昂，魏明帝曹叡却显得极为淡定。他没有说话，只是静静地看着朝臣们争论，等到他们都说得差不多了，平静下来，等着他下令时，他才慢腾腾地说了一句“不出兵”。

这是与他父亲魏文帝曹丕面对同样的军情时完全相反的反应。不用说，不仅朝臣震惊，就连司马懿也震惊了。当然，司马懿的震惊并非因魏明帝曹叡说不出兵，而是没有想到他会那么镇静。

通常新帝上位，面对这种情况，肯定会有大动作。新官上任还三把火呢，他这第一把火，肯定要让它烧得旺旺的，要让孙权为此付出代价，就像刘备，为了显示自己除掉孙权的决心，御驾亲征。

对于不出兵，朝臣们不解，有朝臣为此还提出了异议。魏明帝曹叡依然不急不慌，等朝臣说完才说出他不出兵的理由。他说，东吴擅长的是水战，可他们这次却走了陆路，且已经被镇守江夏的魏军拦住了，在这种情况下，东吴是不会贸然进攻的。

魏明帝曹叡说到这儿的时候，已经让司马懿对这个新帝刮目相看了。曹叡分析完，又开始了预判，他说，他已经料到东吴会在新旧皇帝交替时出兵了，因此，他已经提前派治书御史荀禹去了，吴军在看到荀禹的军队后，会以为曹军的增援已到，很快就会撤兵的。

魏明帝曹叡说得很坚定。他的这番分析和预判，犹如一个上过战场、带过兵打过仗的将军。司马懿顿时意识到，这个新皇帝不简单。而之后，事情的发展也正如曹叡所预料的那样。

曹操去世，曹丕刚刚继位，东吴西征，朝臣和曹丕要调曹仁回驻宛城，并要放火烧樊城和襄阳，以免被东吴得到。当时司马懿就曾对此提出过反对意见，认为吴军不会进攻这两座城市，这两座城市也不能放弃烧掉，但曹丕没有采纳。而如今，魏明帝曹叡却在朝臣们都嚷嚷着要出兵时，坚定地选择了不出兵，他没有征询三位辅政大臣的意见，也没有征询其他谋士的意见。由此可见，魏明帝曹叡是个很有自己主见的人，与这样的天子打交道，要格外小心。

司马懿禁不住轻轻叹了口气，看来，他又要接受新的考验了。当然，不管面对的是什么样的天子，勤政、忠诚和隐忍不能变。

魏明帝曹叡对司马懿没有像父亲曹丕那样倚重，司马懿也就沉下心来，继续兢兢业业地辅佐曹叡，不敢有丝毫的马虎。因为他知道，魏明帝曹叡对他，没有曹丕那种亦师亦友的感情，而且曹叡的上位，并不是他司马懿帮助争来的。

使用下属如同御马，只用好料或只用鞭子都不行，要兼而有之才能掌握下属于股掌之间：鞭子能让草料显得更香，好料会让马在被鞭子抽打后疼而不仇。也就是说，打个巴掌吃颗甜枣，让下属继续为你卖命。

魏明帝曹叡年纪不大，但似乎非常懂驭人之术。他始终与朝臣保持着适当的君臣距离，这也让司马懿在面对他时多了些警觉。

司马懿在埋头做自己该做的事的同时，也做好了被新帝“冰封”一段时间的准备。然而，运气来的时候，你就是再想躺平，命运也会把你拽起来，推着你往前走。

魏明帝曹叡继位两个月后，东吴孙权再次进攻曹魏。上次他没有抓住新旧皇交替的好时机，趁着曹魏新帝经验不足，他想再来一次。

这次，孙权是抱着必胜的信心来的，他与左将军诸葛瑾兵分两路，一路攻击江夏，一路攻击襄阳。敌人出现，而魏明帝曹叡无其他合适之人派遣，也就只能派司马懿率兵前往。

这是一次尝试，对魏明帝曹叡和司马懿来说，都是如此。派从未带兵打过仗的人带兵打仗，从中可以看出曹叡用人的不拘一格。

第一次率兵打仗的司马懿，内心既激动又忐忑。没想到最后却大胜，因为此役的胜利，司马懿被封为骠骑将军。原本的敌人东吴，反倒为司马懿做了"助攻"，让他在军界成了仅次于大司马和大将军的第三号人物。

司马懿鹰视狼顾，不能给他兵权。这是曹操曾说过的话，他的儿子曹丕、孙子曹叡都没有忘记这句话。可事情的发展，往往很多时候是不以人的意志为转移的，命运一步步地，让司马懿拥有了兵权，且兵权越来越大……

军事初战，出手即是王炸

投机者孙权，在曹丕刚刚去世时，就曾不顾"礼不伐丧"率兵进攻。

"礼不伐丧"是古代的一种战前礼仪，尤其在春秋战国时期较为常见，是仁、义、礼、智、信中的"礼"。不过，在孙权的"字典"里，不仅没有战前礼仪，他还专门在丧乱之时出兵。然而，让孙权没有想到的是，在他心里那个没有经验的魏明帝曹叡，竟然不仅预先想到了他会怎么做，而且提前做了安排，导致他无功而返。

孙权不可能甘心，在回到东吴做了一番准备后，八月，他再次率兵进攻曹魏。这次他兵分两路，一路由自己亲自率兵进攻江夏；另一路让左将军诸葛瑾等人率兵进攻襄阳。

此次，魏明帝曹叡并未置之不理，而是命令时任抚军大将军的司马懿率兵反击诸葛瑾。

诸葛瑾是诸葛亮的兄长，此人博古通今，非常有才华。诸葛瑾和东吴的结缘，也始于东汉建安五年的时候，他躲避中原战乱，逃去江东。诸葛瑾在江东，认识了孙权的姐夫弘咨。弘咨很欣赏诸葛瑾的才华，就将他推荐给了孙权。孙权也很欣赏他，并对他委以重任，任他为长史。之后，在孙权被封为吴王后，诸葛瑾就被封为了左将军。

诸葛瑾不仅性格沉稳，情商高，而且人缘很好。他能够被孙权重用，很大原因就是他的性格。诸葛瑾非常擅长表达，特别擅长说服别人，或者说，他说服别人有一套。

诸葛瑾不管是和孙权说话，还是劝谏，都和别人有所不同。通常，在他慢条斯理地说出自己的想法时，即使遇到与孙权的理念不同的情况，他也不会着急，更不会执着于自己的想法，而是巧妙地转换话题，将话题引到其他事情上，然后通过说其他事，再慢慢引导孙权跟着他的节奏，最后一步步地靠近他的目标。

在劝谏方面，诸葛瑾更有一套。他会用迂回的方式表达出他想要表达的观点，即便是反驳你，也不会让你觉得他不认可你，甚至还会觉得他是认可你的，只是除了你所说的，还有一种更优的方案。而在战术上，他想让你认可他的战术，通常会选用战术推演的方式，让你不自觉地跟着他的战术走。

诸葛瑾的理论水平很高，不过，他的实战经验不足，一旦遇到实战，他的那些理论，乃至谋略，就有点不尽如人意。

一句话，他就是个理论家，不是个实干家。因此，他虽然率兵出征的机会不少，但输得多，赢得少。即便是这样，孙权对他依然很信任，不会觉得他输掉战争是因为他的战术不好。

和诸葛瑾相反，司马懿很少与人谈战术，特别是首次率兵出征。不过，司马家族原本就是从武将转为文职的，也就是说，从基因上来说，司马家族的军事指挥能力还是很强的。因此，司马懿虽然之前没有接触过用兵，但他看的兵书不少，他曾精研兵法，只是之前没有机会展示他的军事指挥能力罢了。

此次有机会展示自己的军事能力了，司马懿肯定也想好好地发挥一下。

司马懿非常清楚，如果他想在仕途上继续高升，乃至掌握大权，或者说，如果他想在不是很了解的魏明帝曹叡那里确立自己不可替代的地位，那么这场战争的胜负至关重要。因为这些原因，司马懿将自己的这场“处女战”看得很重，并做了充足的准备。

诸葛瑾也做了充足的准备，不过，他所准备的更多地集中在战前的理论推演上；而司马懿的战术准备则聚焦于对敌人将领，即诸葛瑾的了解。他不想早早想好用什么战术，于他而言，形势随时随地都在发生着变化，所以战术也要随时随地地做调整。

从之后司马懿参与的战争来看，他最擅长的是“诡计”，且“诡计”的制定，又都是由当时的战况决定的，非常灵活，他信奉“兵者，诡道也”。

面对同一件事，不同思维模式的人会做出不同的决策，进而决定事情的走向和结果。有些人只有一种思维模式，另一些人则是将两种思维模式结合起来。一种思维模式的人，会将自己禁锢在固有的思维模式中，而拥有两种思维模式的人，他们会根据事态的变化随时做出不同的调整，这种也叫作成长性思维。

司马懿就是一个拥有两种思维模式的人，而诸葛瑾的思维模式就属于固有思维。

有句话说，兵熊熊一个，将熊熊一窝。二位将领思维的差异，也就决定了这场战争的打法和结局。

对诸葛瑾来说，司马懿是个非常陌生的人物，他内心还夹杂着对司马懿的不屑。诸葛瑾认为，司马懿是文臣，还是因为曾是魏文帝曹丕的“四友”才得以被重用的文臣。用现在的话来说，司马懿就是一个“关系户”，没什么真本事。

曹魏派一个关系户文臣来率兵迎战，可见曹魏是无人可用了啊！这就是诸葛瑾在得知迎战自己的是司马懿后的心理活动。

双方还未对垒，诸葛瑾就犯了轻敌的毛病，他对司马懿的错误评估，也让他在接下来的战争中付出了很大的代价。

知己知彼才能百战百胜。司马懿在应对任何敌人之前，都会去研究对方，更不要说诸葛瑾还是诸葛亮的兄长，他就更不可能马虎了，因此准备很充分。司马懿先是采用“坚守”战术，然后根据吴军的进攻情况，做了一些战术调整，导致吴军疲于奔命。

吴军在接连强攻都没有攻破襄阳城后，有些累了。见吴军进攻强度减弱，司马懿一声令下，魏军果断出击，进而大破吴军。

诸葛瑾率兵打仗，一直以来都遵循着打得赢就打，打不赢就跑，绝不硬磕的策略。因而，见吴军溃败，他就带着残余吴军跑了。他跑了，副将张霸却没能跑掉，被魏军杀了。魏军共斩吴军千余人。

司马懿的首战，就以这种轻松的方式大胜。

司马懿应该感谢孙权，更应该感谢诸葛瑾，感谢孙权的这次伐魏，让他有了领兵作战的机会；感谢诸葛瑾的名声比能力强，感谢诸葛瑾对他的轻视，让他能够轻松获胜。总之，这次可谓敌人成就了他。

司马懿的这次大胜，似乎才让魏明帝曹叡将注意力转移到他们三位辅政大臣身上。于是，曹真被封为大将军，而陈群被封为司空，司马懿则被封为骠骑大将军，都督荆、豫二州军事，屯驻宛城。

司马懿因为这一战，竟然稀里糊涂地成了曹魏军界的第三号人物。

三位辅政大臣的晋升，特别是司马懿被封为骠骑大将军，引起了大司马曹休的警觉和不满。

曹休是曹操的族亲，曹操起兵讨伐董卓时，他就跟着曹操了，有着“千里驹”之称。曹休跟着曹操四处征战，从警卫一直做到了中将军、领军将军。曹丕时期，他又被升任为征东大将军，假黄钺。曹丕去世时，原本他也应该是辅政大臣。作为曹魏元老，他自认是有资格担当此任的，但却因为他当时在外镇守边境，没有及时赶回来，所以辅政大臣就只有那三位，跟他无关了。对于自己被忽视甚至被忽略，曹休本来就很生气了，没想到司马懿又因为一场战争，直接被升为骠骑大将军，

一个从未率兵出征过的异姓文臣，竟然被任命为骠骑大将军，比他这个常年镇守边境的征东将军职位还高，他没有怨言是不可能的。当然，令他不满的还有一位，那就是被封为大将军的曹真。

曹休和曹真的是冤家对头。他们成为冤家对头，有一个重要原因，那就是对曹休来说，他才是如假包换的曹操的族人，而曹真的族人身份是假的。曹真原来并不姓曹，姓秦，只因他父亲和曹操是同乡，在跟随曹操出征时战死，曹操出于对他父亲的感情，将他的“秦”姓改为“曹”姓。如今，这个“假”皇族宗亲曹

真，竟然位于曹魏的政治中枢，整日在京城饮酒作乐，自己却要在外冒着生命危险打仗，太委屈，也太窝火了。

对于曹真和曹休之间的矛盾，魏明帝曹叡是看在眼里了的，为了不激化他们之间的矛盾，在升任司马懿为骠骑大将军，任命曹休为大司马时，任命曹真为大将军。从职位上来说，曹休的大司马是高于曹真的大将军的，而由于曹真从中军大将军到了大将军，属于升职，曹休虽不满，曹休却也无话可说。

从这点上来说，魏明帝曹叡也是个“端水大师”。不过，这种来自皇上的平衡，也只能让两位冤家对头维持表面的和平，暗地里，他们仍然嫉恨着对方。

经过这次调整，曾任镇军大将军的陈群，虽然升任司空，属于“三公”之一，但却不再掌握军队了。这样，司马懿也就成了曹休、曹真之后的第三号军界人物。当然，同时，司马懿也因受命镇守荆、豫二州，离开了洛阳。

魏明帝曹叡让司马懿离开京城洛阳，有他的小九九。司马懿是个“危险人物”，祖父曾给父亲交代过，父亲也曾向他暗示过。但因为他需要用司马懿，且司马懿也立了军功，他不得不升司马懿的职。但在给司马懿升职的同时，为了预防他做出对曹氏政权不利的事，曹叡就需要调整司马懿的位置，让他离开京城。

魏明帝曹叡做的这个决定，站在他的角度是对的，而站在司马懿的角度，这对他来说也是好事，毕竟枪杆子里出政权。何况，从曹叡对他们四位顾命大臣职位的调整来看，曹叡不仅懂权谋之术，更懂人性。因此自己离曹叡远一点，未必是件坏事。

塞翁失马，焉知非福，伴君如伴虎，不管面对的是哪个“君”，都是如此。

上兵伐谋，其次伐交

司马懿终归是要与诸葛亮交手的。

向上的人生，注定会在路途中遇到一个比一个强的对手。和高手过招既是宿命，也是必然。

在司马懿掌握军权，第一次率兵打仗就遇到诸葛亮的兄长诸葛瑾时，他就知道，这是命运使然。尽管诸葛瑾的军事指挥能力无法与弟弟诸葛亮相比，但这无疑是司马懿走向与真正对手诸葛亮交锋的必经之路。

当然，与诸葛亮相遇还需要时间，还需要跨过其他对手。司马懿在被封为骠骑大将军时，已经开始做准备了，他关注着蜀汉的情况。

很快，连接他和诸葛亮的对手就来了。魏太和元年三月，诸葛亮为了准备北伐，屯兵汉中。

诸葛亮屯兵汉中，主要是为了策反曹魏的孟达。孟达七年前还是蜀国的将领，东汉建安二十五年，率兵投靠了曹魏。七年后，孟达又想离开曹魏了——似乎他和曹魏，也有七年之痒。

孟达本质上是个骑墙派，就是个这山见着那山高的人。一个内心浮躁的人，是很难让自己静下心来的，无法静下心来也就无法忠诚于一个人、一件事。

孟达有才华，不仅通文史，而且精明强悍，有胆有识，他的父亲是东汉凉州刺史孟佗。小时候，孟达和父母一起去蜀国定居。在蜀国长大的他，先是做了益州牧刘璋的属下，之后又投靠了刘备，做了宜都的太守。

东汉建安二十四年，孟达奉刘备之命，攻打并占据了房陵。也就是这一年，司马懿连出三计，不仅离间了孙权和蜀汉的关系，而且让孙权攻打了当时围困樊城的关羽，导致关羽被杀。而这一年，孟达本来是奉刘备之命，攻占房陵后去攻打上庸的。刘备担心孟达攻打上庸难以取胜，就又派了他的义子刘封去上庸与孟达会合，并让刘封统领孟达的军队。

哪个将领会喜欢别人统领自己的军队？孟达就是在那时候对刘备有了不满，对刘封意见就更大了。当时，关羽围攻樊城和襄阳，曾让孟达和刘封发兵援助。由于关羽胜利在望，孟达和刘封就拒绝了，他们觉得自己还没有在上庸站稳脚跟，关羽又没有危险，为什么要去救援？谁知因为孙权的“背叛”，关羽转胜为败，并最终被杀。

关羽和刘备是结拜的兄弟，关羽的死，让孟达担心刘备因为他们不救关羽而治他们的罪。虽然不出兵援助是他和刘封两个人的决定，但刘封是刘备的义子，与自己又不和，到时候，如果刘封把不救关羽的责任都推给自己，那自己和家人的性命也就难保了。畏惧之下，他也就在东汉建安二十五年，率四千多名部下，归降于曹魏。

当时还是魏王的曹丕，为了吸引更多的归顺者，就拜孟达为散骑常侍，建武将军，封他为平阳亭侯，并把房陵、上康、西城三郡改为新城郡委托给他，封他为新城太守。

叛逃的人，是不可能对主人忠诚的，因为他既然能够背叛原主人，也就能够背叛新主人。对于这一点，司马懿曾向魏文帝曹丕提起过，但曹丕不以为意，依然对孟达信任有加。

魏文帝曹丕不顾朝臣劝阻，重用孟达。曹丕死后，新上任的魏明帝曹叡就不一样了，在曹叡的眼里，孟达就是一个逆臣，这样的人，是不可靠的。因此，孟达在曹魏的地位直线下降，这让孟达既失望又惊慌。

孟达的失望和惊慌，除了因为重用他的魏文帝曹丕已死，还因为在曹魏和他关系不错的夏侯尚也死了。孟达一时之间，不仅觉得自己在曹魏没有前途，还觉得危机重重，不知道魏明帝曹叡会不会找个借口把自己杀了，因此他就有些身在曹营心在汉了。

诸葛亮是“神算子”，虽然他在蜀汉，但他“算”到了孟达在曹魏的处境不如意，也“算”到了孟达有离开曹魏的想法。于是，他向孟达抛来了橄榄枝，写信给孟达，劝他归蜀。

诸葛亮能够召唤孟达回蜀，是他看中孟达是个人才，毕竟蜀汉正是缺人的时候。虽然孟达是蜀汉的叛徒，但却总比成为蜀汉的敌人强得多。为此，诸葛亮在信中向孟达阐明了利害关系，劝他离开曹魏。

诸葛亮所说的利害关系，正是孟达想要离开曹魏的原因，因此孟达有些心动。可一想到自己曾背叛过蜀汉，又担心自己回去后会被以叛逆之臣来治他的罪。当然，他是相信诸葛亮的人品的，也相信只要有诸葛亮在，他回去就是安全的。可诸葛亮年龄大了，如果诸葛亮也像魏文帝曹丕那样，突然死了呢？诸葛亮死了后，蜀汉朝廷里的其他人会不会翻旧账？

孟达因为这些原因，举棋不定，犹豫不决。

狡兔还三窟呢，孟达又想，在曹魏不被重用，回蜀汉又被算旧账，要不投奔东吴试试？就这样，孟达又写信给东吴的丞相陆逊。东吴自然欢迎他去，双方就暗通款曲，悄悄来往。孟达的所作所为，有些像买东西，到底买哪家的货，他还不能确定。他要货比三家，看哪家出价高、待遇好，他就去哪家。

世上没有不透风的墙，曹魏、蜀汉和东吴虽然是三个国家，但这三个国家的臣子们又都互有来往。于是，东吴的陆逊就将孟达与自己来往的事透露给了诸葛亮。

诸葛亮素来以忠诚和有担当著称，这样一个人，自然很讨厌那些两面三刀的骑墙派，孟达的做法让他非常生气，他觉得孟达就是一个投机小人，对孟达的兴趣也就小了很多。不过，即便孟达不回蜀汉，也不能让他成为蜀汉的敌人。

诸葛亮想出一计，逼孟达起兵。既然孟达不归蜀，也不留在曹魏，那就逼孟达起兵，消灭一个强敌。

诸葛亮是如何逼孟达起兵的呢？他让人把孟达与蜀汉暗地里书信来往的事故意“泄露”给了曹魏的魏兴太守申仪。

申仪本是益州汉中郡的土豪，汉中在成为兵家必争之地时，为了保护家族利益，他就跟着哥哥申耽招募人马自卫。之后，两兄弟先投降蜀汉，再背叛蜀汉投降曹魏，接着背叛曹魏投降蜀汉，最后背叛蜀汉投降曹魏。

也就是说，他们兄弟俩就这么在蜀汉和曹魏之间跳来跳去，谁占领他们这块地方，他们就投降于谁，一切都以申家的利益为准。而从申家兄弟俩的做法可以看出，在他们的人生信条里，是没有“忠诚”两个字的。

申仪在做了魏兴太守后，为了保住自己在魏兴的影响力，便以防御蜀汉为名，自制官印，拉拢当地豪族。申仪最后一次降于曹魏，就是听了孟达的劝说。不过，申仪和孟达的关系也不好，理由是魏文帝曹丕让孟达监视和制衡申仪。

申氏兄弟反复无常，魏文帝曹丕也不信任他们，因而不仅特地调申耽到南阳，将他们兄弟俩分开，避免他们串连，还让孟达监视和制衡申仪。这事情，又被申仪知道了，因此他就对孟达起了怨恨之心。

诸葛亮能选择让申仪去出卖孟达，是因为他知道申仪和孟达之间的矛盾，也知道申仪就是一个见利忘义之人。果然，一切都如诸葛亮所料，申仪即刻就向魏明帝曹叡告发了孟达，而曹叡就命驻守宛城的司马懿来处理这件事。

孟达与蜀汉眉来眼去，司马懿对此并不奇怪，不忠诚者，在哪儿都做不到忠诚。司马懿派人秘密调查此事，并写信给孟达，让他去京城觐见皇上，解释此事。司马懿此举，就是为了打草惊蛇，以便通过孟达敢不敢去京城，确认他是否有背叛曹魏之心。

孟达接到司马懿的信，吓了一跳，原本就心虚，哪里敢去京城？因而，原本还在犹豫的起兵一事，也就不再犹豫了，他开始制订降蜀计划。

也就是说，诸葛亮和司马懿对孟达使的计，都成功了。

第五章　真正的交锋，只在强者之间

一道开胃菜，真正的对决刚刚开始

孟达的一举一动，都被申仪传给了司马懿。司马懿在确定孟达确实要背叛曹魏后，又写了一封信给孟达，称他投奔曹魏之心感动天地，曹魏对他也一直委以重任，还说那些说孟达有背叛曹魏之心的人，肯定是别有用心的蜀汉之人，在使离间计。

司马懿的这封信，只是为了安抚孟达，让他推迟降蜀计划，为自己争取时间。与此同时，他又做好了擒拿孟达的准备。

孟达在接到司马懿安抚他的信后，原本决定降蜀的事，又变得犹豫起来。诸葛亮在得知司马懿给孟达的信后，便料到孟达会心生犹豫，于是又写了封信给孟达，说那只是司马懿的缓兵之计，让他千万不能中了司马懿的圈套，必须即刻起兵，不能再推迟了，再推迟就晚了。

其实，孟达并没有完全相信司马懿信中所说，他也知道司马懿的信很可能就是缓兵之计，但他又觉得司马懿即便率兵前来，也是需要一些时间的。首先，司马懿的行动必须征得魏明帝曹叡同意，毕竟这是一场大的军事行动；其次，司马懿在宛城，魏明帝曹叡在洛阳，自己又在新城。算上征询皇上的时间，再算上司马懿接到皇上旨意的时间，再加上动身来新城的时间，来来回回，怎么也需要一个多月，时间还很充足，足以让他再好好权衡权衡，到底是去蜀汉还是去东吴。

关键时刻，犹豫不定是大忌。

孟达按自己的推测，觉得曹魏皇帝如果真要讨伐自己，司马懿率兵从宛城出发时，他再起兵都来得及。而如果真像司马懿信中所说，曹魏皇帝对自己是信任的，那就不会派兵来，无论是司马懿来还是曹叡派其他部下来，对他来说，都不足为患。

孟达完全是在用自己的认知和猜测判断曹叡和司马懿接下来的行动，但他只猜对了一半，还有一半没有猜中。司马懿的这次军事行动，本来是需要征得魏明帝曹叡同意的，但将在外，军令有所不受，因此司马懿没有坐在那里等皇上回复，而是一边派人向曹叡通报，一边自己率兵暗自出发，前往新城了。司马懿这么做，是因为他太了解孟达了，知道孟达就是一个既无信义，遇事又犹豫不决的人。所以当司马懿有了确凿证据，证明孟达要背叛曹魏时，他就可以行动了。他要在孟达还没拿定主意的时候，快速将孟达擒拿。

总之，司马懿要打孟达个出其不意。为此，司马懿在率兵前往新城的途中，一直没有停歇，他们没日没夜地疾行，仅仅用了八天，就来到了新城城下。

八天时间，和孟达猜测的一个月时间，相差太大了。因此，当孟达接到通报，得知司马懿率领魏军已经兵临城下时，他简直不敢相信，大惊失色。莫非这是天兵天将？

惊慌过后，孟达一边命令属下死守城门，一边向蜀汉的诸葛亮和东吴的陆逊求助。一切就像诸葛亮所预料的，晚了，一切都晚了。诸葛亮和陆逊虽然也都派了蜀军和吴军前去救援，可早有准备的司马懿，已经令魏军守在蜀军和吴军来的路上了。

援军被魏军拦住，未能进入新城。没有了援军，孟达在城内惶惶不可终日，此时的他，才开始害怕。

魏太和二年正月，司马懿兵分八路，一边围攻新城，一边暗自写信给孟达的外甥邓贤和孟达的部将李辅，称此事只追究孟达的反叛罪，跟其他人无关，其他人一律赦免。

而这封信，也让处于恐慌中的孟达内部开始瓦解。

司马懿之所以要写这封信，是因为新城墙高池深，三面环水，易守难攻。难以在短时间内攻破城门，因此便想到了找内应。

邓贤和李辅之所以背叛孟达，是因为这是他们唯一的一条活路。

十六天后，新城的城门打开了，是邓贤和李辅偷偷打开的。魏军进入城内后，擒拿孟达，将其斩杀。当然，孟达的那些部下，死罪虽免，活罪难逃。最后，司马懿令人将孟达的七千多员属下全都北迁到了幽州。

司马懿在历史上以“用奇兵，巧诡诈”著称。此次速擒孟达，也是“诡诈不断”。在此期间，他一共写了三封信，两封信是写给孟达的，第一封信，旨在试探孟达，致使心虚的孟达开始策划叛逃行动；第二封信，在得知孟达确实想背叛曹魏后，司马懿安抚、迷惑孟达，致使孟达暂缓行动，给了他前往新城的时间；第三封信，他是写给孟达的外甥邓贤和部将李辅的，用承诺不追究他们，来瓦解敌人内部，让原本的攻城战变成了里应外合。

这一系列动作，一气呵成，没有丝毫拖泥带水，干净利索。而每一步，也都达到了他想要的目的。

在擒拿并斩首孟达后，司马懿又开始收拾申仪。这个比孟达还反复无常的人，司马懿觉得他根本就不可用。司马懿借大获全胜之际，荆州各郡太守纷纷献礼道贺的机会，擒拿申仪。

孟达的死，让申仪害怕起来。因为他也不干净，而司马懿的手段又毒辣。心虚之下，申仪就装病没有去道贺。

司马懿可是装病的高手，申仪的这点小小伎俩，他怎么可能不知道。于是，他故意让人给申仪带话，说别的太守都去了，只有他一个人不去，很容易引起司马懿的怀疑，毕竟不做亏心事，半夜不怕鬼敲门。申仪一听，确实如此，就去了，结果就被司马懿擒拿了，并以私刻官印为由，将他带到了洛阳治罪。

不过，魏明帝曹叡并没有治申仪的罪，反而说他举报孟达有功，封他为楼船将军，他便再也没有机会回魏兴了。

这次速擒孟达，与其说是司马懿与孟达的战役，倒不如说是司马懿与诸葛亮的隔空对决。而从这场对决的结果来看，两个人可谓打了个平手。因为孟达被擒主要是没有听诸葛亮的建议，如果听了，司马懿不一定会拿下他。

当然，就像司马懿不看好孟达一样，诸葛亮在孟达又对东吴抛媚眼时，就对孟达归蜀不抱希望了。他用计逼孟达起兵，除逼他离开曹魏，让蜀汉少个厉害的敌人外，还希望孟达能与司马懿多来几个回合，以便给自己北伐赢得时间。可惜孟达太自以为是，也可惜司马懿速度太快，以迅雷不及掩耳之势，处置了孟达。

如果从另一角度来看，孟达的死，又好似诸葛亮与司马懿的联手：诸葛亮设局，孟达钻进去，然后司马懿拿出刀，将孟达斩杀。

孟达的结局，就是一个叛徒应有的结局，不管什么时期，叛徒的命运都是很悲惨的。

这场战役，司马懿赢得也比较轻松，而能赢得如此轻松，和孟达的性格弱点——遇事犹犹豫豫，缺少杀伐果断——有很大关系。虽然如此，但从此战中，也不难看出司马懿将“不战而屈人之兵，善之善者也”“善用兵者”“能拔人之城而非攻也”用得炉火纯青。

此战，如果也算作司马懿与诸葛亮的对决，那么，这场战争充其量只是两个高手对决之前的开胃菜，真正的对决，还未开始……

寻找破绽，一招制胜

司马懿对孟达的迅速解决，虽然让诸葛亮在北伐中失去了先机，但他却不能因此停止北伐之战。

诸葛亮执意北伐，是一种不得已的选择，原因有很多。第一，他是在完成刘备的遗愿——恢复汉朝统治，统一中原，彰显蜀汉的正统地位；第二，相比曹魏、东吴，蜀汉的根基不深，地少、人少，农业基础薄弱，有些像那营养不良的庄稼，太虚弱了，亟需开疆拓土；第三，刘备死后，蜀汉内部的各种势力蠢蠢欲动，对诸葛亮这个“托孤”之臣掌握政权有诸多不满，诸葛亮知道他们的心思，想全部放权给后主刘禅，但刘禅的能力又不足，他不放心，为了解决这个问题，诸葛亮就想通过自己长期在外出征，来维持半放权状态；第四，魏国后继无人，原来的五虎将——关羽、张飞、赵云、马超、黄忠——也只剩下年迈的赵云了，诸葛亮试图通过北伐实战，在培养人才的同时，再挖掘一些人才；第五，想通过对魏国边境的骚扰，阻碍他们的发展，魏国发展太快了，通过战争的消耗，让魏国的发展慢下来，只有这样，蜀国才有赶上魏国和吴国的可能。

想让蜀国壮大、让魏国衰弱，就必须跟魏国一战，而且还要打赢它。总之，诸多原因，让诸葛亮开启了北伐计划。

按照诸葛亮的计划，他们会从祁山出兵，到陇右、凉州、雍州，然后到中原……不过，在诸葛亮说出他的计划时，丞相司马、凉州刺史魏延却表示了反对。

魏延是刘备时期的元老，东汉建安二十四年，刘备自立为汉中王时，不仅提拔了当时还是牙门将军的魏延为镇远将军，还让他做了汉中太守。刘备称帝后，魏延又做了镇北将军。刘备去世，后主刘禅在位时，又封魏延为都亭侯。

因为这些经历，让魏延觉得，他是有资格反对丞相诸葛亮的策略，并提出自己的打法的。

魏延的打法是，先占领长安，理由是镇守长安的都是些胆小如鼠的酒囊饭袋，不足为惧。魏延甚至说，那些酒囊饭袋一听说蜀军来了，肯定会不战而逃的，不仅如此，他们还会丢盔弃甲，将粮食和财物都留给蜀军。

魏延说，因为这些人不经打，所以他只需亲自率领五千能打的精兵强将，五千运输物资辎重兵，从子午谷出发，就能以最快的速度偷袭长安。到了那时候，诸葛亮再率领大军从斜谷出发，他们两队人马在潼关会合，长安以西也就能够轻轻松松地收入囊中了。

魏延嘴里所说的酒囊饭袋是夏侯楙，夏侯楙是夏侯惇的儿子，也是曹操的女婿。

夏侯楙的妻子是曹操的长女清河公主。曾经，曹操想将清河公主许配给曹植的谋士丁仪，在征询曹丕意见时，曹丕因为和夏侯楙是朋友，以丁仪目有疾患为由，劝谏还是嫁给夏侯楙的好。因为这件事，丁仪就对曹丕有了怨言，而夏侯楙虽然娶了清河公主，却并不喜欢她。夏侯楙和曹丕一样，都很好色，镇守关中时，娶了很多小妾，对清河公主也就更冷漠了。清河公主在怨恨之下，与两个小叔子合谋，陷害夏侯楙，夏侯楙差点被杀。可见，娶清河公主未必就是福气。

魏延认为，夏侯楙就是个庸才，既无勇也无谋，能够镇守长安，全是因为他娶了清河公主。魏延觉得，这样的人通常都很惜命，肯定不会跟蜀军硬拼。

魏延说的时候，诸葛亮静静地看着他。看他说得如此轻松，诸葛亮禁不住后背一阵发凉。诸葛亮觉得，魏延太想当然了，魏延所谓的长安犹如探囊取物般就能得到，全是建立在对夏侯楙及其部下一听蜀军要来，全都撒丫子逃跑的假设上的。如果夏侯楙和他的属下都没有跑呢？如果不仅不跑，还率兵奋力抵抗呢？那么不仅拿下长安以西无从谈起，而且很可能还会让蜀军陷入被动。

诸葛亮不想北伐出师不利。诸葛亮是个做事前一定要经过深思熟虑，将种种有可能出现的情况全都考虑到，并在有了应对方案后才会去执行的人，因此他坚决不接受这种冒险做法。

不过，诸葛亮也是个很能听取别人意见的人，魏延的策略并非完全没有可取性。因此诸葛亮虽然没有接受魏延的打法，却又利用魏延攻打长安的想法，来了个声东击西。诸葛亮一边派兵做出攻打长安的样子，一边又按照原计划出兵祁山。

曹魏果然上了当，洛阳的魏明帝曹叡即刻下令，让雍州刺史郭淮率兵驻守斜谷道口，大将军曹真驻守郿城。

郭淮出身于门阀士族，祖父是东汉大司马郭全，父亲是东汉雁门郡太守郭缊。曹操时期，郭淮先为平原府丞，在曹丕还是五官中郎将时，他是曹丕门下贼曹，后又转任丞相兵曹议令史，之后就一直在军中任职，屡建奇功。曹丕称帝后，升任郭淮为雍州刺史，封射阳亭侯。

郭淮在羌人、胡人那里有很大的影响力。曾经，郭淮平定了羌大帅的叛乱。每次遇到羌人和胡人投降，郭淮都和蔼地问他们家里的情况，并根据这些人的情况，关心和照顾他们。因而郭淮被羌人、胡人奉为神明。曹真不用说，战功赫赫，是曹魏数一数二能战的将领。

诸葛亮一招声东击西，便让曹魏两块难啃的硬骨头被调去其他地方，诸葛亮率兵进入凉州，也就势如破竹了。

制造假象，引诱敌人做出错误判断，是诸葛亮最擅长也最常用的计策。

从此时来看，诸葛亮这次的北伐很顺利，一切都在按照他的布局进行，没有偏离轨道。可以说，形势对蜀汉一片大好。不过，现在还没到蜀汉庆祝胜利的时候，他们还需要切断曹魏对凉州的支援。

如果曹魏要来支援凉州，陇山道的街亭就是他们的必经之路。也就是说，只要守在街亭，把曹魏的援军拦住，那么任务也就完成了。可派谁去守街亭呢？似乎赵云最合适，可赵云已经与邓芝作为疑军，去牵制曹真了。

诸葛亮想来想去，把这个关键的任务交给了马谡。

马谡是蜀汉侍中马良的弟弟，平时喜欢看兵书，也经常与人讨论军事谋略，诸葛亮对他很器重。

不过，刘备并不看好马谡，他曾对诸葛亮说，马谡说话浮夸，言过其实，并提醒诸葛亮要对马谡多加考察。诸葛亮本来就是个善于听取别人意见的人，更不要说是刘备所言了。不过，刘备对马谡的评价，诸葛亮并不认同，他觉得马谡并非那么不堪，还是有才华的，如果精心培养，还是能够培养出成果的。

为了尽快将马谡培养出来，早在魏黄初六年平定南中叛乱时，诸葛亮不仅让马谡跟随，还特意让他出计，考验他的能力。马谡说："夫用兵之道，攻心为上，攻城为下，心战为上，兵战为下，愿公服其心而已。"

这句话很有名，通俗来说就是用兵之道，攻击心理防线是上策，攻打城池是下策；用心计较量是上策，用兵力较量是下策。

也就是说，作战时，"攻心"很重要，不需要一味用蛮力，要与敌人斗智斗勇，攻破敌人的心理防线，便能不战而胜了。

诸葛亮作战，一直遵循的就是"心战"。因此听马谡这么一说，禁不住称赞他说得好，并采纳了他的策略，最终平定叛乱，稳定了蜀汉的后方。那次对马谡的考验，更加让诸葛亮相信，只要多给马谡机会，他会成为很好的军事人才。当然，这也是诸葛亮没办法的办法，因为缺少军事人才，他不得不一点点培养马谡。

此次守街亭，诸葛亮交给马谡，实则也是想要对他进行实战考核。

街亭位于一个河谷开阔、四通八达的地方，从地形上来看，南北山势险要，进能攻，退能守。如果是经验丰富的老将，诸葛亮肯定不用担心，但马谡没有领兵作战的经验，守街亭的责任又很重大，因此诸葛亮在将此地交给他驻守前，又反复嘱咐他，让他临水安营扎寨，并告诉他一定要谨慎小心。

马谡是个自信到有点自负的人，虽是第一次被委以重任，但在他看来，守街亭就是一件小事，诸葛亮还这样反复叮嘱，就是对他的不信任，是小题大做。于是为了让诸葛亮放心，他拍着胸脯说，就一个小小的街亭，根本难不倒他。

诸葛亮仍然不放心，在得知曹魏的主帅是司马懿，先锋是大将张郃后，又再次叮嘱马谡，说这二位作战，都善用计谋，一定要慎之又慎。马谡听得有些不耐烦了，觉得诸葛亮简直就是在助他人志气，灭自己威风，当即就给诸葛亮立下了军令状，说如果这次街亭他守不住，那么他全家都任诸葛亮处置。

从最后的结果来看，人说话真的不能说得太满。

当时诸葛亮见马谡已经说到这个地步，也就觉得没有再继续说下去的必要了，但却又派老将王平率千余精兵强将为他所用。

诸葛亮的良苦用心，在自负又自大的马谡看来，就是对他的小看。在率两万兵马来到街亭后，他不顾诸葛亮的嘱咐，执意要将营寨驻扎在山上，即便老将王平劝阻他，说街亭既无水源，又无粮道，如果魏军围困街亭，切断水源，断了粮道，蜀军不战自溃，希望他听从诸葛亮的建议，临水安营扎寨。

马谡则说，他通晓兵法，是世人都知道的事，还说诸葛亮都曾请教过他。王平苦口婆心，继续劝他，说如果在五路总口扎营，至少能够阻挡魏军前行，给丞相争取时间。马谡依然不听，还说王平只知上阵杀敌，根本不知道兵法是什么，依然固执地把营寨扎在街亭北面的高山上，还认为扎在高处易守难攻。

从马谡不顾诸葛亮嘱咐，执意按自己的计划来可以看出，马谡想用一场他以为的大胜，告诉诸葛亮：丞相你小看我了。

不听老人言，吃亏在眼前。马谡上不听诸葛亮告诫，下不听老将谏言，最终付出惨痛代价。

马谡的自以为是，让狡猾的司马懿看出了破绽，他并不与蜀军在山上斗，而是命令大将张郃截断水源，断蜀军的退路。马谡一下子傻眼了。司马懿命令属下所做的，正是王平担心的。

敌人没有按马谡预设的套路行事，导致马谡带领的蜀军瞬间陷入了孤立无援的境地。意识到事态严峻的他，试图组织突围，然而司马懿却又抢先一步，实施了包围战。蜀军几次突围，都未能成功。

蜀军慌乱起来，张郃借机率魏军加大攻势，把蜀军打了个落花流水。老将王平见情况不妙，为了不至于全军覆没，他率领千余蜀军鸣鼓坚守。马谡率领的蜀军队形大乱，成溃败之势，但王平率领的蜀军却镇定自若，士气高涨，让张郃产生一种蜀军有埋伏的错觉。

为了保险起见，张郃叫停了魏军的进攻。王平这才带着残余的蜀军撤退。

王平的这种做法，实际上就是在和张郃打心理战。如果张郃不上他的当，加大攻势，王平率领的那支蜀军很可能也会被打得七零八落。

因为马谡的自负和自作主张，街亭就这么丢了。

街亭丢失后，马谡先被治罪，后在狱中去世，而诸葛亮也因此事上疏，请求自贬三级。

对于马谡的死，罗贯中在《三国演义》中写的是，街亭是通往汉中的关键要地，其战略位置极为重要，因为它是蜀军进取关中的必经之路。一旦街亭失守，蜀军就失去了进一步攻占关中的有利时机，这对蜀汉的军事战略造成了严重影响。

马谡作为守街亭的将领，对街亭的失守负有不可推卸的重大责任。他在战术上的失误和指挥上的不当，导致了街亭的沦陷。

为了安抚朝野上下，特别是那些因街亭失守而感到愤怒和失望的蜀汉官员和将士，诸葛亮挥泪斩马谡。

当然，历史上，马谡并非死于被斩，而是因为街亭的失守被捕入狱，并在狱中去世。

空城计，心理的博弈

从马谡守街亭失利一事来看，司马懿似乎比诸葛亮还了解马谡。

司马懿在听说守街亭的是马谡后，就说马谡徒有虚名，是个庸才，还说诸葛亮怎么能用这样的人，这样的人接受这么重要的任务，一定会误事。

当然，或许并非诸葛亮不如司马懿了解马谡，而是军中实在没有可用之人。诸葛亮北伐的原因之一，就是蜀国军事人才缺乏，他想通过战争，培养一批好的将领。马谡熟读兵法，如果能在实战中多锻炼，应该可以成长为重要的军事将领。

想培养年轻人，就要多给年轻人机会，给他们试错的机会。当然，马谡试错的代价太大了。

从司马懿与马谡的这场战争来看，司马懿之所以采用先让马谡陷入“孤岛”，再围攻的策略，就是因为他了解马谡的性格，知道马谡胆识有余，谋略不足，且骄傲自满，刚愎自用。因此，司马懿利用马谡对地形的考虑不足，有针对性地制定了策略，最终让诸葛亮创造的大好形势，因一个小小的街亭，前功尽弃，不得不退回汉中。

不过，或许是因为大家太喜欢将计谋运用得炉火纯青的诸葛亮了，所以不愿意看到他因马谡的失利而输给司马懿。于是，罗贯中在《三国演义》中，又写了一段神乎其神的“空城计”。

“空城计”中说，马谡在丢了街亭后，司马懿兴奋不已，想要乘胜追击，率领 15 万大军，浩浩荡荡地去诸葛亮所在的西城。西城总共只有 5000 人，其中的 2500 人还去运送粮草了，剩下的 2500 人中，没有武将，只有文官。

在得知司马懿率领 15 万大军到来之后，西城众人惊慌不已。诸葛亮则气定神闲，他轻轻地摇着他那标志性的鹅毛扇，站在城楼上观望了片刻后，让大家不要慌，还说他只需用一计，就能让司马懿退兵。

众人将信将疑，都想看诸葛亮如何让司马懿退兵。

诸葛亮先让人将旌旗收起，然后让士兵们站在原地不动，接着，他还让人将四个城门全都打开。最后，他带着两个小童坐在城楼上，一边焚香，一边弹琴。

见证奇迹的时候到了，司马懿远远见此情景，怀疑有诈，就退兵了。

“空城计”是影视、小说里的情节，真的会发生吗？理论上是可以的，这是一种心理战术。诸葛亮这一方，在已经知道无力守城时，也就只好故意暴露城内空虚，让敌人怀疑有陷阱、有埋伏，进而因为怀疑不敢进城。

街亭之战中，蜀军老将王平就是运用的这一招。他率领上千蜀军，敲着战鼓，做出进攻的态势，使原本准备强势进攻的魏国大将张郃心生疑虑，以为有埋伏，下令退了兵。

诸葛亮实施的“空城计”，是没有办法的办法，是“险策”。想要成功，还需要满足一个条件，那就是诸葛亮要十分了解对方将帅的性格和心理。也就是说，诸葛亮要非常了解司马懿才行，而诸葛亮之所以会实施空城计，就是因为他知道，来的人是司马懿，而司马懿一向谨慎多疑。

司马懿性格多疑且谨慎，没有错，但司马懿又是一个非常擅长观察地形、局势并根据地形局势判断接下来怎么做的人。司马懿在诸葛亮使空城计的时候，肯定不会贸然进攻，但却也不会马上撤军，他会退到安全的地方，静静观察，直到对方露出破绽。

也就是说，对司马懿，空城计是可以使用的，但只能使用一时，时间一长，肯定会露出马脚的。当然，又有人说，司马懿已看出诸葛亮是在使空城计，但他却没有戳破，假装怀疑有埋伏，退了兵。

为什么司马懿知道是空城，不进城活抓诸葛亮，反而要选择退兵呢？原因很简单，司马懿要留下诸葛亮，因为他知道，有了诸葛亮这个强敌后，他在曹魏才能站得稳。

魏明帝曹叡和司马懿没有多深的交情，曹叡对司马懿也不是特别放心，之所以用他，是因为还有强敌；一旦强敌诸葛亮没有了，那么留司马懿一个危险分子在身边干什么？

此种说法，倒真像司马懿的作风。如果仓库里没有了老鼠，主人也就不会再去养猫了。因此，猫若想留下来，就不能将仓库里的老鼠全抓完。

这有点像老道士驱鬼，他绝对不会把鬼全都赶走，总会留几个。有一次，老道士不在，老道士的小徒弟被请去驱鬼，他很卖力，把所有的鬼都驱走了。回去后，他兴奋地向老道士邀功，结果老道士叹口气说，你一次都驱完了，也就没人来请我们驱鬼了，我们还吃什么？

把自己的饭碗砸了。

留下一个强敌诸葛亮，对司马懿来说并非一件坏事，与狼共舞才能让自己更强大。只有留下诸葛亮，他才能在与诸葛亮的较量中，学到诸葛亮的谋略，积累自己在军中的实力，两全其美！

塞翁失马，焉知非福

司马懿与马谡的街亭一战，充分发挥了他的军事指挥能力和实地考察、适时应变能力。

街亭一战，胜在对实战经验的运用，而有趣的是，司马懿看似实战经验丰富，实际却并非如此。

之前，司马懿虽然也曾打胜了两场战役，但第一场是与诸葛瑾的“处女战”，似乎更多地是依赖于他的好运气；而速擒孟达，更是由很多因素促成的，如孟达钻进了诸葛亮设的局中，再加上他犹豫不决的性格、权衡利弊的盘算……就是说，缺少任何一条，司马懿的速擒都不可能实现。

但与马谡的这场仗，则完全是他军事实力的体现。他的对手马谡也没有实战经验，守街亭是马谡的第一场实战。两个没有实战经验的将领指挥作战，最能看出一个人的能力大小。

没有对比就没有伤害。这场战争的胜利，让司马懿在魏明帝曹叡那里变成了一把利剑，一把能够制衡诸葛亮的利剑。而这场战役的胜利，也彻底激活了潜藏在司马懿内心深处的司马家族的武将基因。

率兵打仗，考验的是一个人的综合能力，如谋略、军事智慧和军事指挥能力，司马懿对此产生了浓厚的兴趣。相比在朝堂之上的明争暗斗，司马懿觉得指挥一场战争更有利于他的成长。当然，更重要的是，掌握了兵权，他在魏明帝曹叡那里也就有了底气。

司马懿想用一场场胜仗，让曹叡看到他的不可替代性，让朝臣意识到，他司马懿在曹魏政权中的重要性。如果自己能在魏明帝曹叡和朝臣那里拥有军事上的无可替代性，那么自己就可以说是无敌了。毕竟，和平时期，文臣比武将重要；但战乱时期，武将却比文臣重要。

司马懿生活在三国互掐的时候，武将的重要性不言而喻。

司马家族在朝代的更迭中之所以能够世代为官，就是因为他们清楚地看到了这一点，并随时做调整。司马懿在三国混战之际，先做文臣，再做武将。需要做文臣时，他不让皇上失望；需要做武将时，他又能披甲上阵，屡立奇功。这样的人才，哪个皇上会舍得放弃？

司马懿决定继续立军功，为此，他在战胜马谡，让诸葛亮北伐无功而返后，前往洛阳去觐见魏明帝曹叡。他向曹叡说出了自己的作战计划，他想得到曹叡的允许。

司马懿这一役的胜利，让魏明帝曹叡看到了开疆拓土的希望。自他上位，不管是东吴还是蜀汉，都是对方先挑衅，曹魏只是被动防御。这次，曹魏决定主动出击。

魏明帝曹叡得知司马懿有作战计划、想主动出击时，便问他是伐蜀还是伐吴，司马懿说伐吴。

如何伐吴？曹叡问他。司马懿说，吴军擅长水战，他决定先锻炼一批水军，然后声东击西，明着派陆军攻打宛城，当孙权率主力部队救宛城时，魏军便可以利用水军，奇袭夏口了。

从司马懿的这些话里不难看出，他能来见魏明帝曹叡，是经过了深思熟虑的。曹叡听了非常高兴，同意他回宛城后督造舰船，训练水军。

司马懿决定打一场漂亮的仗。之前，他所参加的战争，基本都是被动的，是反击战，而如今，他要主动出击了。之前，在他率兵被动反击时，他也算不上主力，只是在配合主力，而现在，他就要成为主力军。

想做主力，就要自己去争取。主动而直接地争取，这在司马懿的人生里，还是比较少见的，更多的时候，他都是“被动”地接受。当然，这种被动，很多时候也是他“设计”出来的，他具备让事情的发展向着自己所期望的结果前进的能力。

主动而直接地向皇上争取机会需要资本，司马懿的资本就是接连几场战争所取得的胜利。

训练水军、伐吴的计划得到曹叡允许后，司马懿激动地回到宛城，随即马不停蹄地开始造舰船。

然而，不知是不是司马懿的伐吴计划让魏明帝曹叡有了政治野心，他想即刻伐吴，对于司马懿所说的训练水军、制造船舰伐吴的事，他等不及了。不仅如此，他还放弃了司马懿声东击西，与东吴打水战的策略，他下令兵分三路，打陆战。

当然，之所以放弃打水战，是因为司马懿的水军还没有训练好。

魏明帝曹叡所说的兵分三路是，一路由大司马曹休率领，直取宛城东部东吴的地盘；另一路由建威将军贾逵率领，直取东关；第三路由骠骑将军司马懿率领，直取江陵。

虽然自己也是三路兵马中的一路主帅，可司马懿还是有些失望，伐东吴是他率先提出来的，本来准备自己做主力，与东吴来一场水战，结果不仅换成了打陆战，而且自己还成了三号助攻。

不过，司马懿的性格使得他即便内心再失望、再失落，也没有表现出来。他选择听令出征。

然而，就在他们三路兵马按计划行军，走到半道时，却出现了变化。这个变化来自此次伐吴中的主力曹休。曹休向魏明帝曹叡上奏，说东吴鄱阳太守周鲂要降他，还说周鲂愿意跟他里应外合，夺取江东。

魏明帝曹叡心想，这是好事啊！如果敌方那里有了内应，那么取胜的概率就大了很多。而如果是这样，那么此次的伐吴，也就用不着三路出兵了，只需要两路，主战场在曹休这边，贾逵配合。

这样一来，司马懿的第三路军也就无事可做了，回宛城吧！

贾逵率兵前去与曹休会合，司马懿只好悻悻然地率兵回他的宛城。司马懿的心情跌到了谷底，这算什么事。这次的伐吴行动本来由他一手推动，到最后变着变着，一下子和他没有关系了，关键已经率兵走到半途，竟又要折返回去，白忙活了。

当然，此时的司马懿只是接到了撤军的命令，却并不知道到底发生了什么，更不知道曹休和周舫里应外合的事。

回到宛城后，司马懿才得知情况：准备投降曹休的周舫，将孙权的军事部署全都告诉了曹休，曹休上奏给了魏明帝曹叡，这才改变了伐吴的原有策略。

还有这等好事？天上能掉馅饼吗？司马懿觉得这事不简单。

当他们兵分三路去伐吴时，路上不仅得到了东吴那边的作战计划和部署，还得到了吴军将领周舫的投降。司马懿越想越觉得有些不妙，很可能其中有诈，他想，如果这是周舫和孙权的圈套呢？

和司马懿有同样想法的，还有尚书蒋济，以及贾逵的属下满宠。满宠在得知曹休与周舫约定好的地方是在一片洼地后，认为是圈套的可能性更大了，因为一旦那里有东吴的埋伏，曹休这边就会面临双面夹击的不利情况，逃都逃不掉。

可不管是魏明帝曹叡还是曹休，他们都被胜利和立功冲昏了头脑，特别是曹休，他觉得周舫降他肯定是真的，他早就听说，孙权在打压周舫，周舫早就不满了，甚至想逃离东吴。此次与自己的里应外合，就是周舫给曹魏的投名状。

曹休自信满满，这一仗要是赢了，就是他一个人的功劳。他的死对头曹真，以及他看不上眼的司马懿，届时看还能有何话可说。

然而，当兴致勃勃的曹休率兵进入他和周舫约好的地点时，也就进入了孙权和周舫给他设下的圈套。

这个圈套的目的，就是擒拿曹休这个曹魏军中一号人物。

这个圈套是东吴专门为曹休订做的，为了这个计划，周舫和孙权演了很长时间的君臣不和，甚至还传得沸沸扬扬。其实，周舫降曹休的戏码，不管是周舫还是孙权，都没有想到会进行得这么顺利，更没有想到，曹休和魏明帝曹叡连私下调查都没有，一下子就相信了，还改变了原有的伐吴策略。

毫无准备的曹休，以及他所率领的兵马，就这样被东吴陆逊所率领的主力打得丢盔弃甲。幸好贾逵在听了属下满宠的疑虑后，急忙率兵前去救援，否则曹魏军中一号人物曹休，真的就被东吴活捉了。

胜败乃兵家常事！虽然曹休这场仗输得太惨、太窝囊，但输了就输了，总结经验教训就行了。可曹休无法接受以这种方式惨败，他觉得太丢人了，太侮辱自己的智商了。为了挽回面子，他不断地找借口，称都是贾逵接应太迟，这才导致了失败。

贾逵自然不想承担责任，就说都是曹休轻信敌人，上了敌人的当，如果不是自己去救他，他连命都没有了。两个人互相埋怨，吵闹不断。最终，气火攻心的曹休，背上生了个毒疮，没多久就死了。

曹休之死，除了蜀国和吴国，最开心的可能就是曹真了。

曹真开心，除因为“二曹”是死对头外，还因为曹休一死，曹休的位置就空下来了。曹休是军界一号人物，一号人物死了，轮也该轮到军界二号人物曹真补上去；而如果二号人物补上了一号人物的位置，那么军界三号人物司马懿是不是也要补到曹真的位置上去？如果是这样，那对司马懿来说就真应了那句话：“塞翁失马，焉知非福！”

防守之道：兵来将挡，水来土掩。

战争不是请客吃饭，是要死人的。

三国鼎立时期，三个国家实力虽然有强有弱，但差距并不悬殊，因此谁也灭不了谁，谁也不服谁。这也导致今天你打我，明天我打他……打来打去，打到后期，三个国家的军中人才都匮乏至极。曹魏如此，蜀汉、东吴同样无人可用。

如果曹魏不缺将才、帅才，司马懿也不可能手握兵权，不管是魏文帝曹丕，还是魏明帝曹叡，都不可能给他手握兵权的机会，他也不会有机会发现自己在军事上的非凡才能。可以说，很多时候，一个人的才华是被逼出来的。

不过，虽然三个国家在军事上都无人可用，可该打的仗还要打，即便不为开疆拓土，只为国家安定平安，也要打。毕竟很多时候，和平是打出来的，不是忍出来的。特别是蜀汉，有很多原因让诸葛亮不得不继续北伐。

第一次北伐，诸葛亮在拥有大好局势的情况下，因为马谡的骄傲自大、自负不听劝，导致街亭失利，诸葛亮也不得不退守汉中。此后，他一边筹备军资，一边休整练兵。魏太和二年年底，他再次率兵伐魏。这也是诸葛亮的第二次北伐。诸葛亮执意要将北伐进行到底，这是他对刘备的承诺。

魏黄初四年，刘备在讨伐东吴时不仅战败，身体还累垮了，临终前，他把儿子刘禅和刘家江山全都托付给诸葛亮："君才十倍曹丕，必能安国，终定大事。若嗣子可辅，辅之；如其不才，君可自取。"

诸葛亮听完，泪如雨下。

"臣敢竭股肱之力，效忠贞之节，继之以死！"这是诸葛亮对刘备的承诺。刘备在写了诏书后，又叮嘱儿子刘禅，不仅让他与诸葛亮一起处理国事，还让他对待诸葛亮要像对待父亲一样。

如果儿子刘禅"扶得起来"，那就辅佐他，如果他扶不起来，刘氏江山就交给你了。刘备太了解诸葛亮了，他知道诸葛亮不会篡权夺位。而诸葛亮原本就是个信守承诺的人，面对刘备对他的信任，他承诺"竭股肱之力，效忠贞之节，继之以死"。

诸葛亮答应刘备，他会竭尽所能地辅佐后主刘禅，直到自己死去。不用说，诸葛亮做到了这一点。

蜀国一天不强大，一天不安宁，诸葛亮就一天无法安睡。和平是谈不出来的，是打出来的。帮助后主刘禅壮大蜀国实力，维护蜀国和平，是刘备的遗愿，也是诸葛亮的心愿。

八月，曹魏军界一号人物曹休，在被东吴算计后大败，九月便因急火攻心而死。曹魏在损失一员大将后，加强了东线的防务。魏军的大举东进，导致关中兵力出现短暂空缺，让诸葛亮看到了机会，诸葛亮决定利用这个时间，开始他的第二次北伐。

曹休去世后，坐上魏国军界第一把交椅的曹真，决定好好露一手。他觉得诸葛亮第一次北伐，是从祁山出兵，因为失街亭而败退，有了那次的失败经历，必定会总结经验教训，换个地方，从陈仓起兵。于是，他派杂号将军郝昭驻守陈仓，修建城池。

这个陈仓，就是刘邦当年"明修栈道，暗度陈仓"的那个陈仓。杂号将军是武将军职官衔的一种，古代武将军职的官衔分重号将军和杂号将军。重号将军是指大将军、骠骑将军、车骑将军和卫将军，他们属于高级武官；除了高级武官，其他诸多将军，都被通称为杂号将军了。

曹真能够派郝昭守陈仓，就是因为他以“守城坚固”而闻名。

一旦诸葛亮率蜀军攻城，就死守城门，等待援军到来。这是曹真给郝昭下的死命令。

陈仓是座小城，守军将士只有一千多人，而诸葛亮率领的蜀军，有好几万人。诸葛亮率领蜀军从散关过来，一到陈仓，他就下令将这座小城包围起来。

郝昭站在城墙上，看着密密麻麻的蜀军，既激动又紧张。在曹真派他驻守陈仓，称攻城的是诸葛亮率领的蜀军时，郝昭不仅没有害怕，反而很激动。诸葛亮是蜀汉的丞相，是军师，他能掐会算；作为杂号将军的郝昭，能够有机会与这样的强敌正面过招，他觉得这一生都值了，如果能够有幸守住陈仓，即使让他去死，他也觉得是值得的。

这有点像竞技体育中，排名最后者遇到了排名第一者，激动多于害怕。

你们终于来了，诸葛丞相，我终于等到你了！郝昭想。给老子守住了！他瞪着布满血丝的眼睛，朝守军喊。自来到陈仓，他就没有睡过一个好觉。虽然面对的是诸葛亮率领的蜀军，但他并没有多大压力，他只想竭尽全力守住陈仓。

诸葛亮虽然命令围城，但不战而屈人之兵，是他一直以来的作战态度。这次依然如此。按他以往的经验，这种小城的守军，通常只要见到大批蜀军到来，就会马上投降，很少需要动用武力的。而他命令围城，也只是在向城内的守军施压，做做样子而已。

然而，凡事都有例外。诸葛亮发现，陈仓似乎和其他小城不一样，守军并没有投降。

诸葛亮便问陈仓守军将领是谁。在得知是郝昭后，诸葛亮知道需要换种方式了。得知军中有个叫靳祥的，不仅是郝昭的同乡，而且两个人私交甚好，于是派他去劝郝昭投降。

靳祥一听，非常高兴，他让诸葛亮放心，说他保证能够说服郝昭投降，还说他们当年关系是如何如何好。不过，当靳祥自信满满地来到城墙下，说要见郝昭时，城墙上的郝昭却一脸严肃，问他有什么事。

靳祥说了他的来意，郝昭不仅没有同意，反而让靳祥告诉诸葛亮，想攻打就攻打吧，他说什么都没用，谁说都没用。靳祥还想再劝，郝昭却已经举起了他手里的箭，对靳祥说，咱们虽有同乡之情，但各为其主，如果你再来劝说，我这手里的箭可不长眼睛。

靳祥害怕了，没敢再劝，急忙回去告诉诸葛亮。

先礼后兵！既然文的不行，那就只能用武的了。诸葛亮叹了口气，他知道，想要拿下陈仓，只有攻城了。

诸葛亮随即下令搭云梯攻城，谁知郝昭却射出了一支支“火箭”。那些带火的箭，如同雨点一般落了下来，很快就点燃了云梯，云梯上的蜀军，摔死的摔死，烧死的烧死。继续再搭云梯，可那前仆后继的蜀军，登上去后又掉下来。

见用云梯攻城不行，诸葛亮又下令撞城门。于是，蜀军又开始用冲车撞城门。

冲车主要用于破门和守门，形状有些类似于现在的平板车，下面装有轮子，平板上搭着一个木架，木架上装着一个铁锤，铁锤是用来撞门和顶门的。

郝昭在城墙上见蜀军用起了冲车，就下令用绳子系着石磨往下丢。那硕大而沉重的石磨从上面掉了下来，砸在冲车上，瞬间，冲车就被砸得趴了窝。

诸葛亮心想，看来这是早有准备啊！在观察了下形势后，他又下令向城内射箭。向城内射箭时借助的是上百尺高的井字形木栏，一部分蜀军爬上木栏，搭弓射箭，另一部分蜀军则开始用土填壕沟，用于攀城墙。不过，让蜀军没有想到的是，好不容易将壕沟填好，能攀上城墙了，一看，魏军又筑起了一道新墙。总之，诸葛亮不管用什么方法攻城，郝昭都有反制的方法在那里等着他，就像量身定做的一样。

诸葛亮知道，自己是遇到懂防守之道的魏军将领了。陈仓守军能如此应对自如，既是因为郝昭对这场与诸葛亮的攻守之战非常重视，也是因为他对诸葛亮的了解。抛开对手这个关系，诸葛亮就是郝昭的偶像。对于自己的偶像，郝昭做了研究，知道防守诸葛亮就必须全方位做准备。

就这样，原本以为很快就能攻下来的陈仓，竟然因为郝昭的存在，久攻不下。对峙了二十多天的双方，都累了。郝邵觉得自己快坚持不住了，守城的将士更是如此。于是，他一边命令继续死守，一边不断写信请求救援。

城内的曹魏守将快守不住时，城外的蜀军也快坚持不下去了，他们坚持不下去，不是因为累，而是粮食短缺。粮食短缺，一直是诸葛亮北伐难以取得进展的关键。

在得知曹魏的援军即将到来时，诸葛亮无奈下令撤军。

高明猎手，往往以猎物的姿态出现

诸葛亮会在曹魏援军到来前撤军，曹魏大将张郃在魏明帝曹叡让他率兵救援陈仓时已经预测到了。张郃是曹魏“五子良将”之一。“五子良将”是曹操时期有着卓越战功的五位大将，他们分别是前将军张辽、左将军徐晃、右将军乐进、安远将军于禁、征西车骑将军张郃。

张郃曾是袁绍的手下，官渡之战后归降曹操。张郃作战向来以“巧变”著称。所谓“巧变”，是指既能根据当时的局势变化转变作战策略，还有着很强的预测能力。挫败诸葛亮第一次北伐的关键战役——街亭之战，就是以张郃为先锋破的局。

诸葛亮围困陈仓，魏明帝曹叡很是担心，便命令张郃率兵前去救援。在张郃接受命令前，曹叡忧心忡忡地说，路途遥远，会不会不等他们到陈仓，诸葛亮就已经攻破陈仓了？张郃却说自己还没有率援军赶到陈仓，诸葛亮就会撤军。

张郃说得很肯定，魏明帝曹叡很是吃惊，忙问为什么。张郃说，诸葛亮的粮食最多只能再支撑十天。曹叡一下子高兴起来。

张郃的厉害之处，就在于他能够提前“料敌先机”。果然，张郃率兵前往陈仓，才走了不到一半路，诸葛亮就撤军了。这也足以说明，张郃对诸葛亮和蜀军情况的了解。

诸葛亮没有攻破陈仓的城门就拔营撤军了，郝昭那紧绷的神经瞬间放松下来，疲惫不堪的他一点儿都高兴不起来。为了守住城门，他们用了一切能用上的东西，甚至为了修补城墙，还把坟墓挖开，拿出棺材板来用。如果不是蜀军粮食不够，不得不撤军，攻破城门也是迟早的事。

见诸葛亮撤军，魏军将领王双激动不已，觉得他们赢了这场守城战。毕竟，能赢蜀军丞相诸葛亮，那绝对是能用来吹一辈子的事。既然他们已经败退，为何不乘胜追击？说不定还能俘虏诸葛亮，到了那时候，自己就成了魏国的大功臣，就能走上人生巅峰了。

王双不愿意放弃这次机会，他下令追击。然而，让他没有想到的是，诸葛亮的撤军和别人的撤军不一样。别人撤军，是溃败，军队队形肯定不成形，将士们也是无精打采，垂头丧气，像斗败的公鸡。可诸葛亮撤军，不仅军队的阵形依然非常整齐，将士们也都精神振作，保持着应有的警觉。甚至可以说，诸葛亮已经知道魏军会追来。因此，当王双带着魏军追上蜀军时，正有序撤退的蜀军队形突然由前军变后军，后军变前军，来了个反杀。

这哪里是王双和魏军能够想到的？魏军在惊慌之下大败，而王双也被蜀军斩杀。

可见，人还是要懂得见好就收才好！如果王双不追，那么这场守城之战就是魏军赢，蜀军输。可王双这一追，把原本的赢变成了平。

高明的猎手，往往以猎物的姿态出现。诸葛亮虽然攻城失败，但在撤退时，他先让自己变成"猎物"，引诱魏军追击。等魏军追来时，一下子从"猎物"变成了"猎手"，掌握主动权，使整个战局发生了逆转。

当然，虽然王双的追击，让魏军的大胜变成了平局，但守住陈仓城门的大功臣郝昭，成了曹魏的大英雄。

魏明帝曹叡对郝昭进行了封赏，封他为关内侯。可因为在这场守城战中，耗尽了心血，没多久，郝昭就因积劳成疾，不治而亡了。最终得利的，反倒又成了曹真，原因是，郝昭是他的属下，是他派郝昭驻守陈仓的。

因为曹休的死，曹真得利；因为郝昭守住陈仓，曹真又得利。曹真的运气太好了。曹休死后，曹真虽然还是大将军，但实际上已经是军界一号人物了。在郝昭英勇守住了诸葛亮进攻的陈仓后，魏明帝曹叡就封曹真为大司马，正式接替曹休的位置，并"赐剑履上殿，入朝不趋"。

"赐剑履上殿，入朝不趋"的意思是，可以穿着鞋子，佩带剑上朝；觐见陛下时，可以按平常速度前行。这是古代帝王对一些重臣的优待。古时候，臣子上朝是不能佩剑的。有帝王想杀某臣子，找不到理由，就故意给臣子设圈套，在其佩剑而来时，将其以企图谋杀陛下为由诛杀。古代臣子觐见陛下时，只能小步疾走以示恭敬；让臣子按平常速度走，就是对有功之臣的特殊待遇。

在曹真补上曹休的位置后，原来的军界三号人物司马懿被封为大将军，接替了曹真的位置，加大都督，假黄钺。

然而，荣升一号军界人物的曹真并没有高兴多久，就遭受到了重大打击。

诸葛亮攻打陈仓未得的第二年，他就开始了第三次北伐。此次北伐与第二次北伐，只间隔了几个月。此次诸葛亮的目标是曹魏西部的武都和阴平。

排在前面的等不及走了，就轮到你了

武都和阴平位于汉中以西，这两个地方地势险要，如果曹魏攻打汉中，就可以凭借此道前往；同样，如果蜀汉能取得这两个地方，也可以凭此道攻打曹魏的陇西。所以这两个地方谁拿到手，谁就拥有了主动权。如今这两个地方都归曹魏，对蜀汉来说，太不安全了。

卧榻之侧，岂容他人酣睡？诸葛亮第三次北伐，就瞅准了这两个地方。这时，曹魏才意识到，或许诸葛亮第二次北伐攻打陈仓只是在练兵，或者说，意不在陈仓，他真正的目的，就是夺取武都和阴平这两个地方。

此次，诸葛亮派出的先锋是陈式率领的精兵强将。

陈式是蜀国的武将，刘备活着时，他曾跟随刘备参加汉中和夷陵之战。历史上，他算不上什么名将，《三国演义》还将他写得很窝囊。有一场戏是，他在黄忠手下做牙将。在率兵迎战魏军时，中了魏将夏侯尚的诱敌之计，不仅士卒损失大半，他自己还被生擒了，最后是他的上级黄忠用计擒拿夏侯尚后，用夏侯尚将他换了回来。

当然，这肯定不是陈式有名的原因，之所以大家都知道他，是因为据说他是《三国志》的作者陈寿的父亲。陈式能被诸葛亮派去率精兵攻打对蜀国来说非常重要的武都和阴平，说明他的能力一点儿不弱。

陈式率精兵攻打武都和阴平，如果只是应对这两地的守军，诸葛亮丝毫不用担心。但雍州刺史郭淮在得知陈式攻打这两个地方后，立功心切，急急忙忙率兵前往。

郭淮是曹魏的大将，作战能力很强，诸葛亮不敢大意，于是就亲自率兵在建威等候。郭淮率魏军走到建威，发现是诸葛亮率领蜀军，顿时吓了一跳，他以为诸葛亮又在声东击西，故意引自己来到这里。魏军被吓得魂飞魄散，不是说打陈式吗？怎么成了打诸葛亮了？

人心散了，队伍也就不好带了。魏军的惊惧，让郭淮不得不率兵后撤。武都和阴平就这样落到了蜀军的手里。

武都和阴平属于曹真管辖的范围。出了这么大的事，曹真之前因为手下郝昭守城有功所带来的喜悦，瞬间就烟消云散了。

新官上任三把火，自己刚刚成为军界一把手，就被诸葛亮来了个下马威。曹真气不过，为了急于证明自己，他上奏魏明帝曹叡，请求准许自己出子午谷，征伐蜀汉。

诸葛亮第一次北伐时，蜀将魏延就曾提出从子午谷出兵，攻克长安，当时诸葛亮没有采纳。诸葛亮没有采纳，除魏延的攻克长安计划受诸多因素限制外，还因为子午谷地势陡峭、地形狭窄。

曹真要率兵通过子午谷非常危险，别说地势陡峭、地形狭窄了，只说蜀军若在那里埋伏，魏军就很可能是在给蜀军送人头。冲动是魔鬼，可曹真执意要这么做，失去武都和阴平让他无法保持镇定。当然，除此之外，还因为他过度自信，此时他的自信，宛如当年曹休伐吴时那般，最终落入了东吴的算计之中。

魏太和四年七月，在曹真率兵从长安出发，前往子午谷时，司马懿也奉魏明帝曹叡之命，率兵沿汉水自下而上，在南郑与曹真会合。

对于曹真出兵子午谷，司马懿很不看好，但他的性格又决定了他不会提出反对意见。何况，军界一号人物大将军曹真执意要这么做，皇上曹叡也同意他这么做，自己又何必去反对呢？让自己做什么，自己尽管执行就行了。不过，此次一定要多长几个心眼，小心行事。

此战很危险，司马懿不想去送死，因此他率兵前行前，虽然把口号喊得震天响，但行起军来却慢慢吞吞，龟速前行，完全不像他速擒孟达时的行军速度。司马懿不像有些人，遇到自己不想做的事却不得不做时，嘴里满腹牢骚，骂骂咧咧，但行动上却一点儿也不耽误。他恰恰相反，嘴里叫着拿下诸葛亮，伐蜀必胜，但行动上却在磨洋工。

磨洋工，龟速前行，是因为司马懿知道此次伐蜀不会有结果。没有结果还是好结果，弄不好会惨败。对于注定失败的事，既然不能不去，那就用自己的方式减少损失。司马懿减少损失的方式就是率领魏军走走停停、停停歇歇，之所以这么慢，是他在等撤军的消息。他知道一定会撤军。

果然在夏侯霸的率领下，曹魏先锋军在行进过程中遭遇了极大的困难，尽管有不少人不幸跌落山崖，但剩余的队伍仍然坚韧不拔，最终成功抵达了汉中。但他们刚到汉中，想要在汉中扎营休整时，就被蜀军围住了。本来就累得没有一丝力气的魏军，哪里经得住这样的围攻，很快就被杀得七零八落，夏侯霸也差点丢了命，幸而援军赶到，这才捡了一条命。

这种结果传到京城，本来就反对伐蜀的一些朝臣，如陈群等人，即刻上表进谏。魏明帝曹叡一听，急了，心想，这军中本来就缺人，仗还没打，人倒死了一半，这仗还怎么打？可别打个全军覆灭，随即下令赶快撤军，班师回朝。

司马懿接到撤军命令后，没有一刻停留，即刻率兵往回走。这是必然的结果，是他料到了的，司马懿很开心。但曹真开心不起来，不仅开心不起来，还大受打击。这结果太出乎他的意料了，还未出战就结束了，还是在损失了不少魏军的情况下结束的。自己本想通过这场仗立军功，树立自己在军中的威望，结果却是这种结果。

曹真不甘心，但又无可奈何，在纠结和愤怒中，竟然像曹休之前一样，急火攻心。回去后先是一病不起，接着是久治不愈，最后竟然死了。

曾经的老对手曹真和曹休，不管是死前经历还是死因，竟然如此相似，也算是种缘分。

当然，之所以急火攻心而死，在于这个“急”字。曹休和曹真都是急性子，都死于急火攻心。他们的死，便宜了慢性子的军界三号人物司马懿，让司马懿一跃成为军界头号人物。

不着急，慢慢来，缓缓等，等前面的等不及走了，自己就站在第一位了。司马懿完美地诠释了这一点。有点“有福之人不用忙，无福之人跑断肠”的意味。

能力强却不忠于你，比豺狼还危险

曹休、曹真先后去世，司马懿成了军界一号人物。

蜀汉、东吴与曹魏不断发生战争，军界一号人物的话语权相比朝堂之上的文臣，也就大了很多。司马懿不知不觉成了曹魏军事上的头号人物，主要是因为

一、二号军事将领接连去世，虽然司马懿也打了几场胜仗，但总的来说，胜之不武。司马懿若想坐稳军界头把交椅，那他必须好好地打几场胜仗，只有在战场上立功，才能在军中树立威望；否则就算接手了曹真的兵权，曹真的那些将领未必会把他当一回事。

魏太和五年二月，诸葛亮率十万大军，开始了他的第四次北伐，此次仍然走祁山、陇右。

诸葛亮锲而不舍地连续伐魏，让曹魏有些应接不暇。如果是其他人率兵伐魏，曹魏还不至于这么紧张，可偏偏又是诸葛亮。诸葛亮率蜀军出征，曹魏不能忽视，也不敢忽视。虽然前三次北伐，诸葛亮都没有成功，可保不齐他第四次北伐就成功了，而这一成功，很可能给曹魏造成不可弥补的损失，甚至很可能改变三国的局势。

魏明帝曹叡不敢有丝毫马虎，可是要派谁去迎战呢？看来看去，已经无人能够迎战诸葛亮了。

有朝臣就给曹叡建议，说实在不行，还是用郝昭守陈仓的方式吧，咱们坚守城门不出，就那么耗着诸葛亮，一直耗到诸葛亮的粮草没有了，他就自己走了。

在曹魏无人可用的情况下，这种做法并非不可以，虽然听起来有些心酸。可强敌入侵，作为三国中实力最强的魏国，竟然只能关上门、抵着门，任凭对方在外面叫骂，自己却不吭声，也不敢开门，只等对方不耐烦了自己走，这未免也太被动、太窝囊了。

曹魏丢不起这个人，何况，郝昭虽然守陈仓成功，但人也“熬”没了，曹魏还有第二个郝昭吗？没有，也不可能有。郝昭当时之所以能守住陈仓，是用了非人的手段，如果情景再现，即便复制之前的做法，陈仓也未必守得住。何况诸葛亮作战以多计谋闻名，他是不可能再给曹魏这种机会的。

河水川流不息，人不能踏进同一条河流。

再说了，上次诸葛亮没攻破，是因为蜀军的粮食消耗尽了，如果这次诸葛亮的粮草准备得很充足呢？那岂不是耗不到他粮尽，守城将士就已经心血耗尽了？

对手可是诸葛亮啊，你有一百种守城方法，他就会有一百零一种破城方法，而且守陈仓的方法，诸葛亮也已经见识过了，如今肯定已经有了应对方式。而如果派大批人马去迎战诸葛亮，会不会又中了他们的计，后方又被投机者孙权的东吴偷袭？

魏明帝曹叡为此焦头烂额，堂堂大魏，难道真的就没有一人能担当此任吗？曹叡觉得有些悲哀。在沉思良久后，最终，他将眼光看向了司马懿。

没有人能派时，就派司马懿。不管怎样，他做事最稳当。

司马懿是愿意迎战诸葛亮的，和诸葛亮这样的高手对决，很惊险，也很刺激。当然，最重要的是，赢他一场，相当于赢其他人很多场。即便就是输给了诸葛亮，只要不是大输，也不丢人。

不过，司马懿虽然想去，但却也没有自告奋勇主动请战。这也是他和别人的不同，如果是其他人，想必早就站出来毛遂自荐了，甚至很可能还会立下军令状，说一些誓死保卫国家之类的话，让皇上和朝臣都感动不已。

司马懿不会那么做，即便他想去，他也不会主动提出来，他要让魏明帝曹叡先提出来。这样的话，他司马懿就是临危受命，是在朝廷无人出战、无人担当此大任时才去的，这样即便输了，也有借口。

宁愿给对方惊喜，也不愿给对方太大期待。

魏明帝曹叡下诏，让司马懿接替曹真，统率西线大军，阻止诸葛亮。曹叡在下诏的时候，还说已经没有人可以托付了，他能够托付的，也只有司马懿了。

这就是司马懿想要的结果。当然，虽然他愿意迎战诸葛亮，可当真正要直面时，他是有些忐忑的。从领兵作战方面来说，诸葛亮是老手，而他只是新手，尽管他现在已是大魏军界一号人物了。

司马懿最大的优点，就是对自己有清醒的认识。对自己有清醒认识的人，不会做不切实际的事。领命后，司马懿想，考验自己真实作战能力的时候到了，他必须打起十二分精神。

其实，在得知诸葛亮要第四次北伐时，司马懿已经开始暗暗做准备了，毕竟曹魏能领兵作战的，就那几个人。

司马懿提前做的准备，和诸葛亮一样，都是储备粮食。兵马未动，粮草先行。那时候打仗，粮草充足是前提，通常一场战役的胜负与后勤供应是否跟得上有很大关系。

司马懿决定和诸葛亮打消耗战。想要消耗敌方，首先自己就要粮草充足，毕竟消耗战是对双方的考验。只是诸葛亮是在伐魏，来的是曹魏的地盘，因此后勤供应相比司马懿会更难一些。这也恰好是司马懿要利用的，利用蜀军的“后勤供用难”来做文章。

消耗战比的是耐性，比耐性，他司马懿敢称第二，又有谁敢称第一？

司马懿对自己和诸葛亮都有清晰的认识，他知道从作战经验和谋略上来说，他是稍逊色于诸葛亮的，所以和诸葛亮打仗，最忌讳的就是跟着诸葛亮的节奏走，如果跟着诸葛亮的节奏走，必定会走入诸葛亮布下的局。

因此，想要赢诸葛亮，或者不让诸葛亮赢，就必须先破诸葛亮的局，打乱他的节奏。诸葛亮最想要的是曹魏和他打进攻战。敌人要的，自己千万不能做。因此，司马懿决定实施自己最擅长的“守”势。

司马懿准备用据守战略，和诸葛亮打一场持久战，然后等对方粮草不济，不得不退兵。说到这儿，听着似乎有点像郝昭守陈仓的策略，有相似之处，但也并不完全相同。郝昭守陈仓时的“固守”是为了等来援军，而司马懿的“固守”，是为了寻找诸葛亮的破绽。

可以说，司马懿并不是全然地“固守”，他也做好了出战的准备，只要时机成熟，他就会给诸葛亮以致命一击。而这个“时机成熟”，就是指蜀军露出破绽之时。

当然，想让诸葛亮露出破绽并不容易。司马懿的策略是，先保证不输，有机会就赢，没机会就平。这样一来，这场战役的结果，最次也就像郝昭守陈仓一样，如果天时地利人和，他司马懿也不是没有取胜的可能。

以诸葛亮的名望，自己不输就是赢，而赢了就是大赢。司马懿想明白这些后，开始解决粮草问题。经过他的一番斡旋，粮草上的事，就让雍州刺史郭淮给解决了。

郭淮通过自己的人脉，软硬兼施、威逼利诱，迫使西北的羌胡部落把粮草运来。在得知郭淮解决了粮草问题后，司马懿长舒了一口气，心想，终于有人明白他是这场战役的主帅了。

司马懿说起来有些委屈，他这次率领的西线大军的将领，都不怎么听他的。而之所以不听他的，有三个原因：第一，将领们觉得司马懿是文官出身，根本不懂打仗；第二，这是曹真的地盘，这些将领，特别是高级将领，都是曹真一手提拔起来的，他们不仅不把司马懿当回事，反而还希望他出丑；第三，将领们都觉得司马懿之所以升职升得这么快，全是因为先帝曹丕，在他们眼里，司马懿是先帝的人，他不是凭能力上来的，是凭关系上来的。

关系户就去做自己的文官，动动嘴皮子就行了，率兵作战，这不是误事吗?这不是把将士们的生命不当一回事吗?

司马懿是何其敏感之人，怎么可能不知道军中将士对他的议论和不屑?因为提前有了准备，所以他能坦然面对这些背后的议论。不过，他并不是不介意，他很介意，他只是在等机会，找到机会，他会让将士们知道，自己这马王爷有几只眼。

司马懿是个睚眦必报的人，特别是在军中，他必须树立威信，没有威信，就不可能做好主帅。而为了树立威信，他就必须找出那个最不将他看在眼里的人，然后杀鸡骇猴。

司马懿观察着那些对他不屑一顾的将领，他需要了解他们的脾气性格，然后有针对性地应对。首先是张郃，张郃对他岂止是不屑，简直就是事事和他唱反调，不管他司马懿说什么，张郃都能找到反驳的理由。

张郃在军中很有影响力，作战也勇猛，还有谋略。如果这样的人忠于自己，那就是自己的左膀右臂；如果不忠于自己，就会像豺狼一样危险。

第六章　卧龙与冢虎，宿命终极对决

宁装孙子，也不找死

蜀军跟着诸葛亮出征，如果赢，就赢得很漂亮，让人津津乐道，奉为经典；如果输，也不会输得很难看，因为诸葛亮总能用他的智慧和谋略，让这一仗即便是输，过程也可圈可点。就像每次诸葛亮下令撤退，丝毫不会让人感觉是因战败而溃散，倒像是做了另一种选择。更多时候，诸葛亮甚至还会在溃败时搂草打兔子，让人误以为那撤退就是为了引蛇出洞。总的来说，诸葛亮做主帅时，无论是赢还是输，结局都不难看，有时候甚至还很精彩。

蜀军跟诸葛亮出征，只要丞相让他们做什么，他们照计而行就是了，什么都不用担心。诸葛亮给人的感觉，既像一个站在高处的先知，又像一个精算师，他能够精准地看到整件事情的全貌，并把控好每一步，都像是计算好的，不差分毫。当然，事情还在进行中时，未必会感受到这一切，只有等事情结束，复盘时才会惊呼，原来是这样！

而司马懿不是，魏军跟随他出征，总会有些忐忑不安，因为他的不苟言笑和心事重重，让人不知道他在想什么。司马懿的言行举止，总让人有种他“底气不足”的感觉，即便最后赢了，似乎也只是他这一方运气好一些，抑或是对方在某个环节上犯了失误。司马懿既像一个新手，又像一个隐藏在暗处的偷窥者，他默默地观察着别人表演，如果别人表现完美，他就一直隐身；一旦别人出现漏洞，他就会立刻现身，取而代之。总之，即使他赢，也总让人感觉赢得侥幸，让人丝毫没有酣畅淋漓的快感。

之所以诸葛亮和司马懿会给人截然不同的感觉，是因为他们的性格特点和为人处世的方式不同。当然，对于司马懿来说，那或许还并非他真实的性格展现，而只是他用以伪装自己的面具。

不过有一点是确定的，那就是对司马懿来说，作战的过程美不美、好不好看，都不重要，重要的是有没有得到自己想要的结果。不管过程多么窝囊、憋屈，先活着，只有活着才有机会。这就是司马懿的人生信条。

两个截然不同的主帅就要正面交锋了。此次，诸葛亮有十万兵马，司马懿有十五万兵马。从兵力上来说，司马懿占优；从地理来说，司马懿更占优，因为司马懿是主场作战，诸葛亮是远道而来的客场作战。

可远道而来的诸葛亮，一出场就来了个完美亮相，司马懿却像一只乌龟，只伸了一下头，就马上缩到龟壳里去了。

诸葛亮此次的亮相，一如既往的完美。司马懿率魏军前往祁山时，才发现祁山只有少量蜀军，而蜀军的主力直接去了上邽。

诸葛亮只派极少人去祁山堡，是因为祁山堡背靠大山，易守难攻。他吸取了陈仓之战的教训，只留部分兵力去围攻，其他的去上邽。诸葛亮的目标很明确，之前几场仗失利，都是因为粮草不足，这次，他也猜到曹魏会对他实施消耗战，所以就想，既然自己这边后勤补给一直不给力，那就找一个粮草基地，就地收粮。

上邽是个天然的产粮基地，这样的地方，司马懿自然也不会放弃，因而他就留了部分兵力。可他万万没有想到，诸葛亮却把主力派来了。因此，当蜀军主力到达时，留守的魏军顿时乱了阵脚，只几个回合就惨败了，残余将士落荒而逃，逃回邽城后，也就紧闭大门不出了。

邽城的守军以为诸葛亮率领主力过来是要攻城，谁料蜀军好像意不在攻城，只是为了收粮食。

这种做法，魏军哪里能想到？他们很气愤，这不就是鸠占鹊巢吗？来别人家，还要收别人家的粮食。

司马懿了解到这些情况后，顿时感到不妙。他这时才知道，那些去祁山的蜀军只是为了吸引他的注意力，把他们的主力吸引过去。

又是一个声东击西！司马懿在为自己未能识破诸葛亮的“声东击西”而懊恼时，却又禁不住为这个“敌人”叫起好来。诸葛孔明啊诸葛孔明！真有你的！

此时如果是其他主帅，想必也会觉得诸葛亮欺人太甚，不仅占人地还抢人粮，冲动之下，说不定会率兵前往上邽，和蜀军来个夺粮大战。但司马懿没有，他知道诸葛亮正等着他们去呢，一旦他们去，诸葛亮那里就有一千条计在等着。此时去，肯定是送死。既然知道是送死，为什么还要去呢？难道只是为了争口气？

司马懿不争那口气，不值得！他下令全军在上邽以东三十里处驻扎，并吩咐众将领绝不应战，绝不能跟着诸葛亮的节奏走。

诸葛亮让蜀军收割上邽的庄稼，这么做有两个目的，一是弥补自己这边的后勤补给不足；另一个就是考虑到魏军可能会固守城门，以此逼他们出来应战。可他遇到了司马懿，一个愿忍耐也绝不愿意冒险的人。

魏军不应战，蜀军就出兵叫阵。可他们喊得嗓子都哑了，魏军依然不为所动。不是魏军不愿意出战，是他们的主帅司马懿下令，绝不应战，违者斩首！

既然魏军不应战，蜀军就继续收割庄稼，以应对消耗战。为了运送粮食方便，诸葛亮还设计并制作了装着牛头的独轮车。这种独轮车有个名字，叫作“木牛”。从“木牛”这个名字就能看出，是木头制作的“牛”，古代运送粮食，主要靠“牛”。“木牛”则适合在山地上使用，以便运送物资。

自家的粮食被敌人肆无忌惮地收割，谁能忍得住？即便是有着“忍者神龟”之称的司马懿也觉得无法忍受，魏军更是气得牙痒痒，这也太欺负人了。可如果出兵应战，就中了诸葛亮的计，怎么办才好呢？司马懿想了想，决定骚扰他们，让他们收割不成庄稼。

司马懿下令，在蜀军收割庄稼时冲上去捣乱，乱砍乱杀，如果他们回击，那就跑，绝不恋战。这一招果然奏效，正收割庄稼的蜀军，见魏军拿着武器冲了上来，急忙放下农具，拿起武器与他们作战。可魏军一见蜀军拿起了武器，就一窝蜂地跑去躲起来，怎么叫骂都不出来。

不出来，那就继续收割，蜀军再次放下武器，拿起农具，可刚开始收割，魏军又呼啦啦地来了，他们举起手里的武器，一阵乱砍乱杀，等蜀军拿起武器，他们又跑去躲起来。

从现在来看，司马懿把“敌进我退，敌驻我扰，敌疲我打，敌退我进”用得炉火纯青。当然，这种打法要有忍辱精神的人才能使用，而且去捣乱的魏军也要能克制才行，如果本是去捣乱，结果却杀红眼了，忘了跑，那这“扰敌”之策也就失去了效果。

司马懿不仅能忍，还反复叮嘱魏军要严格遵守，违者斩首，因此“扰乱”战术得以成功。

这一招，司马懿用了整整一个月。魏军就像蝗虫一样，嗡的一声来了，又嗡的一声跑了，把蜀军折腾得够呛。

此时，魏军的各种新装备和援军也源源不断地到了。而随着时间的推移，诸葛亮虽然在粮草上做足了准备，却也不能无休止地这么僵持下去，再加上雨季到来，道路泥泞，粮草运送虽然靠木马，但也困难重重，诸葛亮就开始犯起了愁。

此时，诸葛亮才意识到司马懿的可怕。这种可怕，不是强大的可怕，而是那种让人厌烦的可怕。蜀军和魏军的关系，犹如你在前面走，他们总是不远不近地盯着你，你停下，他们也停下，你走，他们就又跟着。你朝他们冲过去，他们就躲得无影无踪，你继续向前，他们又跟了上来，让人烦不胜烦。

雨季本来就让人心情不好，再加上这种狗皮膏药似的贴身骚扰，让诸葛亮一时之间不知如何应对。就在这时，诸葛亮接到了一封情报，说东吴要攻打蜀国，让他们赶快班师回朝。

诸葛亮一看这封信，这还了得，自己在这里与魏军熬着，打又打不了，那边却又被东吴偷袭。诸葛亮想了想，下令撤兵。

其实，这是一封假情报，写假情报的是负责粮草运送的封疆大吏李严。李严一向自视甚高，又是蜀国益州派的代表人物，而诸葛亮正好是荆州派代表人物。在蜀国，益州派和荆州派存在着派系之争，这种派系之争由来已久，刘备活着时，还能在中间起个调停作用，刘备死后，后主刘禅又弱，两边的矛盾也就显现了出来。

此次诸葛亮北伐，令李严运送粮草，李严本来就心不甘情不愿，觉得诸葛亮打仗，为什么要让自己为他做后勤保障？又遇到了道路泥泞难行，就想撂挑子了。可诸葛亮是丞相，即便他对诸葛亮再不满，也不能明着反对，于是就想了一个愚蠢的办法，写假情报，骗诸葛亮班师回朝。

杀鸡骇猴，只为树军威

诸葛亮撤军了，司马懿下令追击。

司马懿一直在以“守势”应对诸葛亮，等的就是诸葛亮撤军，可为什么在诸葛亮撤军时，他又要下令追击？

诸葛亮攻打陈仓时，大将王双就是在诸葛亮撤退时想要乘胜追击，结果被蜀军打得满地找牙，连命都丢了。此事军中的将领们都知道，因此司马懿下令追击时，和他一直唱反调的张郃就表示了强烈的反对，称蜀军最擅长的就是打野战，此时去追，分明就是去找打。可司马懿不听，执意要追。

张郃虽然和司马懿唱反调，但却也只能是嘴上唱反调，毕竟司马懿是主帅，他就是再不愿意追，也要去追。

其实，司马懿这次的“追”，和王双上次的“追”有所不同。王双当时“追”，是想乘胜追击，是将蜀军当成败军来追，而司马懿即便下令“追”，也依然是在实施他的“拖”字诀和“扰”字诀。他要激怒蜀军，也就是说，他追击也是为了骚扰，总之一句话，我要激怒你，烦你！让你烦不胜烦，进而动作变形，露出破绽，然后趁机给蜀军致命一击。

司马懿的这种打法本来也没有错，如果真这么实施，可能也会起到意想不到的效果。可他面对的是诸葛亮，诸葛亮不是别人，他会根据战局的变化不断调整。因此，在魏军又像苍蝇一样盯着他们嗡嗡嗡叫不停时，诸葛亮下令停止前行，在卤城扎营。

诸葛亮兵分三路，自己亲自率领一路，在卤城西山设立主营；老将王平率领一路，在东山设立副营；马岱率领一路，在南面设立了前营。

前营的目的是吸引魏军的注意力，也就是说，前营是诱饵。

卤城距离上邽大约有 60 公里，是通往陇右的必经之路。蜀军驻扎在卤城后，又开始了叫阵，他们不停地骂魏军。

司马懿仍然下令不准应战，他本来就是为了激怒对方，因此他还是继续选择龟缩。蜀军骂得越来越难听，当然，骂那么难听，无非就是为了激怒魏军，让他们出来应战。司马懿自然也是为了激怒他们，坚决不出战。

双方的目的都是激怒对方，有种谁生气谁就输的意思。

司马懿的这种策略，只有他这种性格的人才能实施，其他人真的不行，特别是那些原本就对他不屑一顾的血气方刚的武将。他们觉得这种打法太窝囊了，不仅张郃忍受不了，就是守祁山的将领贾栩和魏平也受不了，他们什么时候被人这么骂过？这比杀了他们还难受！

贾栩和魏平等人就联合起来，写了一封信，令人送到了司马懿的手里。信里说没想到他们的主帅司马懿竟然怕诸葛亮到这种地步，简直就是畏敌如虎，太丢人了，简直就是丢了大魏的脸、天下人的脸。

被敌人骂倒也罢了，竟然还被自己的属下骂。司马懿气得脸铁青，你们既然要决一死战，那就全面出击。司马懿下令张郃攻打南部蜀军，也就是蜀军的前营。

蜀军前营的存在，本就是为了诱敌深入，所以司马懿的决定，正中诸葛亮的计。按诸葛亮的意思，前营在引诱魏军出来应战时，假装打几下就撑不住了，开始往卤城退败。在魏军追进卤城后，主营和副营也就一起冲出山，对魏军进行双面夹击。

一切都在按诸葛亮的计划进行，张郃率领的魏军在与马岱率领的蜀军作战时，蜀军假装招架不住，开始"败退"。正打得兴奋的大将张郃，也没觉察有诈，就率兵追击，追到卤城后，就进了诸葛亮设下的圈套。

瞬间，东、西山的蜀军自上而下，向魏军发起了猛烈进攻。

憋了很久的蜀军，个个如狼似虎，他们恨不得将魏军撕着吃了，一阵疯狂砍杀之后，魏军血流成河，尸横遍野。

魏军大将张郃的腿也中了毒箭，毒发而亡，魏军其他百余名官员，全都被射杀。司马懿自己率主力攻打北边，也被诸葛亮派出的魏延、高翔等率领的主力打得死伤无数。

"甲首三千级，玄铠五千领，角弩三千一百张"，这就是魏军在这场战争中的损失。

也就是说，在这场战争中，魏军伤亡大小三千官员，被蜀军缴获铁甲五千副、弓弩三千一百张。

之后，诸葛亮成功占领祁山，控制了陇右的要地。

惨败的魏军回到营地后，那些原本嚷嚷着要决一死战的将士，全都哀号连连。司马懿阴沉着脸，看着丢盔弃甲的众将士。这一仗，他们损失太大了，不仅死伤无数，而且有奇谋、勇猛无敌的张郃也死了。不过，这一仗，又让那些不服司马懿管的将领全都没了话说。

司马懿一直说不应战，是魏军一定要出战，且还写信说司马懿畏敌如虎，司马懿是在看了那封信后才下令追击的。所以这场惨败，全是魏军将领不听主帅命令导致的。

细思极恐。这会不会又是司马懿的计谋？杀鸡骇猴，让你们看看跟我对着干的下场。用阴谋论来理解，就是跟我对着干，只有死路一条。不是没有这个可能，因为此仗虽然对曹魏来说是损失，但对司马懿来说，却未必是损失，甚至从长远来看，他反而可能因此获益。因为他用这场惨败，在军中树立了军威。

当然，这只是猜测，不过以司马懿的阴鸷性格，也并非不可能。

诸葛亮与司马懿的这次正面交锋，诸葛亮率领的蜀军虽然赢了，却又好像输了，因为李严的假情报，诸葛亮还是班师回朝了。李严因一己私利，坏了国家大事。可诸葛亮回蜀后，虽然很生气，却没有对李严斩尽杀绝，甚至还帮他向后主刘禅求情，不仅饶了他一死，还在罢了他的官后，又让他的儿子做了长史。而司马懿率领的魏军虽然输了，可对他个人而言，又获利了，他好似用诸葛亮做了刀，斩杀和收拾了那些瞧不起他的将领。

当然，如果张郃的死是司马懿计划里的一环，是他要杀鸡骇猴，在军中树军威，那么诸葛亮和司马懿对李严和张郃的态度，就像极了他们的为人。诸葛亮为人坦荡，品格高尚，对人宽容大度；而司马懿则深藏不露，隐忍谨慎，做事果决，面对敌人，只要有机会，一定会将其置于死地，绝不给对方翻身的机会。

该来的，总归是要来的

诸葛亮为第五次北伐准备了三年。司马懿为了与诸葛亮的再次作战，也准备了三年。

多储备粮食，备战备荒。不管哪个年代，打仗前都要在这方面下功夫。特别是蜀汉，北伐属于深入敌后作战，需要翻越秦岭才能到达曹魏境内，路途遥远，补给困难，且没有支援，因此粮草问题必须率先解决。

司马懿也知道，只要诸葛亮活着一天，就会继续北伐，因而战争中所需的物资，他也必须及早做准备，如屯田种粮、打造铠甲等。

兵马未动，粮草先行。粮草一直都是诸葛亮北伐的心病。三年里，他想了各种办法提高粮食产量，并在发明了运粮的“木牛”后，又发明了“流马”。“流马”实际上是“木牛”的改良版，“木牛”是装着牛头的三轮车，而“流马”则多了一只脚，从三只变成了四只，也就是四轮车。

诸葛亮之所以要改良“木牛”为“流马”，是因为四个轮子的“流马”走得比三个轮子的“木牛”快，装粮食也比“木牛”多。也就是说，“流马”是“木牛”的升级版。“木牛流马”一词，就是由诸葛亮发明的这两种运载工具而来的。

除了发明运送粮食的工具，诸葛亮还发明了作战用的连弩，此连弩最后也被称为“诸葛连弩”。诸葛连弩开始叫“元戎连弩”，威力很大，一次能够发射十支箭，命中率也比弓高很多。不过由于体积大和重量重，单兵不能用，只有在守城和守营寨时才能用。它的优势是可以提前瞄准目标，在需要时快速发射，这种方式有些类似于现在的大炮。

有了“诸葛连弩”后，诸葛亮又专门训练了一支连弩部队。从诸葛亮的这些发明可以看出，如果他出生在现在，应该会是一个不错的发明家。在有了“木牛流马”解决后勤问题，并用“诸葛连弩”提升作战能力之后，诸葛亮就一边命人将粮食用“木牛流马”送往斜谷口，一边又派人去东吴，和孙权商议联手伐魏的事。

国家与国家之间，没有永远的敌人，也没有永远的朋友，所有的一切，都以利益为重，大家也都是互相利用的关系。

刘备当年因为关羽死在孙权手里，不听朝臣劝阻，执意要与东吴开战，结果兵败后去世，可为了伐魏，诸葛亮又不得不联手东吴。

孙权本来就属于墙头草，与蜀国和魏国关系的好坏，只取决于他要和谁打仗。也就是说，这两个国家都可以是他的敌人，也都可以是他的朋友。只要条件合适，谁找他联手他就会和谁联手，反正对他来说，不管是除掉蜀国还是除掉魏国，都是好事。

对东吴来说，诸葛亮伐魏，必定会吸引曹魏的主力，那么自己也就可以乘机去攻打合肥了，这样无疑是事半功倍。而对蜀国来说，虽然东吴参与，也就是来擦个边，捞点好处，但有他们帮着拉扯一下，多多少少也能分散下魏国的兵力，对伐魏也是有好处的，反正大家是各取所需。

在联手东吴成功后，蜀汉这边一切都准备妥当了，而曹魏那边也都准备好了。

该来的总是要来的。既然如此，那就放马过来吧！此时的司马懿，已经不是三年前与诸葛亮交手的司马懿了，此时的他，在军中已经有了一定的威望，且对诸葛亮的了解也更加深入了。

知己知彼，才能百战不殆。摸透敌将的脾性，与摸清对方的实力一样重要，特别是像诸葛亮这种每打仗必用计的人。

魏青龙二年年初，诸葛亮率领十万大军进军斜谷，沿武功水北上。与此同时，东吴的孙权也派出了十万兵马，分三路向曹魏进发。孙权亲率主力，前往合肥。合肥的地理位置很重要，已经成了孙权的执念。为了这个地方，东吴和曹魏已经发生了五次战争，但东吴一直取而未得。第二路，孙权派诸葛瑾率万余人攻打襄阳。第三路，孙权派孙韶率兵攻打广陵和淮阴。

从孙权的安排不难看出，他这次也是势在必得，特别是合肥，他一定要得到。

蜀国此次也可以说是倾巢出动了，除了十万大军，诸葛亮还调动了二十万匹战马、数以万计的牛驴辎重，备粮也达到了十余万石。对诸葛亮来说，这也许是他的最后一次北伐，此次，他必须赢，他要用这次战役，打乱三国鼎立的格局，攻克中原，恢复汉室江山。

蜀汉与东吴联手，共计有二十余万大军伐魏，这在三国史上是极为罕见的。魏明帝曹叡自然也不敢马虎，他兵分两路，一路对阵东吴，一路对阵蜀汉。

魏明帝曹叡决定御驾亲征。曹叡和他父亲曹丕不一样，他的父亲在位时，不是在征战，就是在征战的路上，而曹叡在位时，能不打仗就不打仗。曹叡对打仗兴趣不大，他更喜欢修建宫殿，过美女环绕的生活。可事情已经逼到这儿了，他再不御驾亲征，江山很可能就没有了。蜀汉和东吴都来了，曹叡只能派司马懿迎战一方，而自己则亲自率兵迎战另一方。

魏明帝曹叡命司马懿率领十万大军，再加上增援的秦朗率领的两万兵马，一起抵御蜀汉的诸葛亮，而他则亲自率兵抵御东吴。

一时之间，曹魏边境，三方共有三十多万兵马交战，这也成了赤壁之战后三方兵力最多、阵仗最大的战役。此役可以说决定着曹魏、蜀汉、东吴的未来，作为蜀、吴联军的总指挥，诸葛亮必须倾尽全力。

预判对手的预判，抢占对方先手

魏军依然是主场作战，也就占了主场的优势，他们早早来到了渭水边。

司马懿命令将营地扎在渭水南岸，背对渭水列阵扎营，筑垒阻击。此举倒有些像是做好了与诸葛亮率领的蜀军作战的准备，有些不像他喜欢“固守”的性格。

对于将营地扎在渭水南岸一事，有曹魏将领向司马懿提出了异议，说还是把营地扎在渭水以北比较好，因为蜀军来的方向就在渭水南岸，如果魏军扎营在渭水以北，那么蜀军想与魏军作战并不容易，必须要渡河，而一旦蜀军渡河，那么魏军就可以使用弓箭，使他们上不了岸。

司马懿并不同意，他说渭水南岸的百姓，以及百姓积聚的财物和粮食都在这边，不能让蜀军得到。司马懿的这番话，让魏军将领听来有些意外。司马懿打仗，更看重的是军队的安危，危险的事他通常是绝对不会做的。将营寨扎在渭水南岸，没有渭水河的阻隔，岂不是要和蜀军正面对峙？

莫非司马懿这次不“守”要“攻”了？

打进攻战不是司马懿的性格。司马懿的作战策略中，凡是主动进攻的，都是因为他看到了敌人的漏洞，捕捉到了敌人的破绽。魏军将领还是猜不透司马懿的心思，其实，司马懿此次依然选择以“守”为主。

毕竟是和诸葛亮作战，更要求稳。

蜀军还没到，司马懿在观察了周围一番后，开始担心起来。如果诸葛亮跨过渭水，登上北原，就能连兵北山，断绝陇道，震慑魏国百姓，这对国家的安危非常不利。

司马懿将他的担心告知给了众将领。大将郭淮说，这有何难，屯兵北原，不就断了诸葛亮登北原的念头了？

这正是司马懿想说的，于是，郭淮也就率部分兵卒去了北原。

诸葛亮率蜀军来到渭河边，发现司马懿已经抢先一步，在渭水南岸扎营了。诸葛亮想了想，也就退而求其次，向西将营，驻扎在了五丈原。五丈原位于一个高地，两边有河，从地形上来说，具有天然的优势，诸葛亮能够选择这里，也是为了求稳。

其实驻扎五丈原，对蜀军来说，并非好的选择，只是诸葛亮没有其他更好的选择。

司马懿命令魏军扎营在渭水南岸，除了能让渭水南岸的百姓对魏军充满信心，让魏军安心，以及不让百姓的粮食财物落到蜀军手里，还有一个原因，那就是他要给诸葛亮扎营武功增加难度，进而让他放弃去武功扎营。

司马懿这个做法，确实让诸葛亮放弃了扎营武功。见蜀军去了五丈原，司马懿稍稍放心一些。如果诸葛亮突破他们设置的障碍，执意要去武功扎营，且占领了武功，那么魏军与长安就断了联系。到时候，如果蜀军去攻打长安，对曹魏来说，就非常不利。

司马懿能想到的，诸葛亮也想到了。诸葛亮确实想去武功扎营，但见魏军背对渭水列队扎营，修筑壕沟，想去武功必须穿越这些障碍，诸葛亮也就放弃了。诸葛亮作战谨慎，能不冒险就不冒险。所以在放弃了去武功后，他又决定去北原。担心魏军已经在那里屯兵，便派人去北原察看情况，得知是郭淮在那里屯兵，就率兵西行，攻打阳遂。由于阳遂守军早有准备，诸葛亮最后只好将营寨扎在了五丈原。

对诸葛亮来说，扎营的地方最好是武功，其次是北原，第三是阳遂，第四才是五丈原。在前三个都无法顺利实现后，也就只好选择五丈原了。

可以说，此次司马懿借主场优势，把诸葛亮的最优选择全都杜绝了。从这可以看出，司马懿对诸葛亮非常了解。

魏、蜀双方在将营扎好后，就开始了心理战。诸葛亮和司马懿作战，通常都会在真刀真枪之前，经历一段很长时间的心理战。甚至可以说心理战在他们的作战中堪称重头戏。

诸葛亮经过第四次北伐与司马懿的交锋，对司马懿也有了深入的了解。他知道，司马懿肯定还会选择保守的守势。蜀汉擅长野战，曹魏则不擅长，司马懿必定会坚定地执行以逸待劳、坚守不出、敌退我进的战术。

确实如此，司马懿要像上次和诸葛亮对决一样，拖到他粮尽，逼得他不得不撤兵。

司马懿还沿用之前的战术，诸葛亮也就只能沿用之前的战术——激怒司马懿，如果激怒不了司马懿，那就激怒他手下的那些将领，逼得司马懿不得不出战，就像第四次北伐打卤城一样。

司马懿和诸葛亮都将这场仗对标第四场战役。只是司马懿希望的是，能像第四次战役的前半场那样发展，而诸葛亮则希望像第四次战役的后半场发展。

第四次战役的前半场，不管蜀军怎么叫骂，司马懿除了“扰”蜀军，没有被蜀军牵着鼻子走；第四次战役的后半场，司马懿下令追击，导致张郃中了诸葛亮的诱敌深入计，魏军惨败。

可以说，这场仗就是第四次战役的延续，最终是蜀军赢还是魏军赢，是诸葛亮赢还是司马懿赢，关键看两位主帅谁的内心更强大，谁更不受环境和他人的影响。

曹魏这边率先有了好消息，墙头草孙权在亲自率领大军进攻合肥时，遭到了合肥守将的阻击。魏军老将满宠带领数十名壮汉，点燃沾着麻油的松枝扔到东吴的攻城器材库旁边，在风力的作用下，火越烧越旺，导致孙权的侄子孙泰为了救火被满宠等人用箭射死了。

出师不利！仗还没有真正开打，就有了巨大损失。

攻城器材烧毁了，侄子被箭射死，吴军中又有不少伤亡，孙权感觉不妙，拿下合肥的野心减了一半。之后，又听说亲自率兵马支援合肥的魏明帝曹叡马上就要到了，孙权攻打合肥的另一半心思也没有了。

一想到此次伐魏本就是蜀汉那边主动联系他，并不是自己计划内的战役，能打就打，不能打就退，不需要太拼命，因此就退兵了。

要面子的结果，大都没面子

孙权退兵的消息传到司马懿这里后，司马懿故意让士兵朝着蜀军扎营的五丈原方向高呼万岁，目的就是让蜀军听到，扰乱他们的军心。

诸葛亮听到曹魏这边的欢呼后，派人去打探，得到的消息是，东吴那边的使者过来了，要替孙权请降。

当然，这个消息是假的，是司马懿故意让人放出去的。诸葛亮一听就知道是假消息，也知道这是司马懿让人放出来的，就嘲讽他说：“计吴朝必无降法，卿是六十老翁，何烦诡狂如此？”

什么意思呢？就是说，孙权退兵也就退了，但还不至于降魏，能传出这种话来，也是可笑，你司马懿也不想想自己多大了，六十岁的老汉了，怎么能如此小孩子气？

诸葛亮智谋了得，能掐会算，怎么可能会被司马懿这种小伎俩欺骗呢？这确实是小伎俩，司马懿在让人传这话时，也未必不知道他骗不了诸葛亮。他本来就已经打定了主意，坚守不应战。或许只是闲来无事，想逗逗诸葛亮，又或许是幸灾乐祸，想要取笑一下诸葛亮，诸葛孔明啊诸葛孔明，你的盟友又背叛你了，不跟你玩了。

孙权背叛蜀汉的还少吗？和东吴结盟本身就是一件很冒险的事，诸葛亮肯定也是有心理准备的。不过，没有了东吴的牵制，这司马懿又一直龟缩着不出战，确实是件很麻烦的事。

诸葛亮有些着急起来，司马懿却不急。诸葛亮越着急，司马懿越放松。为了能让诸葛亮着急，让蜀军着急，司马懿时不时会做一些很幼稚的事，给蜀军制造焦虑情绪。

虽然在指挥作战上，司马懿与诸葛亮还是有一定差距的，但司马懿对人性的了解和把握，却丝毫不比诸葛亮差；在利用人性上，他甚至更胜诸葛亮一筹。当然，并非诸葛亮不会利用人性，而是诸葛亮天性仁厚，做起事来，有所为，有所不为。

这是诸葛亮的优点，但却也是司马懿可以利用的缺点。

虽然对孙权“背叛”有所准备，但还未开战，孙权就打了退堂鼓，致使分散曹魏兵力的希望破灭，诸葛亮对此忧心忡忡。作为客场作战的他们，已经处在了孤立无援中。虽然在后勤补给上，他们做了比较充分的准备，可再多的粮食，也有吃完的时候，一直和魏军这么耗着也不是个事，即便自己不急，将士们也会着急，一旦军心散了，后果不堪设想。

诸葛亮觉得这么等着也不是一回事，还是要逼魏军应战，不管用什么方法。诸葛亮再次吩咐士兵们向魏军叫阵，并对他们说，能骂得让魏军出来应战者有奖。

蜀军早都憋得受不了了，于是用各种语言挑衅，他们骂魏军的祖宗十八代，把远离家乡的痛苦全都发泄在了魏军的身上，他们一有时间就骂，想到什么就骂什么。他们饭前饭后，睡前睡后，都去骂，骂魏军孬种，骂魏军不是男人，骂魏军没种……曹魏的将士们也都是血气方刚的糙汉子，被敌军这么骂，个个恨不得马上提刀搭箭，与蜀军拼个你死我活。

可司马懿始终只有一句话，谁都不能去！谁去军法伺候。

主帅不让应战，曹魏将士又能怎么办呢？再说了，卤城之战，魏军死了多少人啊？那个教训，他们不会忘，也不敢忘，那就继续忍着吧！魏军的“忍”，让蜀军更气了，无法回家的怨气让他们骂得更难听了。

魏军也委屈，他们也想回家，不想就这么耗着。在思乡这点上，魏军和蜀军倒也达成了统一。思乡之情是有传染性的，一旦一个人说起了想家，那么就会一传二，二传三，大家都想赶快打完回家。

魏军群情激昂，集体请命，他们要应战！要把蜀军打回他们的蜀国去！

司马懿知道，如果自己再不答应，军心一散，可能比不去应战的损失大。于是他就说，既然这是大家的决定，那就应战吧！

司马懿依然将这次出击的由头放在了将士们头上，意思就是，这时候应战时机不对，可既然你们集体请命，那你们就去吧！输了，责任也在你们。

司马懿一声令下，让骑兵出击！曹魏骑兵顿时就像一群被围困了很久的野马，突然被拉开了栅栏，瞬间就冲了出去，卷起阵阵黄沙。可当他们冲上去后才发现，他们遇到的是蜀国的王牌军。

蜀国的这支王牌军特别有名，叫“无当飞军”，是诸葛亮魏黄初六年平定南中后，利用当地蛮夷兵源建立起来的部队，非常强悍。“南中”是指云、贵、川南部，在古代被视为蛮荒之地。

通常情况下，无当飞军只要出场，全都身披铁甲。他们擅长野战，善用弓弩和毒箭，统帅就是大将军王平。马谡守街亭失利时，魏军被围着被动挨打，王平能够带领一众士卒冲出去，就是因为他带的是这支无当飞军。他们行事彪悍，作战勇猛。曹魏骑兵哪里是他们的对手，瞬间慌了手脚。

遇到这样的对手，也是魏军倒霉，本就已经处在了下风，这时候，蜀军又开始用诸葛连弩，十箭齐飞，火力十足，魏军瞬间就招架不住了。这种新式武器在那时候还是非常先进的，司马懿一看，再不撤退就会是第二次卤城之战，急忙下令撤兵。

撤回来的魏军要多沮丧有多沮丧，也不想再去拼命了，毕竟好死不如赖活着。魏军不再嚷嚷着应战，诸葛亮见状，也就只好下令蜀军开田种地。诸葛亮知道，魏军吃了大亏，以司马懿的作战策略，肯定会继续坚守不出，便索性开田种地起来。

当然，兵不厌诈，蜀军开田种地是假，主要是为了给魏军制造一种错觉：蜀军已经做好了打持久战的准备。你们既然不应战，那大家就都耗着吧，我们也不急了，我们准备长住这里，在这里开田种地，把家安在这里。

诸葛亮的这一计策，确实让蜀军和魏军的情绪来了个对调。蜀军打了一场胜仗后，心情大好，而魏军输了本来就心情不好，又见蜀军还在魏国的地盘上开田种地，瞬间就烦躁起来，蜀军这是要鸠占鹊巢啊，不仅打我们，还要占我们的地，吃我们的粮，太欺负人了，不能忍。

魏军在气愤之下，再次请求出战，再次声称他们就是死，也要让蜀军陪葬。

司马懿可不想陪葬，更不想去送死。这是自己的主场，客场的诸葛亮和蜀军都不急，我们急什么？面对魏军的请求，他不为所动。

魏军将士情绪的变化，传到了诸葛亮那里，诸葛亮决定再刺激一下魏军。于是，他出了个大招，派使者给司马懿送去了一件礼物。

看了这件礼物，曹魏的将领们愤怒了，但司马懿看后却不仅没有动气，反而情绪稳定地和使者一起喝酒、聊天。

不动声色，在聊天中获得重要信息

诸葛亮给司马懿送的礼物是一件粉色的女装和女性饰物。

诸葛亮在让使者给司马懿送礼物时，特意叮嘱使者，让他一定要亲自交给司马懿，并告诉司马懿，这是他们丞相专门送给司马懿穿的。诸葛亮这么做，无疑是为了激怒司马懿，迫使魏军迎战。送女性衣物和饰物的意思是，司马懿，你就是个孬种，畏战如妇。如果你是个男人，那就不要躲，快出来应战。

诸葛亮的这一招确实绝，放在其他任何人身上，这个激将法也就起作用了，即便不气得马上率兵出战，也要咆哮如雷，大骂诸葛亮，大骂蜀军；再不济也要为了出气，把诸葛亮派来的使者杀了。可司马懿是谁，别说他知道诸葛亮送女性衣物和饰物目的是激怒他，就是不知道，他也不会因为别人的“激”而发怒，他只会在掌握主动权后，时机成熟时给人以致命一击；时机未到时，再怎么激他也没用。

敌人让你做的，你没有做，说明你做对了；敌人让你做的，你做了，那你就是个标准的大傻瓜。司马懿不想做那个大傻瓜，所以看到这件带着侮辱性的礼物，不仅不生气，还在心里笑，心想，诸葛孔明啊诸葛孔明，没想到你这个浓眉大眼的家伙，也会使这种不入流的招数。

诸葛亮为人处世一向光明磊落，能送司马懿女性衣物和饰物，说明他是真的没招了，急了。沉稳如山的诸葛亮急了，没招了，他司马懿高兴还来不及呢，怎么可能生气？

司马懿不生气，却把魏军将领们气了个半死。蜀国丞相送女性衣服给他们的主帅，对魏军将领们来说，不仅仅是对他们主帅的侮辱，更是对大魏的侮辱，是对他们每一个魏军的侮辱。是可忍，孰不可忍，他们纷纷要求出战，称要活擒诸葛孔明，怒砍使者的头。使者吓得站在那里，身体抖得像筛糠。

司马懿不仅制止了将领们，还做了一件令军中将士和诸葛亮的使者都惊掉下巴的事——他高高兴兴地换上了那套诸葛亮送的女性衣服，戴上诸葛亮送的女性饰物，在使者面前转了一圈，颇为认真地问使者：“你们丞相送我的，我穿上好看吗？”

司马懿的这一举动，并非只是演戏，他是真的高兴，他看穿了，这是对方黔驴技穷了，是诸葛亮没有办法的办法，但凡诸葛亮有办法，都不会做这件事。

只要能够战胜诸葛亮，战胜蜀军，别说让他穿女装，就是让他在营中裸奔都行！可这是司马懿的想法，将领们却不是这么想的。他们看着自己的主帅穿着女性衣服、戴着女性饰物，在将士面前、在蜀国使者面前，转着圈，搔首弄姿，羞愤难当，别说杀使者，他们都恨不得把这个丢人的主帅杀了。

当然，杀主帅肯定是不可能的，嘴里骂主帅也不行，那就心里骂。他们在心里骂司马懿，骂得比蜀军骂的还难听。

司马懿不在意将士们怎么想，他有自己的小算盘。他吩咐属下备酒菜，称要好好招待诸葛亮派来的使者。

蜀国使者长长地松一口气，觉得自己捡了一条命，但又想，这魏国的主帅到底葫芦里卖的什么药？这曹魏是没有人了吧，怎么能让这样一个胆小如鼠、没志气、像女人一样的男人当主帅呢？

本来以为自己会人头落地，结果还被司马懿好酒好肉地招待着，使者顿时觉得，或许司马懿是真的怕他们的丞相。一旦这么想，也就得意起来。在司马懿和颜悦色地问起他们丞相的衣食住行时，为了彰显诸葛丞相的高尚伟大、深谋远虑和亲民，他说，诸葛亮每天废寝忘食，日夜操劳，起得比鸡早，睡得比猫头鹰晚，凡事都亲力亲为。

使者在来魏军营地前，诸葛亮叮嘱过他说，司马懿很狡猾，军事上的秘密不能说。他一直也很警觉，甚至都在想，如果司马懿问他军事上的秘密，就是刀架在他的脖子上，他也不会透露一个字。可司马懿并没有问他军事上的事，只是像女人闲聊一样，说一些生活上的琐碎之事。

生活上的琐碎之事又不是秘密，说了也就说了。

司马懿听完使者说的，先是顺着使者的话说，你们丞相真是太难得了，蜀国能有这样的丞相，是皇上的福气、百姓的福气，还说军队能有这样的主帅，是将士们的福气。

司马懿这话一出口，使者也就更加得意了，他放松了警惕，又是对诸葛亮一顿赞美。司马懿又说，堂堂一国丞相，手底下有那么多人，竟然还能亲力亲为，太亲民了，不过，他想不通，能有什么事需要诸葛亮来亲力亲为。

司马懿说这话的时候，既像是在和使者说，又像是自言自语，使者为了让司马懿知道他们丞相做了多少事，做事又是多么严谨，说丞相做的事很多，一点小事都要亲力亲为，就连将士犯了错，处罚二十军杖的事，他都要亲自过问。

司马懿听完，又是对诸葛亮一阵猛夸，然后举起酒杯，和使者喝起酒来，几杯酒下肚，司马懿又问了一句，你们丞相每天处理那么多的事，一定很辛苦，饭量还好吧。

使者哪里知道司马懿这话的用意，他叹了口气说，他们丞相的饭量很小，一天的饭量还没有张将军（张飞）饭前的点心多。使者是在心疼他们的丞相，也是在向司马懿炫耀，他们的丞相没有官架子。可他没有想到，司马懿所问的每一句话，都隐藏着他想要的重要信息。

使者酒足饭饱，回到了蜀军的营地。

曹魏的将领们还在为蜀国和诸葛亮的无礼而生气，更为司马懿不仅不杀使者、处罚使者，还好酒好菜招待使者并放他回去而不满。

司马懿并不多做解释，他只是说："诸葛孔明食少事烦，其能久乎！"

司马懿这句话的意思就是，诸葛亮事多，吃得少，怎么能活得久?

看似在随意地聊天，实则是在探听消息。使者看似说的也只是鸡毛蒜皮的生活琐事，殊不知，他已经透露了他们丞相的身体状况。

吃得少，睡得少，凡事亲力亲为，54 岁的诸葛亮身体不可能好。

司马懿通过这些信息，得出了诸葛亮身体不好的结论，再通过这个结论，得出这场仗诸葛亮打不了多久的结论。

司马懿是懂诸葛亮的，蜀汉整个国家的重任全都压在了诸葛亮一个人的身上。特别是在丢掉街亭后，诸葛亮眼见自己一天老似一天，为了实现他在刘备面前许下的承诺，每一场仗他都亲自指挥作战，而征战在外的他，还需要关注朝廷的事，并隔空为后主刘禅出主意，他已经心力交瘁了。

诸葛亮的使者兴冲冲地回去后，把司马懿穿着女装、戴着女性饰物在他面前转着圈问他好不好看的事说了。诸葛亮在大为惊讶的同时，也意识到他这一"激"对司马懿并没有起到作用。

诸葛亮又问使者，还发生了什么事，使者就把曹魏将领要砍他头，被司马懿劝住，以及司马懿宴请他的事都说了。诸葛亮心里暗叫一声不好，再问使者，司马懿有没有问他其他什么事，使者就说了全部经过。

诸葛亮听完，轻轻地叹一口气，他知道，他遇到对手了，且遇到的是一个难缠的对手。他没有责备使者，不是使者无能，实在是司马懿太狡猾了，让人防不胜防啊！

"司马懿知我心也！"诸葛亮在心里轻轻地感慨了一句。

阴柔之术，“耗”死诸葛孔明

诸葛亮送女装和女性饰物给司马懿，原本是为了激司马懿应战，结果司马懿反倒更安心了。他知道时间是站在自己这一边的，只要他们耐着性子熬，继续和诸葛亮耗下去，他就能赢。

诸葛亮送礼物前，司马懿觉得只要他们熬到蜀军粮食短缺，他们就能赢。可现在，司马懿觉得他们赢的概率又增加了很多，除了有可能赢在蜀军短粮上，还有可能赢在诸葛亮身体垮了上。

然而，司马懿等得，军中将士们却等不得，他们无法接受蜀国丞相送女装给主帅的事实，这是比蜀军骂他们还难以接受的事，这是奇耻大辱。愤怒的将士们不断地嚷嚷着要报仇，即便司马懿告诉他们诸葛亮身体状况不好，这场仗最终都会以蜀军撤退结束，他们还是觉得应该出战，甚至觉得既然蜀军主帅身体不好，为什么不趁他病，要他们的命？

如果他们面对的生病主帅是别人，进攻自然是最优选择，可他们面对的是诸葛亮，司马懿觉得不能轻举妄动。这一仗，若打，胜算渺茫；若不打，至少不会败，坚持下去，反而有胜算。

司马懿的本性决定了他不做没有把握的事，决定了他会选择坚持下去，因此他坚定地选择不战。可司马懿的“忍”功，本来就不是一般人承受得了的，特别是血气方刚的将士们。他们忘了卤城之战的大败，忘了非要应战，遇到蜀军无当飞军的失利，即便知道打是死、是输，为了争这口气，他们还是要出战，他们不能让蜀军觉得他们输不起。

我们输得起，作为堂堂七尺男儿，我们宁愿站着死，也不愿跪着生，更不愿意被人说成女人。那时候说一个男人像女人，就是一种侮辱。

不出战既是为了避其锋芒，也是为了让蜀军着急，让他们急中生乱，乱了节奏，乱了方向。可看到魏军将士们如此激动，如此激愤，司马懿觉得，如果自己仍然坚持绝不应战的策略，很可能压不住愤怒的将士，到时候蜀军没有乱，魏军内部却乱了。

司马懿决定换种方式实施他的“固守不出”，他先是安抚将士们，附和将士们的话，说他和将士们一样愤怒，诸葛丞相的所为实在太欺负人了，他一定要让诸葛亮和蜀军知道大魏铁骑的厉害。

司马懿说完后，将士们纷纷站出来，主动请缨。司马懿又话锋一转，装作很为难的样子说，他和将士们一样，想和蜀军大战一场，只是前天皇上才下诏，令他们死守不出，如果现在出战，岂不是违背圣意吗？

将士们嚷嚷着说，将在外，君命有所不受！司马懿先是点头，接着又假意沉思片刻说，他觉得还是连夜写封急奏向圣上请战的好！

将士们有说不用的，也有说为了稳妥起见，还是向圣上请战吧！

司马懿用这招暂时安抚住了军心。之后，他就真的写了封奏章，派人急送到魏明帝曹叡的手里。他在奏章里说，他与诸葛亮的这一仗责任重大，自己能力又有限，承蒙魏明帝英明，下令让他坚守，不和蜀军正面冲突，等蜀军士气低落时再行动。他也一直严格执行此命令，可现在诸葛丞相给他送了一件女人衣裳，把他当作女人看待，他很气愤，这是对他的羞辱。因此向陛下请示，请求与蜀军决一死战，以报朝廷之恩，以雪三军之耻……

魏明帝曹叡初看他这奏章，有些纳闷，心想，自己什么时候让他坚守不出了？不过很快，他就回过味来。

曹叡非常聪明，且也是个肚子里有几百道弯弯肠子的人。他在意识到这份奏章不一般后，又多看了几遍，看着看着，就揣摩出了司马懿的意思。

曹叡禁不住笑了起来，心想，这司马懿还跟自己玩这一套。是他安抚不了那些将士，便想借自己的口来安抚，倒说是他在执行我的坚守命令。好！我就配合你，好好演这出戏。

魏明帝曹叡不仅假模假样地回了封信，还派他的特使亲自去了司马懿的大营。

特使驾临，如同皇帝亲临。司马懿看到特使，紧张起来。他想，如果曹叡不明白他的意思，同意他出战，那他又要怎么办呢？司马懿忐忑不安地接待了特使，在特使宣了诏书后，他那颗悬着的心才落了下来。

圣旨中说，再说出战的，以违抗圣旨发落。

魏明帝曹叡是懂司马懿的，如果不懂，真的同意司马懿去出战，那么司马懿是出战还是不出战？或者即便知道司马懿的意思，也觉得诸葛亮的做法是在侮辱魏国的主帅，是在说自己大魏无人，是在侮辱曹魏朝廷，甚至自己，让司马懿应战，司马懿又该如何收场呢？

司马懿应该庆幸曹叡懂他，不仅能看穿他的心思，还和他一样，在输赢和面子面前，选择了输赢。然而，司马懿在开心之余，心里又是一阵咯噔。

魏明帝曹叡太懂自己，太能看穿自己的心思，并不见得就是好事啊！

当然，不管怎么样，有了魏明帝曹叡不准出战的命令，司马懿也就安心地做起了他的“缩头乌龟”。他让士兵们在魏营里敲锣打鼓地宣传，说圣上有令，不许出战。他不仅让士兵们在魏营喊，还让他们向蜀军军营的方向喊。

司马懿心想，诸葛孔明啊诸葛孔明，你的激将法对我不起作用，你想激我出战，我就偏不出战，我要气死你！

诸葛亮在得知魏营的情况后，知道司马懿是在借皇上之口，安魏军之心，扰蜀军之心，在心里长叹了一声。心想，罢了罢了！这一仗，看来想要取胜难了。

诸葛亮又急又无奈。他的身体每况愈下，长久对峙，粮草供给也会出现问题。诸葛亮分兵屯田，开始为持久战做准备，可一大堆的问题，压得他喘不过气来。

司马懿每天都在营地，远远地观察蜀营的方向。他的三弟司马孚写信询问他前线的情况，他在信中说：“亮志大而不见机，多谋而少决，好兵而无权，虽提卒十万，已堕吾画中，破之必矣。”

什么意思呢？就是说，诸葛亮志气虽大，但没有机会，谋划多，但优柔寡断，擅长用兵，却又权谋不够，虽领兵十万，但已经落入我的圈套中，击败他是肯定的。

司马懿的这段话，也有安抚军心，以及让家人放心的意思。不过，却也能看出，他已经志在必得了。当然，司马懿并非能掐会算，能算准诸葛亮会死在五丈原。他只是觉得，诸葛亮命不长了，或许会因为病重撤兵，或许会在回蜀途中或回蜀后去世。

司马懿没有想到，诸葛亮从六月份开始，身体就一日不如一日了。最终，他在魏青龙二年八月二十八日去世，终年 54 岁。

对于诸葛亮的死，不管是影视剧还是传说，都充满了悲情色彩，说他吐血而亡。当那鲜红的血喷出来时，无不在诉说着他为了蜀国的兴亡，为了刘备临终所托，已经耗尽了身体的最后一滴血。对于诸葛亮临死前发生的一些事，更是充满了寓意，据说他临死前的晚上，夜空中划过一颗流星，流星先是坠落在蜀军大营，后又腾起，又坠落，总共三次，腾起一次比一次低，亮度也一次比一次暗，最后一片黑暗……

《三国演义》中写道，诸葛亮原本可以不死，因为他精通续命之术。可最终，因为大将魏延的突然闯入，导致他续命失败。

对于这段描述，书中是这么说的：诸葛亮决定采纳大将姜维的建议，采用祈禳续命法来为自己续命。祈禳续命法的做法是，点燃主灯，施法后，如果主灯七天内不灭，就能增寿一纪，一纪为 12 年。如果主灯灭了，则有死无生。

诸葛亮在帐内施法时，帐外由姜维守护，前六天一切都很顺利，再有一晚上，续命就能成功，诸葛亮就能再活 12 年。可到了第六天晚上，大将魏延的突然闯入，让主灯灭了。

魏延闯进来的原因，是有一千多名魏军偷袭蜀军大营。魏延进来时，脚步很重，将风带了起来，扑灭了主灯。主灯灭，意味着诸葛亮续命失败，有死无生。

不管诸葛亮是怎么死的，死前发生了什么，总之，他死了。当然，临死前，他不仅安排了蜀军如何撤退，还对朝政上的事也都做了精心安排。

诸葛亮死后，蜀军没有发丧，只是拔营撤退。

一直观察着蜀军大营方向的司马懿，在看到蜀军拔营撤退后，敏锐地意识到，诸葛亮死了。他惊喜不已，真是天助我也！时间果然是站在自己这边的。

既然诸葛亮已死，那么蜀军撤军也就没什么可怕的了！司马懿不想错过这个大获全胜的机会，他下令全面追击。

然而，就像之前的蜀军撤退，魏军追击都没能得到一点便宜一样，魏军确实追上了蜀军，但追上后，等待他们的是与蜀军的主力作战。

蜀军的做法，就像早就张好的一张大网，专门等着魏军。司马懿再一看，隐隐约约还能看到诸葛亮坐在四轮车上。他暗叫一声不好，中计了。

司马懿以为自己猜错了，诸葛亮根本就没有死，蜀军之所以拔营撤退，只是诸葛亮设了计，专门等着他们来跳，就像卤城之战一样，引他们出战。于是，他急忙下令撤退。

其实，司马懿看到的“诸葛亮”，只是姜维用木头刻的诸葛亮的像。

当然，蜀军并没有追赶，他们沉浸在失去丞相的悲伤中，那撤退时给曹魏的最后一击，也是他们在执行诸葛亮临死前制定的最后一计。

蜀军在退到斜谷后，才讣告发丧，顿时嚎哭声一片。而此事，百姓们也用“死诸葛走生仲达”来描述，意思是说，诸葛亮虽然死了，余威还在，并将司马懿吓着了。

司马懿在听了百姓们的这句传言后，也笑着说，他只是擅长预测活人的事，并不擅长预测人的生死。其实，司马懿在得知诸葛亮确实已死后，虽然有些后悔撤退，却也只是遗憾。何况，将诸葛亮熬死，就是他最大的胜利。

作为对手，司马懿希望诸葛亮死，可抛开对手这一层，他对诸葛亮是非常佩服的。蜀军走后的第二天，司马懿专门去了一趟蜀军大营，在蜀军大营转了一圈后，他对诸葛亮的评价是：“天下奇才也！”

第七章　明处忍，暗处狠

掌握兵权，强大到无人撼动最安全

诸葛亮死于心神皆累，可因为死在了与司马懿的对阵中，这个大功劳，也就落在了司马懿的头上，司马懿成了曹魏的大英雄。

没有了诸葛亮的蜀国，本来就已经不再是曹魏的威胁，再加上诸葛亮死后，蜀国又出现了内讧，那个《三国演义》中突然闯入，破坏了诸葛亮成功续命的大将魏延，在从五丈原回蜀的途中，被死对头杨仪以叛国罪为由诛杀了。

魏延骁勇善战，杨仪才华横溢。诸葛亮每次出征，魏延都做先锋，而杨仪为其筹措粮食。可以说，魏延和杨仪是诸葛亮的左膀右臂。他们都是荆州派，也不存在派系之战，只是魏延人缘不好，性格高傲，别人会让他三分，但杨仪不吃他这一套，因而两个人有了恩怨，谁也不服谁。

魏延脾气暴躁，每次与杨仪发生矛盾，都会拔出剑来，而杨仪只能气得流泪。诸葛亮活着时，会调解他们之间的关系，可诸葛亮死后，就出现了你说我叛国，我说你叛国的局面。当然，因为魏延人缘更差点，所以就被落实了叛国罪名，并最终被杀。

诸葛亮和魏延先后离世，让蜀国衰落，三国鼎立的格局也由此发生改变。魏明帝曹叡不再受外敌困扰，司马懿也迎来了前未有过的轻松。

心情一好，好运也就来了。蜀军大将马岱率兵北伐时，司马懿只派了骑兵就将蜀军打得落花流水，被杀的蜀军上千人。曾让武将们不屑的司马懿，一下子让敌人害怕起来，不等司马懿率兵伐蜀，蜀军就有将领率部下开始投降司马懿，司马懿在军中的威望再上一层楼。

在朝廷、军界，他都站稳了脚跟。功劳也是一个接着一个，自然也少不了封赏。这也可说是司马懿自入仕以来，几十年里最得意的时候。

魏青龙三年，司马懿被魏明帝曹叡升任太尉，累增封邑。

太尉属于三军总司令，是可以遥控指挥对外各地战争的，这对司马懿扩大在军中的影响力特别有利。然而，谨慎的司马懿觉得，越是这时候，他就越要谨慎小心。因为他在军中的影响力越大，魏明帝曹叡就会越担心。

司马懿知道，从曹操到曹丕，再到曹叡，他们祖孙三人都不会放松对自己的提防。何况诸葛亮这个强大的对手已经离世了，蜀国已不再是威胁，自己遏制诸葛亮的作用，也就消失了。为了保住自己，他必须小心行事，即便再有野心，也要徐徐图之，千万不能被魏明帝曹叡抓住把柄。同时，他还要竭尽全力成为曹叡不能失去的人。

于是，司马懿向魏明帝曹叡献上了一头白鹿，称是他打猎所得。

白鹿有神鹿之说，白鹿出现是天降祥瑞，只有圣帝时期才会出现。这无疑是在说，曹叡是圣帝。世上的人没有不喜欢听奉承话的，曹叡也不例外。他喜出望外，对司马懿说，周朝时，周公旦就曾献白山鸡给周成王。成王是明君，公旦是贤臣，他们之间的事就成了美谈。如今，身为太尉的司马懿，又献白鹿给他曹叡，这份忠诚和周朝时的周公旦如出一辙。看来，自己这样治理国家，是完全正确的，国家也一定会长治久安!

魏明帝曹叡将自己比作周成王，将司马懿比作周公旦，对自己治理的魏国相当满意。

魏明帝曹叡到底属不属于明君，历史上对他的评价也有很多说法。不过，他在位时，单从与蜀国和东吴作战来说，赢的多，输的少。当然，这也与其他两个国家人才不济有关。不管如何，有了曹叡对司马懿“贤臣”的评价，司马懿的目的也就达到了。

司马懿之前最担心的就是曹叡为了除掉他，会借口称他为佞臣、逆臣。既然自己已经被曹叡比作了周公旦那样的臣子，天子的话一言九鼎，他不至于自己推翻自己的话。

司马懿暂时松了一口气。从司马懿献白鹿给曹叡，以及曹叡所说的那番话可以看出，司马懿已经知晓了曹叡的好恶。对司马懿来说，只要知道一个人的好恶，他就有足够的把握来拿捏这个人。

当然，即便如此，以司马懿小心谨慎的性格，他也是不会完全放松警惕的。毕竟他现在身处高位，即便不担心曹叡，也要小心周围那些对他虎视眈眈的朝臣。木秀于林，风必摧之；行高于人，众必非之。因而，他将一时的喜悦和兴奋隐藏了起来。他为人依旧低调，处事依然严谨，甚至更加严谨。

当然，再低调，他也要让司马家族以润物细无声的方式，在朝中建立起自己的关系网。只有这样，他自己乃至司马家族的人在朝中才会安全。

此时，司马懿的三弟司马孚，已经坐在了尚书令的位置上；司马懿的两个儿子司马师和司马昭，已经开始在朝中崭露头角，拥有了自己的人脉关系。

培植亲信这点非常重要，是每个朝廷重臣都会做的事，只是有些人明目张胆一点，有些人做得隐秘点罢了。

魏青龙四年，司马懿的孙子——司马昭的儿子——司马炎呱呱坠地。那时候，他们谁都没有想到，30 年后，取代曹魏的会是他。

司马炎出生的时候，司马懿虽然在曹魏的身份地位不一般，但他也知道，一个人强大到一定程度，对上功高盖主，上司会不放心；对下人人仰望，会被无数双羡慕和嫉妒的眼睛盯着。这时候，这个人实际上是最危险的。然而，当一个人强大到已经无法被撼动时，不论是上司、同僚还是下属，都不敢把这个人怎么样。因此，若想真正安全，真正立于不败之地，司马懿还需要再进一步，达到无人能撼动的地步。

强大到让所有人都放弃除掉你的念头，这时才会真正安全。而若想强大到如此地步，那就需要将兵权牢牢地掌握在自己手里。

只在乎里子，面子上的事不算事

魏青龙五年，一身“反骨”的辽东太守公孙渊，背叛了曹魏，他自封燕王，想要脱离曹魏独立。

公孙渊是东汉末年辽东太守公孙度的孙子。公孙度在任期间，通过东伐高句丽、西击乌桓、南取辽东半岛等一系列开疆拓土的做法，让东汉疆域越来越大，最后自立为辽东侯、平州牧。

东汉末年，中原战乱不止，辽东地区相比中原就成了一片净土。很多中原人士为躲避战乱，去了辽东。公孙度去世后，他的长子公孙康，也就是公孙渊的父亲继位。

公孙康在任期间，曾经斩下袁绍的儿子袁尚和袁熙的首级给曹操，被曹操拜为左将军，封为襄平侯。公孙康死时，两个儿子公孙晃和公孙渊还小，于是弟弟公孙恭继了位。

公孙恭身体不好，对辽东的治理力不从心。随着公孙渊长大，魏太和二年，公孙渊逼迫叔叔公孙恭让位于他。

从公孙渊做了辽东太守起，他就想背叛曹魏独立，只是能力有限。为了达到目的，他还曾想着联手东吴，并派人去给东吴的孙权带话，说他敬仰孙权很久了，想要向孙权俯首称臣。最后还说，如果东吴想要攻打曹魏，他是愿意与之里应外合的。

公孙渊既然想脱离曹魏，也就不可能向孙权俯首称臣，之所以这么做，只是为了让东吴给自己当"枪"使。如果东吴攻打曹魏，那他就能鹬蚌相争，渔翁得利了。

孙权见公孙渊要向东吴称臣，非常高兴——一旦公孙渊向他称臣，那么辽东地区就是东吴的地盘了。更重要的是，他早就对曹魏不爽了，无奈单凭东吴，在与强大的曹魏抗争时，很难取胜，如果能有公孙渊这个内应，灭不灭曹魏先不说，削弱曹魏的军事力量还是有可能的。

不过，东吴也有清醒之人，丞相顾雍等人看出了公孙渊的诡计，他们劝孙权不要相信公孙渊，说他居心不良，能向东吴称臣，只是他没有闹独立的本事，因此拉着吴国给他当枪使，还说这种傻事不能做。

孙权实际上和公孙渊属于同一类人，都是精致的利己主义者，对于孙权来说，两方合作本来就是互相利用，管你是什么目的呢，只要对各自有利就行了，何况，此时有人向他称臣，且还是辽东的太守，这不就是讨好自己，打脸魏明帝曹叡吗？

奉承和吹捧是能让一个人失去理智的。孙权那时候根本听不进去重臣的话，他不舍得让这件好事溜走，为了表达他的心意，他还不顾重臣反对，执意派吴将张弥等人，携带珠宝财物去辽东见公孙渊，说愿意立他为燕王。

公孙渊要的是东吴打曹魏，他是要利用东吴的，不是真的要向东吴称臣，若想向东吴称臣，他又何必背叛曹魏呢？做东吴的臣子还不如做曹魏的臣子。当然，更主要的是，公孙渊觉得东吴这明目张胆的做法就是在故意出卖自己，一旦被曹魏知道，来讨伐自己就麻烦了，曹魏离自己可比东吴离自己近多了。

公孙渊这个人不讲武德。如果你不同意，找个借口拒绝了不就行了？可他没有，他不仅把珠宝财物夺了去，还把东吴大将张弥等人的头砍了下来，献给魏明帝曹叡，以示对曹魏的忠诚。

魏明帝曹叡一高兴，就拜他为大司马，封乐浪公。

公孙渊的做法一下子让孙权傻眼了。自己派去的人被杀，头颅献给了曹叡，珠宝财物也被公孙渊抢去了，这简直就是在公开打自己的脸，这奇耻大辱忍不了。

孙权当即就要发兵辽东，讨伐公孙渊。但最后又被曾劝阻他不要上公孙渊当的丞相顾雍等人劝住了。由此可见，东吴还是有理智的朝臣的，他们说辽东路途遥远，攻打公孙渊得不偿失，还是从长计议的好。

公孙渊能如此对待孙权，就是因为他知道，孙权不可能率兵攻打他。当然，魏明帝曹叡对公孙渊这种背信弃义、出尔反尔，杀使者、夺人珠宝财物的人重用，很快就付出了代价。随着公孙渊的官职越来越大，地位越来越高，他独立的想法也就越来越迫切了。

俗话说，做贼心虚。公孙渊越想独立，他就越担心被曹魏看出来，因而一边蠢蠢欲动，一边又胆战心惊。

手里拿着锤子，看谁都像钉子。魏明帝曹叡派幽州刺史毋丘俭等人，携书信和印章，率地方守备军出使辽东，意图让公孙渊去洛阳朝拜天子。然而，此举却引起了公孙渊的警觉，他觉得这很可能是个圈套，认为让他去洛阳，就是为了扣留自己，然后再把他杀了。因此公孙渊不仅没准备去，还为了震慑毋丘俭，排兵列阵，做出了作战的架势。

毋丘俭一看，这不就是把自己当敌人吗？赶快跑，再不跑，人头就留在辽东了。

幽州刺史毋丘俭率地方守备军匆匆逃离辽东后，公孙渊意识到，这下自己的逆反之心暴露无遗了，魏明帝曹叡很快就会派兵来讨伐自己，于是他索性自封燕王。

终于做了自己一直想要做的事，公孙渊接下来就开始大张旗鼓地招降鲜卑，同时还不断地骚扰曹魏边境来示威。魏明帝曹叡得知后，勃然大怒，和孙权一样，觉得自己被公孙渊耍了，认为公孙渊是在打他的脸，根本没把他这个天子放在眼里。

孙权忍了，是因路途远，而魏明帝曹叡不能忍。他即刻召太尉司马懿，让司马懿率四万兵马前去讨伐公孙渊。

让司马懿率兵讨伐公孙渊，也是曹魏的无奈，更是曹叡的无奈，自从曹休、曹真、张郃等人先后去世，曹魏能够独当一面，且拥有作战经验的，看来看去，似乎也就只有司马懿一个人了。不派他去，又能派谁去呢？

司马懿自然欣喜若狂，这一仗，如果他打赢了，那么从辽东那边，他就又能收获一批将士了，到了那时候，他在曹魏军界的威望也就更高了。兵权越是能够牢牢地掌握在他的手里，就越能成为他日后与曹叡和朝臣做政治斗争的筹码。筹码越多，他获胜的概率就越大。

然而，司马懿也知道，他能明白的，魏明帝曹叡不仅同样明白，而且还在时刻提防着他这一点。因此，为了确保出使辽东顺利以及在作战中得到足够的支援，他首先需要安抚好曹叡，让他放心，以缓解他的忧虑，解除对自己的戒备心。

那要怎么缓解魏明帝曹叡的忧虑，解除曹叡的防备之心呢？肯定是让曹叡感觉到自己是忠诚的，是绝对不会背叛曹魏、背叛魏明帝曹叡的。在这方面，司马懿还是很在行的，对皇上卑躬屈膝、表忠心，于他而言并不难。

别说是对皇上卑躬屈膝，为了达到某个目的，司马懿能对任何人卑躬屈膝。

于是，有一天，在魏明帝曹叡想要穿鞋时，司马懿就俯下身子为曹叡穿鞋。司马懿的这一举动，就是为了让曹叡相信，他司马懿不管职位有多高，功劳有多大，都是曹叡的臣子，是他曹叡一辈子的臣子。

当然，“司马懿为曹叡提靴”只是影视剧里的情节，真实历史是不是有这个情节，不得而知。不过，这个情节用在司马懿身上倒也不违和，一看就是他能干出的事。

越是身居高位越要谦卑，司马懿内心是不是这样想的不知道，但表面上他确实是这么做的。据说，在他升任太尉后，有次路遇高阳乡侯常林，他也毕恭毕敬地行礼、让路。原因是常林虽然职位比他低，但却和他父亲是平辈。

对职位低者也能毕恭毕敬，不仗势欺人，是为了少树敌。不让任何人成为自己仕途的绊脚石，这就是司马懿的为官之道。职场上，即便职位很低的人也有可能助你，更有可能害你。

一切都是为了实现自己的目标，为了那个目标，司马懿是可以放下一切脸面、尊严的。对于面子上的事，司马懿从不在乎，他在乎的，是里子。

自寻死路，不作死就不会死

辽东不仅地理位置遥远，地势也险要，魏军又远道而去，必定会疲惫不堪，公孙渊完全可以以逸待劳。

司马懿率兵前往辽东征讨公孙渊，有点类似于诸葛亮率兵伐魏。曾经，司马懿就依靠主场的优势，以坚固不出，“熬”走了诸葛亮。公孙渊会不会像司马懿战胜诸葛亮一样，借主场优势，“熬”走司马懿？这些司马懿都想到了，不过，司马懿毕竟是个靠计谋打仗的人，知彼知己才能百战不殆，公孙渊不是自己，自然也不可能用自己的策略，即便用了自己曾经的策略，自己还有别的策略去应对。

司马懿根据辽东的地势、形势、军力，以及公孙渊的脾气性格，开始了沙盘推演，他站在公孙渊的角度，做出了上、中、下三策。

公孙渊的上策是，自知无力对抗，撤离，以保存实力，之后再联手辽东其他各郡，在适当的时候卷土重来；中策是，公孙渊凭借天时、地利、人和，与魏军硬碰硬；下策是，公孙渊坚守不出，就像司马懿对付诸葛亮一样，耗到兵困马乏，粮草殆尽。

曾经应对诸葛亮的上策，在公孙渊这里就是下策，因为公孙渊虽然有天时、地利、人和的优势，但时间一长，内部必定会分化，因为和魏国相比，公孙渊的辽东太小了。

不过，从公孙渊的脾气性格来看，自负自大、狂妄的他，是不会舍下自己经营很久的地盘的，所以上策也就排除了。公孙渊也不可能有司马懿的“忍”功，更不会甘于坚守不出，所以他也不会选择下策。

司马懿经过一番分析和判断，觉得公孙渊最大可能会选择中策，而如果他选择中策，理论上，短时间之内，自己和公孙渊胜算各半，但长久的话，公孙渊是处于劣势的。

辽东和曹魏之间的关系，是局部和全部的关系，是附属的关系；而诸葛亮与司马懿之战，是两个国家之战，是有本质区别的。如果公孙渊选择“坚固不出”，司马懿一定有办法对付他。

司马懿的心里有了底。

魏景初二年，司马懿率领四万兵马，远征辽东。除此之外，魏明帝曹叡还命幽州刺史毋丘俭的兵马，也统一由司马懿管辖。

司马懿率兵出战很多次了，可其他任何一次都与这次不同，这次是远途出征。以前，特别是与诸葛亮率领的蜀军大战时，他都坚定地选择以防守为主，远途劳累的是对方。而此次，远途劳累的是自己。相对于进攻，司马懿更喜欢防守，也更愿意防守，因为他是一个隐忍谨慎、绝对不会去做没有把握的事的人。

不管做任何事，司马懿首先追求的是平稳，他不喜欢冒险，可这次，他必须冒这个险。当然，司马懿此次出征是冒险，公孙渊搞独立，同样是在冒险。不闹独立，公孙渊就是辽东的老大，天高皇帝远，曹魏皇帝就是想管他也够不着，更多时候是选择睁一只眼闭一只眼，公孙渊完全可以在辽东做他的小霸王。但他非要闹独立，也就不能怪魏明帝曹叡要讨伐他了；不讨伐他，其他地方的也跟他学着闹独立怎么办？

会叫的狗不咬人，闷声不响的人才可怕，这句话用在公孙渊和司马懿的身上，恰如其分。

公孙渊就是那会叫的狗，闹独立招惹了曹魏朝廷。见惹怒对方，对方来真的，要讨伐他了，他才害怕起来。毕竟再狂傲自大，他也知道，辽东相比曹魏，就是个弹丸之地。

在得知率兵讨伐他的主帅是司马懿，且来势汹汹后，公孙渊就更害怕了，这可如何是好？凭自己的这点兵马，怎么可能抵挡得住魏军？何况主帅还是让诸葛亮都没能占到便宜的司马懿。

仅凭自己单打独斗，肯定是送死，在这点上，公孙渊还是有自知之明的。于是，他想到了找人联手，找谁呢？只能找东吴了！公孙渊这个人很有意思，他在想到找东吴联手时，似乎忘了自己曾杀了孙权派来的使者，并独吞了东吴的珠宝财物，惹得孙权还差点派兵讨伐他。

没心没肺，活着不累。派人去找东吴联手时，公孙渊没有丝毫的不好意思，孙权听说公孙渊要找他联手，在震惊之余，又怒不可遏。孙权想，这公孙渊，正想杀他呢，他倒找上门来了。

不过，理智且清醒的朝臣又劝孙权了，说如果杀了公孙渊，岂不就帮了曹魏吗？帮曹魏对东吴有什么好处？不仅没有好处，反而让曹魏这个最大的敌人更强大了。

曹魏是东吴的敌人，公孙渊也是东吴的敌人，如今两个敌人要斗了，我们不是正好可以坐山观虎斗吗？朝臣的意思是，先假装答应公孙渊，并率兵前往，不过只是在那里排兵列阵，做做样子，然后根据局势的发展，决定接下来怎么做。如果公孙渊赢了，那么东吴也算是出了力的；如果曹魏赢了，东吴就在倒下的辽东身上再踩上几脚，去掠夺一番，这样不仅报了之前公孙渊背后插刀的仇，还能把公孙渊抢的珠宝财物拿回来，一举两得。

孙权一听，这个办法不错，不仅不吃亏，还能两头赚，于是答应了。

公孙渊哪里知道东吴打的是这个算盘，一听同意了，以为自己已经强大到无论怎么对待东吴，东吴的孙权都愿意与自己结盟。

自信固然好，但自信过头就变成了自负。有了东吴的加入，公孙渊一下子觉得曹魏和司马懿都算不上什么了。

魏明帝曹叡在得知东吴也要插上一脚后，有些担心司马懿这一仗能否打赢，想要派兵增援辽东，谋臣蒋济却说不需要。蒋济已经猜中了东吴的心思，便说东吴不足为患，因为孙权并非真心帮公孙渊，他们只是想要借机占点便宜罢了。曹叡一听，这才放下心来。

公孙渊没有选择司马懿所说的上策，他没有逃离，也不舍得逃离。有了东吴的加入，再加上他觉得自己兵力雄厚，司马懿又是远道而来，兵马困乏，只要自己做足准备，凭借天时、地利、人和，司马懿奈何不了自己。

让司马懿灰溜溜地班师回朝，是公孙渊的目的。

司马懿经过近四个月的长途跋涉，终于率魏军经过孤竹，越碣石，到达了辽东。此时，公孙渊派辽东大将卑衍和杨祚也已经率领数万步兵和骑兵，在辽隧扎营，挖壕沟，筑高壁垒，他们准备像司马懿对阵诸葛亮一样，死死地耗着司马懿，要么把他耗走，要么把他耗死。

公孙渊忘了一点，不管是他还是卑衍，抑或杨祚，都不是司马懿，而司马懿也不是诸葛亮。很多时候，同样的计策，所用之人不一样，结果也会千差万别。

魏军和辽东军刚一相遇，没打几个回合，辽东军卑衍就败给了魏军将领胡遵。魏军虽然长途行军，但一开始就来了个开门红，很兴奋，纷纷请求出战。

辽东军的“守”势，司马懿太熟悉了。在看到辽东军高筑壁垒，坚守不出后，知道强行攻打的话难以突破。再看辽东军主力都在这里，推测襄平城肯定空虚。于是，他决定声东击西，攻打他们的老巢。

打乱敌人节奏，变被动为主动

辽东军卑衍和杨祚在魏军安营扎寨的南边严防死守，中间隔着一条河。隔河扎营，是想在魏军过河时用箭射击，让他们上不了岸。可这难不倒司马懿，他只派了部分魏军假装涉河攻打壁垒，吸引辽东军主力的注意，另一部分魏军则趁晚上的时候，偷偷从北边绕过辽东军的防线，渡过了河。

忙着防守魏军的辽东军，天亮后一看，魏军过了河，马上转过身来，两军之间已没有了河的阻挡。不过，司马懿并没有下令进攻，而是下令挖壕沟，建筑工事，似乎要与辽东军长久对峙。他的这种做法，不要说辽东军看不明白，就是魏军也糊涂了。

既然要修建壕沟，为何还要过河呢？有魏军将领问司马懿，司马懿没有说，只让按自己的要求执行。司马懿不和魏军将领提前说自己的计划，是怕传到辽东军那里。

壕沟和工事建成了，就在大家以为司马懿要下令驻扎下去时，他却又下令全军沿东北疾行，进攻襄平城。

魏军是丈二和尚摸不着头脑，辽东军更是不知何意，站在那里不动。辽东军想，襄平城里有守军，魏军若去攻城，他们就跟在魏军身后。这样一来，魏军岂不就被他们包饺子了？

有魏军将领质疑司马懿，司马懿依然没说原因，只是让他们按指令行军。看着魏军前往的是襄平城方向，辽东军将领卑衍非常兴奋，他下令将士们紧紧跟着魏军，他为即将到来的两面夹击而高兴。

这司马懿名不符实啊！辽东军将领卑衍想。卑衍下令让辽东军行动起来，紧跟魏军身后，司马懿笑了，这就是他想要的结果，他要打乱辽东军的节奏，让他们跟着自己的节奏走。

让辽东军没有想到的是，司马懿突然下令掉头迎战。辽东军原本的守势，因为这一动，变成了攻势。

魏军和辽东军这才全都反应过来，司马懿之前的所有动作都是假动作，旨在引蛇出洞。等辽东军动起来，就能打他们的“七寸”了。之前挖壕沟、修堡垒，既是障眼法，也是为了“疲”辽东军。

见敌方乱了节奏，魏军的气势就来了。一时之间，杀声震天，近万名辽东军被灭。

此时，司马懿下令进攻襄平城，背后也已经没有强敌了。

襄平城里的公孙渊在得知卑衍和杨祚所率领的先头部队已经全军覆没后，顿时傻了眼，他既想逃又有些舍不得，于是决定依靠坚固的堡垒，继续坚守城门，“耗”到魏军粮尽撤兵。

思维的高度决定了一个人的能力强弱。处在思维高处的人，因为能将思维低处的人尽收眼底，所以做起事来游刃有余；处在思维低处的人却很难看到思维高处的人的全貌，做起事来自然是困难重重。

玩心计的司马懿能一眼看穿耍小聪明的公孙渊，就像站在高处的人看低处的人一样。他知道公孙渊是怎么想的，会怎么做，何况公孙渊所用的“坚守不出”策略，还是司马懿的强项，可公孙渊对司马懿的了解少之又少。

当公孙渊决定“坚守不出”时，就是选择了下策，司马懿知道，一切都在按自己的计划行事，赢取这场战争的把握就更大了。

公孙渊不知道，司马懿在出发来辽东前，已经做好了打持久战的准备，粮食准备得很充足，三四个月不在话下。因而，司马懿并没有急于攻城，而是到了城下后选择围城。

如果城外的攻城，城内的坚守，那么对于城内的来说，只要城门不破，便守城成功。但当城外的不攻只围，那么城内的也就不是守城，而是被围困了。也就是说，司马懿只是用了围城一个策略，便让他们双方的攻、守出现了反转。

这是司马懿的行事策略，打乱敌人的节奏，变被动为主动，然后牵着敌人的鼻子走。

当然，司马懿的这个策略，只适用于在智谋上不如自己的敌人；对于在谋略上胜于自己的，他是不会轻举妄动的，如面对诸葛亮时，他就不会选择这么做。

对于不了解的敌人，司马懿会耐心观察，直到看出对方的心思，明了对方的动机，知道对方想要达到的目的，在看出对方的漏洞后，给对方以致命一击。

不过，城外的魏军还是受到了雨季的考验。

城外的地势相比城内更低一些，接连几天的大雨，让城外变成了一片泥泞。部分魏军因此产生了焦虑情绪，有些人甚至开始发牢骚，说如果继续这样，城还没有攻破，人就没有了。有魏军将领向司马懿提议，换个地方扎营，司马懿没同意。

为了防止扰乱军心，司马懿杀了第一个发牢骚的人。此次出征辽东，司马懿给人的感觉既冷酷又严厉，与之前跟诸葛亮作战时完全不一样。

看到城外的魏军被雨水困住，公孙渊很是得意，觉得自己的策略对了。他想，司马懿啊司马懿，你要么赶快滚蛋，要么就等死吧！

可雨再大也有停的时候，当雨停了时，魏军就开始行动了，不过他们依然不攻城，而是砍柴做饭，过起了日子。

魏军一边过日子，一边围城，等城围好，所有的攻城设备都准备妥当了，甚至那攀墙的土堆也已经堆得像座山的时候，司马懿一声令下，开始攻城。瞬间，城内箭矢齐飞。

此时的辽军守将傻眼了，满眼都是魏军。城墙上站着射箭的魏军，城门口是撞门的魏军，城墙下还有挖地道的魏军……

城内的将士惊恐万分。公孙渊这才真正害怕起来，他写信给孙权向他求助，孙权却只回了他一封信，意思是，司马懿向来会用兵，我很为你担心啊！

这语气明显就是幸灾乐祸，公孙渊这才知道自己被孙权涮了。

曾经，自己狠狠地涮了一把孙权，如今自己落难时，孙权只在那里看笑话，很正常。公孙渊后悔了，既后悔之前对孙权所做的事，也后悔为什么要闹独立。

靠人人走，靠山山倒，还是靠自己吧。无奈之下，公孙渊只能自己率兵坚守。其实他还是没有看懂司马懿，他不知道，司马懿根本就没准备攻城，他所谓的攻城，只是为了让城内的人焦虑。此次，他只想将所有人围困在里面，直到缺水粮尽。

公孙渊怎么可能想到，原本想耗到魏军断粮，最后却变成了襄平城内缺水断粮；本想耗死司马懿，结果自己倒快被耗死了。

缺水粮尽的襄平城内，出现了人吃人的现象。当人变成困兽，久了就会发狂，继续再受困，就连说话的力气都没有了。公孙渊知道，一切都结束了，为了活命，他派使者带信给司马懿，称他愿意“面缚”出城谢罪。

司马懿可不是诸葛亮，他做起事来是很绝的，他不会给他的敌人任何翻身的机会。他斩了公孙渊的使者，在司马懿的眼里、心里，公孙渊就是敌人，也只能是敌人，而且是必须铲除的敌人。

公孙渊又派了一名使者，称他愿意用儿子作为人质，以换取自己的性命和辽东军的存续。这时候的公孙渊哪里有资格讲价？司马懿没有杀这个使者，而是让这个使者告诉公孙渊，他只有死和投降两条路可选，没有第三条路！

一句话，不投降，那你就受死吧！按司马懿的性格，公孙渊即便是投降，最后也是一死。因为司马懿会找出一百种理由，让你活不了。

公孙渊没有投降，司马懿下令攻城。公孙渊父子趁乱逃命，最后被魏军追上后杀了。

公孙渊就这样把自己给“作”没了。

人生就像一盒巧克力，永远不知道下一颗是什么味道

战争结束了！魏军大败辽东军！

原本这样也就可以了，司马懿已经立了大功，足以班师回朝接受封赏。但司马懿接下来所做的事，却让他在历史上除以“隐忍”著称外，又添上了“残忍”的一笔。

司马懿下令屠城，襄平城内的大大小小官员两三千人，一个不留地全部被斩杀了！不仅如此，城内所有十五岁以上的男丁，他全都没有放过！曾经安静平和

的襄平城内，一时之间，尸横遍野。

之后，司马懿又下令将尸体堆在一起，堆成了一座山后，让人盖上土，称其为“京观”。

司马懿做这些事的时候，脸上一点儿表情都没有，冷漠至极。他用这种方式，告诫辽东各郡，谁想成为第二个公孙渊，这就是他们的下场。

对敌人狠，对自己人也很狠。对司马懿来说，他只做对他有利的事。

正值寒冬季节，魏军冻得瑟瑟发抖。破城后，仓库里有魏明帝曹叡派人送来的棉衣，可司马懿却没有将棉衣发放下去，理由是那是公家物资，他没有权力将公家物资拿出来派发。此举致使无数士卒被活活冻死。

不给士兵发棉衣，司马懿的这个举动让人有些难以理解，这原本是他笼络军中将士的好机会，可他为什么要这么做呢？或许，以他谨慎的为人作风来看，他知道自己此次立了大功，必定会面临封赏，可他已经是太尉了，如果再封赏，且还让他拥有军权，魏明帝曹叡不猜疑是不可能的。而若他在军中还有好的口碑，那么别说皇上，就是皇室宗亲，甚至朝中大臣，都会觉得他具备谋反的条件。

为了不功高震主，唯有自污保身了。

自污是一种故意展示或夸大自己缺点，损坏自己形象，以获得某种利益或避免不幸的策略。历史上，朝中重臣或军中将领用自污的方式保全自己的案例有很多。

比如“汉初三杰”之一的萧何。刘邦称帝后，对萧何、张良、韩信不是很放心，经常用封赏和厚禄试探他们，萧何为了消除刘邦的猜疑，故意用低价强行购买百姓的土地和房屋，以“自污”。还有唐朝时的李渊，为了消除隋炀帝杨广的猜疑之心，他假装过花天酒地的生活来“自污”，最终让杨广放了心，他才有机会去太原，并在太原起兵。

这些功高盖主的大功臣，为了自保，不得不使用这种方式，毕竟“飞鸟尽，良弓藏”……

如果司马懿不给魏军分棉衣，导致魏军士兵冻死，也是“自污”，那这个人就太可怕了，冷静得可怕，也心狠得可怕。他要将一切有可能对自己不利的事都消除在萌芽状态中，不让他人有任何机会拿捏他。

当然，有杀的就要有放的，施恩拉拢，杀鸡骇猴。在对人的管理上，司马懿向来都是恩威并施。作为拿捏人性的高手，司马懿屠城后是不会忘了施恩的。

司马懿在将被公孙渊囚禁的原辽东太守公孙恭释放后，对他说，曹魏征伐的是叛臣公孙渊，与公孙家族没有关系，也不会征伐辽东百姓，让他们放心。不仅如此，他还为被公孙渊迫害的伦直、贾范等人修了坟墓，称他这次征伐只针对公孙渊，被公孙渊连累的均不追究，甚至还说那些从中原到辽东的将士，如果有愿意返回中原的，都可以回去。

杀是为了立威，放是为了安抚。司马懿的这个举动，让那些由公孙氏统治的地方，如带方、乐浪、玄菟等郡，都纷纷向魏国投降。

不投降是公孙渊的下场，投降了就是公孙恭的待遇，辽东各郡的统治者当然知道怎么选择。这样一来，辽东六郡被并到了曹魏的版图中。可以说，司马懿此次的征伐辽东，不仅大获全胜，而且让曹魏完成了对北方的统一。

此次司马懿征伐辽东，可谓一战封神。如果说他之前的胜仗多多少少还带着些侥幸的成分，那么此役的胜利可谓实打实的大胜，不管是谋略、战术，还是雷霆手段，都与以往有所不同。

近一年的征战辽东结束了，大获全胜的司马懿带着轻松且愉悦的心情，率军前往京城。

如此大的功劳，魏明帝曹叡当然要给他庆功、封赏，曹叡派使者前去迎接、慰问、表彰司马懿和将士们。在蓟县，司马懿与曹叡派来的使者相遇。魏明帝曹叡的诏书上，增司马懿食昆阳。

司马懿和魏军将领、士兵在蓟县大口吃肉，大碗喝酒，好不快活。然而，世上的事就是这样，巨大的喜庆之后，很可能面临的就是巨大的悲伤。

从蓟县离开，司马懿正行走在回京城的路上，却接到了诏书，让他直接去镇守关中。虽然司马懿觉得有些反常，却也不敢抗旨，于是转道前往长安方向。然而，他刚到白屋，又接到了一封诏书，让他即刻返回京城。

司马懿敏锐地觉察到，出大事了，京城洛阳出大事了，朝廷出大事了。

司马懿不敢耽误，他即刻转道，又往京城方向而去。在此期间，又有诏书过来，是魏明帝曹叡的手写诏书："间侧息望到，到便直排阁入，视吾面。"

三日之内，司马懿接连接到了五道诏书，最后一道还是皇上手写，司马懿的心咯噔一下，圣上有事！

“视吾面”三个字，一下子让司马懿想起了他攻打襄平城时所做的一个梦。梦中，魏明帝曹叡枕着他的膝盖，对他说：“视吾面。”梦中的他便俯下身看曹叡，却见曹叡完全不像平时的样子，心里一阵恶心。

司马懿越发着急起来，恨不得飞去京城。此时的他，虽然不知道发生了什么、会发生什么，但他知道，这一切一定对他很重要，一定关系到他的前程，关系到他的安危，甚至关系到司马家族的安危。

司马懿为了尽快赶回京城，他改乘了一辆名为追锋车的轻便车，急速向洛阳赶去。他一刻都不敢停留，昼夜兼行，最终飞奔四百多里地，到了京城。

司马懿不知道，他这一路上的频频变道，就是在上演他变幻莫测的人生。

命运，在几个人的博弈中发生变化

司马懿在路途中接连不断地接到诏书时，京城皇宫里已经乱成一团。

魏明帝曹叡突染恶疾，已到了临终之时。司马懿之所以会接连不断的诏书，是由几个人的博弈引起的。

这位在刚继位时被誉为有着汉武帝、秦始皇风采的年轻天子，不仅好女色，还喜欢修建豪华宫殿，非常注重享受。或许是他早早地享受完了他该享受的荣华富贵，才会早早离世。总之，他的离世，让朝臣始料未及，司马懿没有料到，曹叡自己更没有料到。

魏明帝曹叡太年轻了，只有 36 岁。

曹操、曹丕、曹叡，祖孙三代，一个比一个命短，曹操 66 岁去世，曹丕 40 岁去世，曹叡 36 岁去世。这么年轻的帝王，谁能想到他说死就死了呢？魏明帝曹叡的这个病来得太突然了，突然到让所有人都措手不及。

对于魏明帝曹叡的早逝，很多人认为这与他喜好女色有关。曹氏祖孙三代都喜好女色，曹操有名有姓的妻妾就有十六人，还不算那些露水夫妻；曹丕有十八位妃嫔，连父亲曹操的侍妾都不放过；曹叡比父亲和祖父的女人还多，有一百多位妃嫔。不过，虽然祖孙三人一个比一个女人多，但子嗣却是一个比一个少。曹操有二十五个儿子，曹丕有十个儿子，曹叡不仅只有三个儿子，还都早早夭折了，只好收养了两个儿子。

三个亲生儿子的早夭，给了曹叡很大打击。在那个年代，不孝有三，无后为大。据说曹叡从一个开拓进取的明君，变成贪图享受的庸君，就是在他三个亲生儿子早早夭折后才开始的。

连亲生儿子都没有，用心治理的国家交给谁？曹叡为此变了性情，沉迷于酒色。

魏明帝曹叡临终前，两个养子一个 9 岁，一个 8 岁。9 岁的是曹询，8 岁的是曹芳。最终之所以会选择立 8 岁的曹芳为太子，是因为 9 岁的曹询身体也不是很好。

幼帝即位，自然需要辅政大臣。弥留之际的魏明帝曹叡，指定燕王曹宇、领军将军夏侯献、武卫将军曹爽、屯骑校尉曹肇、骁骑将军秦朗为辅政大臣，曹宇为大将军，位列辅政大臣之首。

曹宇是曹叡的皇叔，曹爽是曹真的儿子，曹肇是曹休的儿子，夏侯献是夏侯渊的孙子。曹操原本姓夏侯，也就是说，夏侯家和曹家是一家，而秦朗又是曹操的养子。这么一看，就很清楚了，魏明帝曹叡最初指定的辅政大臣都是曹家人，没有外人。这就是司马懿准备回京城时，突然接到诏书让他回关中的原因。

此时，司马懿不仅被排除在了辅政大臣之外，曹叡还对他有着明显的防备。不让他回京城，既是为了预防他篡权，还为了告诉他，权力中心已经没有他的位置了。即便他刚刚立了大功，该给他的荣誉也给他了，可这是曹氏的江山，是曹氏的魏国，与他司马懿无关。

原本事情就这样了，但夏侯献和曹肇显然有些得意忘形了，他们觉得靴子已经落地，天下也已经归他们了。于是，他们就对得罪过他们的刘放和孙资说，看你们还能活多久。

刘放和孙资算是曹魏的元老了，在东汉时就被举孝廉出任。曹操时期，他们任曹操的秘书郎。刘放文笔很好，文辞华丽，文采斐然，孙资则擅长写书简和檄文。曹丕时期，刘放任中书监，孙资任中书令，魏文帝曹丕还让他们掌管机密，可见对他们的信任。曹丕不仅信任他们，还欣赏他们，给了他们做谋士的权利。魏明帝曹叡时期，刘放和孙资又被加了散常侍，曹叡也时常向他们问计。

诸葛亮北伐时，魏明帝曹叡就曾想要把蜀国灭了，当时刘放和孙资都认为不妥，建议曹叡对蜀国以慢慢消耗为主；在对待首鼠两端的公孙渊上，刘放和孙资也很统一，认为要全歼，以防后患。因为他们出计有功，司马懿在远征辽东获胜后，他们俩被分别封为方城侯和中都侯。

刘放和孙资个性相似，两个人在仕途上基本是并排同行，可以说不管是在生活上还是在工作上，都很默契。然而，在工作中，他们有意无意地得罪了很多人，在所得罪的人中，就有夏侯献和曹肇。

生活中，有很多人因为性格或说话方式，会得罪人而不自知。刘放和孙资便是如此，所以当夏侯献和曹肇说出那番话后，他们瞬间愣住了，随即吓出了一身冷汗。他们无法想象，如果由这些人辅政，将来会如何对待他们。

这不仅是如何对待他们的事，还是如何对待他们家族的事。刘放和孙资为了活命，为了家族的延续，决定搏上一把，趁着皇上还有一口气，冒死也要让他改变想法！

刘放和孙资在进行了一番商量后，把改变他们命运的时机选择在了十二月二十七日这天。

魏景初二年十二月二十七日，对曹魏政权司马懿来说，都是非常重要的一天。这天，魏明帝曹叡病情加重，他再次说起了辅政的事，当时曹宇在身边，就假装推让了一下，说自己能力有限，不敢辅政。

可曹宇怎么都没有想到，在一旁的刘放和孙资正在等着他这句话。不等曹叡说话，两个人便说，燕王也知道自己能力不足。曹宇顿时怔在了那里，刘放和孙资没有给他说话的机会，他们随即又说起了“藩王不得辅政”的先帝遗诏。

魏明帝曹叡一听，愣了一下，刘放和孙资继续说，曹叡刚刚得病，曹肇和秦朗就调戏后宫妃嫔。燕王曹宇为了不让大臣觐见曹叡，还在城南屯兵，他们的这种做法，哪里是忠臣良将应该做的事，分明就是奸臣贼子的行径。

如果不是魏明帝曹叡已经到了临终之时，刘放和孙资即便再被曹叡信任，他们也是不敢这么说话的。他们不得不这样说，因为时间很紧迫，他们必须简单而直接地把要害说出来，不给曹宇等人任何反击的机会。不然，曹叡一死，那几个辅政大臣肯定第一时间要他们的命。

可以说，刘放和孙资是在和时间赛跑。在生命遭到威胁时，他们就是那被猛虎追赶的兔子，为了活着，他们拼了。

刘放和孙资的话起作用了，曹叡非常生气，放弃了之前指定的那几位辅政，不过，不让他们辅政，又有谁能辅政呢？曹叡问了一句，刘放和孙资一齐说，曹爽能行！

刘放和孙资之所以说曹爽，首先是曹爽是曹叡之前指定的人中的一个——他们不能把曹叡之前所说的辅政大臣全部推翻，总要留一个吧；其次，相比其他几位指定的辅政者，曹爽与他们没有过节。

魏明帝曹叡认可了让曹爽辅政，随即又说，一个人辅政不行，你们觉得还有谁可以？刘放和孙资又异口同声地说出了司马懿的名字。

这也就是司马懿会在前往长安的路上又收到让他速回京城的诏书的原因。

不管怎么选择，本质上都是错的

刘放和孙资仅用几句话，就让曹宇和曹肇等人的“辅政大臣”之位没有了，曹宇和曹肇等人怎么可能甘心？煮熟的鸭子，无论如何他们也不舍得它飞走。曹宇和曹肇哀号连连，他们扑倒在曹叡病榻前，怎么都不起来。

曹宇和曹肇这一哀号，或许又让曹叡想起了他祖父曹操的那句“此人不死，日后必反，择机诛之”，以及叔父曹植写的那封奏疏，于是瞬间又决定收回成命。

于是，司马懿又收到了不回京城的诏书。

曹植的那封奏疏《上疏陈审举之义》，写于魏太和五年，这篇奏疏很长，奏疏中，他不仅让曹叡多用曹氏、夏侯氏等宗亲大臣，还让曹叡不要让异姓臣子掌握大权。为了说明异姓臣子掌握大权的危害，他以春秋时期的田氏代齐和三家分晋为例。奏疏中，有这么一段话：“豪右执政，不在亲戚；权之所在，虽疏必重，势之所去，虽亲必轻，盖取齐者田族，非吕宗也。分晋者赵、魏，非姬姓也，唯陛下察之。敬吉专其位，凶离其患者，异姓之臣也。欲国之安，祈家之贵，存共其荣，殁同其祸者，公族之臣也。今反公族疏而异姓亲，臣窃惑焉。”

曹植在这份奏疏里，都快要直接说出司马懿的名字了，因为那时候，司马懿已经是军界一号人物了。从这份奏疏中也能看出，曹植很清楚地看到了曹魏政权，特别是军政大权，在向异姓臣子倾斜。

曹真、曹休先后去世，司马懿能够成为军界一号人物，也是魏明帝曹叡的无奈之举，因为曹魏无人可用。曹植也是知道这一点的，因此他希望侄子能够让他复出，重新参与军政事务。

曹叡知道皇叔曹植说的是对的，他也并非没有考虑过这个问题，但当时他却没有答应让曹植复出。因为在他看来，这位皇叔如果执掌了军政大权，威胁到自己地位的可能性会比司马懿还大，至少那时候是这样，毕竟曹植曾是他父亲曹丕的有力竞争者。

魏明帝曹叡的拒绝，导致曹植因为绝望，在第二年就郁郁而终了。

从曹植的这封长奏疏中可以看出，虽然曹植不被重用，也一直在封地被监视着，但他却没有一刻不在关注着朝廷的情况，他在为曹魏的江山社稷担心。他似乎看到了，如果一直这样发展下去，异性大臣，尤其是司马懿，很可能篡权。

从这点上来说，曹操当年很可能选错了继位者，曹植还是非常有政治眼光的。当然，这也可以看出，司马懿当初选择站曹丕是多么正确，如果他站曹植，很可能他的命运就像在曹操身边一样，难有出头之日。

魏明帝曹叡也不是看不出司马懿掌握军权对曹氏江山有多大危害，只是因为无人可用，暂时用司马懿；一旦有人能够取代司马懿，他会杀了司马懿的。但人算不如天算，他没有想到自己会死这么早。所以当他知道自己将不久于人世后，最开始指定的辅政者也都是曹氏和夏侯氏等宗亲，也就是说，他是认可曹植的观点的，并在竭力弥补。

然而，曹氏宗亲太不争气了，无人可依靠，他又不得不将目光看向司马懿。可曹宇、曹肇的号哭，又让他想起祖父曹操的遗嘱、父亲曹丕的提醒、皇叔曹植的奏疏，因此又改变了想法，不让司马懿回京城。

司马懿到底去哪儿，也就这么随着京城皇宫内局势的转变而发生着转变。

可以说，司马懿那不断变动的道路，就是他不断变化的人生方向。不过，世间万物每时每刻都在发生着变化，司马懿的命运也是如此。

在魏明帝曹叡收回成命后，刘放和孙资开始号啕大哭，这二人不仅哭，嘴里还不停地念叨着，说着曹魏的江山社稷，说着幼主如果让曹宇、曹肇等人辅政，不仅曹魏的江山社稷没有了，就是幼帝的性命也会没有的。

刘放和孙资那时候已经什么都顾不上了，他们必须这么做，因为这是他们最后的机会；如果曹叡不更改成命，他们的生命就有危险了，不仅他们的生命有危险，就是他们整个家族也都危险了。因而，他们是抱着曹叡不收回成命誓不罢休的打算的，他们不停地号哭着，不停地诉说着。

病危中的曹叡被他们扰得心烦意乱，就答应了。可能对当时的曹叡来说，只要让他清静一会儿，什么江山社稷他都不管了，也管不了了。

于是，魏明帝曹叡再下诏书，任命司马懿为辅政大臣。刘放和孙资担心等一会儿曹宇和曹肇等人又像他们一样，哭着求着，导致曹叡改变主意，他们索性逼曹叡写了封亲笔信。

曹叡没有力气，提不起笔，他们就一个去拿笔墨纸张，另一个抓着曹叡的手，“胁迫”着他写下了那句：“间侧息望到，到便直排阁入，视吾面。”

刘放和孙资这才完全放下心来。曹宇、曹肇等人知道无力挽回，顿时瘫坐不起。刘放和孙资是不会再给他们任何机会的，他们拟诏，免除了曹宇、曹肇的官职，还命卫士不准放他们入宫，违令者斩。

司马懿的命运就这样被刘放、孙资二人改变了。当然，这二位改变的还有曹魏的历史，甚至中国的历史。

终于，经过没日没夜赶路，司马懿一脸忧伤，急匆匆地赶往了洛阳宫的嘉福殿，觐见了奄奄一息的魏明帝曹叡。

曹叡指着小太子曹芳，不断地让司马懿看仔细了，然后还让8岁的曹芳去搂抱司马懿。最后又对司马懿说：“死乃复可忍，朕忍待君，君其与爽辅此。”

什么意思呢，就是我一直没有死，就是在等你，你要与曹爽一起好好地辅佐他。

曹爽是去世的大司马曹真的长子，历任散骑侍郎、城门校尉、散骑常侍、武卫将军等官职。然而，三国时期，有军职算不了什么，只有领兵作战建立功绩，才能在军中建立威信。曹爽缺的就是这一点，他没有领兵作战的经历。

司马懿恸哭不止，他不停地磕头，每磕一下，额头就会渗出血来，这一幕非常令人动容。擅长演戏的司马懿和疑心重的曹叡，或许在那一刻，他们都是真诚的，一个没有伪装，另一个没有怀疑。

司马懿那时候想起了魏文帝曹丕去世时，也曾像此时此刻一样，托孤给自己。因而他就又说，他没有辜负先帝，也不会辜负陛下。

魏景初三年正月初一，魏明帝曹叡带着不甘，永远地闭上了眼睛。

老狐狸不动，小家雀叫喳喳

8 岁的曹芳继位，是为魏少帝。

两位辅政大臣，曹爽拜大将军，假节钺，都督中外诸军事，录尚书事；司马懿升侍中，持节，都督中外诸军，录尚书事。他们各领三千禁军，共同执政，乘车入朝，入朝不趋，赞拜不名。

“共同执政，乘车入朝”好理解，“入朝不趋，赞拜不名”又是什么意思呢？

“入朝不趋，赞拜不名”，是皇帝赐予大臣的特殊待遇，是针对臣子觐见帝王的礼仪而言的。古代臣子们上朝时，要弯腰疾步而行。朝拜皇上时，赞礼官会连名带官职一起称呼，可对于一些有功之臣，抑或德高望重的臣子，皇上会允许他们走路不用疾行，赞礼官也不用称呼他们的名字，只称呼官职就行了。

皇上是个幼童，而自己是辅政大臣，这对于此时的司马懿来说，他是满意的。曹丕去世时，虽然也是托孤，他也是辅政大臣。但曹叡不仅已经成年，而且不管是在政治上还是在军事上，都很有自己的想法，他们几个辅政者，有名无实。而此时在位的皇上，就是一个什么都不懂的小儿，辅政的他们，需要替他治理国家。

当然，司马懿这下也不用担心小皇帝会疑心自己了。在小皇帝面前，他不管是说话还是做事，都不用太过谨慎。

不过，虽然不用担心小皇帝，但同为辅政大臣的曹爽，又将成为他的一个潜在敌人。

曹爽对于一个外姓人与他一同执政，有些不爽。这除了他的私心和野心外，还因为曹魏朝政一直存在着远支宗室与儒家世族的对立。

这种对立，从曹植给魏明帝曹叡的那封长奏疏《上疏陈审举之义》中就能看出，曹植当时就敏锐地意识到，儒家世族的势力太强。因此他希望通过他的复出，能让这两种势力保持平衡。虽然曹叡没有实现曹植的愿望，但不管是他还是他的祖父曹操、父亲曹丕，都是有居中调停能力的。

他们一旦发现哪方势力过强，就会通过对另一方势力的重用或者打压强势一方来调整局势，尽可能地让双方至少维持表面的和平。可如今，在位的是幼帝，两方势力必定会争个你强我弱，甚至你死我活。因此，此时的曹魏朝廷内部，可谓暗潮涌动。

曹爽对司马懿的不爽，在他刚刚当上辅政大臣时并没有表现出来。毕竟司马懿曾立了无数军功，他“耗”死了诸葛亮，平定了公孙渊，势头正盛呢。而他曹爽呢？除了有宗室身份，以及是已死的大司马曹真的儿子外，还有什么？

朝廷里，比曹爽能力强的有很多，但只有他做了辅政大臣。就能力而言，他可能远不及司马懿，却做了辅政大臣的首位。因此最开始，曹爽有些像老鼠掉进米缸里，一阵窃喜，对司马懿毕恭毕敬，十分尊重。毕竟从年龄上来说，司马懿是他的长辈，有什么事，他也会征求司马懿的意见。

可人这个物种很奇怪，不管有没有能力，当他身处高位，被很多人奉承、仰视、巴结时，就都会像被人洗脑了一样，自信地觉得，自己能够坐上这个位置，完全就是凭借自己的能力。特别是当一群文采斐然的文人对他一通吹捧后，他瞬间就找不着北了。

曹爽就是被一群文人吹捧得盲目自信起来的。这群文人之所以要吹捧曹爽，是因为他们曾受到过魏明帝曹叡的打压。曹叡活着时，他们不仅不被重用，还要夹着尾巴做人，曹叡死后，他们瞬间就觉得有机会复出了。他们想被起用，想要重新风光，可如何才能被起用呢？肯定是要找个能够让他们风光的靠山。

被魏明帝曹叡打压过的这群文人，是以何晏、夏侯玄、诸葛诞、邓飏、刘熙、孙密、卫烈，以及司马懿的儿子司马师为代表的“浮华党”，因此他们这个团体，又被称为“浮华党徒”。

当然，司马师最后因为父亲司马懿的从中斡旋，不仅没有被打压，还被正常起用，他也就与“浮华党”做了切割。

“浮华党”由刚入仕途的贵族子弟组成。曹叡执政时期，他们云集京城，效仿东汉末年青年士人的清流做派，经常聚在一起交流，互相品评……当时，夏侯玄、诸葛诞、邓飏、田畴又被称为“四聪”，刘熙、孙密、卫烈被称为“三豫”。

何晏是曹操的养子、女婿，东汉大将军何进的孙子；夏侯玄是夏侯尚的儿子；诸葛诞是诸葛亮的族弟；邓飏是东汉名将邓禹的后人；刘熙是中书令刘放的儿子；孙密是中书监孙资的儿子；卫烈是司空卫臻的儿子……

魏太和六年，在他们这个团体越来越火，加入的人也越来越多时，司徒董昭上书魏明帝曹叡，说“浮华党徒”这群少年英才，不把孝悌、清廉当修养，只知道追名逐利，唯利是图，整日聚众抱团，互相吹捧，谁依附他们，他们就赞赏，不依附他们的，他们就去诋毁、诽谤。

董昭上书的时机非常好，当时，魏明帝曹叡正因为这些人的存在而头痛。

体制外成立的政治团体加入的人越来越多，一旦成了气候，就会有另起炉灶的风险。所以必须将它们扼杀在摇篮之中。在曹叡正寻找合适借口，取缔“浮华党”时，董昭上书了。曹叡一看，顿时大喜，当即下诏严办“浮华党”。这也就是历史上有名的“浮华案”。

何晏、夏侯玄、邓飏等人的职务被罢免。在曹叡时期，这些“浮华党派”基本上处于被禁锢的状态。他们几乎看不到希望，没有出头之日，相当于现在的“有案底”了，不能重用。曹叡一死，这群人就又活络了起来。

怎样才能复出呢？他们商量后决定，找个有决策权的人做他们的靠山。小皇帝肯定不行，太小，也不管事。两位辅政大臣中，司马懿也不行，没什么文人情怀。而且这人对人性的把握那么透，你站在那里，还没有说话，他已经知道你在想什么，要做什么了。吹捧对他不起作用，他也不吃这一套，再加上司马懿年龄大了，和他们也没有什么共同语言。这样一来，也就只有曹爽了。

站在他们的角度，曹爽确实是个合适的人选。曹爽身处高位，也正想拥有一群拥护者，且这些拥护者还能做他的谋士。而这些人，全都符合条件。

受排挤，“忍”是为了看清你的底牌

一朝天子一朝臣，曹爽虽然不是天子，却有着天子的决策权。当拥有了决策权后，曹爽就开始想着制定规章制度了，也就是说，他要做政治改革。改革什么呢？改掉九品中正制。

九品中正制是陈群提议并制定的。九品中正制对士族有利。对士族有利，也就对皇室宗亲不利。曹魏自实施九品中正制以来，皇室宗亲便处在了孤立无援中，儒家世族不仅在朝廷中根深蒂固，在各郡也盘根错节。这对曹氏政权非常不利。这再次与曹植的想法不谋而合，或者可以说，曹氏宗亲已经意识到，异性臣子在朝廷中的势力过大，如司马懿便是其中的代表。

除了曹爽，朝廷重臣大多是儒家世族。正是因为九品中正制的推行，使得皇室宗亲的势力在朝廷衰落。而如果要改革，首先就要拥有一群支持者。九品中正制在曹丕时期就创建了，曹叡时期正处在实施中。因为“浮华党”又正好是曹叡在位时打击的对象，所以曹爽与“浮华党”一拍即合。

更重要的是，“浮华党”是名士出身，他们有才华，有情商，也有谋略。

在朝中威望不大的曹爽，开始重用“浮华党”。“浮华党”的一些人，也就成了曹爽的谋士和亲信，其中最有名的是何晏、邓飏和丁谧。

被先帝禁锢的“浮华党”，在来到了辅政大臣曹爽身边后，被他重用了，桓范觉得这是个机会。

桓范和“浮华党”不一样，他不仅比他们年长，而且入仕早，在曹操自封丞相时，他就进了丞相府，可以说与司马懿入曹府的时间相同。桓范有才华，任羽林左监期间，还曾与人一起编撰过《皇览》。

曹叡时期，桓范曾任中领军、尚书，之后又任征虏将军，东中郎将，使持节都督青。在此期间，他因为与徐州刺史邹岐有私人恩怨，就想着用使持节身份斩杀邹岐，没想到被邹岐告发，被免了官。之后，桓范又出任兖州刺史、冀州牧等，但都不如意。在发现比自己入仕晚的镇北将军吕昭的官职都已经比自己高后，内心感到不平衡，开始称病不上任……

从桓范的经历能够看出，他仕途不顺，官场不得志。也就是在这种情况下，他从何晏等人被重用上看到了机会，就投靠了曹爽。

身边有了这么一群人，且还常常被他们吹捧，曹爽就觉得自己很厉害了。而一旦觉得自己厉害，再看司马懿，就觉得他之前虽然打了那么多的胜仗，但更多是因运气好，或者敌人太弱。曹爽想着，如果当初是自己上战场，同样也是能打胜仗、能立大功的。

曹爽想着想着，又想起了自己的出身和司马懿的出身，顿时觉得自己才是正统，再一想曹叡临死前曾有两份辅政大臣名单，而这两份名单里，全都有自己；

司马懿呢，能做辅政大臣，更多是因为实在无人可选，这才递补上去的。也就是说，司马懿就是一个替补队员，因为运气好，就拥有了上场的机会。综合分析后，曹爽一下子觉得，司马懿根本就不配做辅政大臣。

既然司马懿不配做辅政大臣，曹爽就想把他挤走。如果没有“浮华党”和谋士，曹爽还不敢和司马懿斗，毕竟司马懿的威望在那里摆着。可自有了“浮华党”的吹捧和拥护，又有了谋士团的出计，曹爽觉得自己有能力和司马懿斗了。

曹爽决定先架空司马懿这个辅政大臣。为此，他上疏小皇帝曹芳，称司马太尉劳苦功高，这么大年纪还整日操劳，太辛苦，也太累了，他实在于心不忍。他不愿意天下人说他无德还占高位，因此就请求皇上封司马懿为太傅、大司马。

太傅位虽然高于大将军，但就是一个虚职，没有什么权力。

小皇帝曹芳既不知道什么是虚职，自己也没有执掌政权的能力，见曹爽说的时候真诚又谦卑，也就同意了。不过，小皇帝想到之前的曹休和曹真，都是在被封了大司马后去世的，认为大司马这一职位很不吉利，就只封司马懿为太傅。

就这样，司马懿明升暗降，曹爽只是用了几句话，就把司马懿架空了。

别人在被架空的时候，肯定是要反击的，司马懿却没有，他甚至连脸色都没有变，依然是该做什么就做什么。看到司马懿这样，曹爽也就放心了。其实，曹爽架空司马懿，最初只是想试探一下，看看司马懿的反应，见司马懿没有做任何反抗，甚至连不满都没有表现，就认为司马懿认怂了。

曹爽不了解司马懿，不知道司马懿从不会在没有把握时出手，他在受人欺负时，从来都是先“忍”着，等你把该用的招数全都用完了，他在看清你的所有底牌后，这才出手。

曹爽开始在重要职位上安置他的人。于是，何晏就做了吏部尚书，卢毓做了尚书仆射，邓飏、丁谧进了尚书台。甚至连地方上曹爽也都安置了自己人，让毕轨担任司隶校尉、李胜任河南尹。

虽然这些重要位置上都是自己人，但还有个地方他的人没能进去，那就是军界。枪杆子里出政权，军界里都是司马懿的人，他必须让自己的人把司马懿的人换下来。

曹爽的谋士们给他出主意，让他出任中领军，统帅中央禁军，让他的族弟夏侯玄出任中护军。这样就有了禁卫军的人事任免权，不仅如此，他们还让他曹爽的弟弟曹训负责四大营中最精锐的武卫营。这样不仅在军界，就连宫中侍卫也都有曹爽的人了。

曹爽当即就采纳了谋士们的建议，并一一实施了。这样一来，宫内宫外，文官武将，也都是曹爽的人了。曹爽觉得，这曹魏天下，又回到曹氏宗亲手里了。

第八章　低谷时隐忍，给好运点时间

将军赶路，不追小兔

曹爽在做这一系列将司马懿架空的部署时，司马懿像那眯着眼，蹲在墙根底下晒太阳的老人，他连眼皮都没有抬一下，没有人知道他在想什么。

他看似什么都没想，实则什么都考虑了。他在观察，用心观察。他要让对手把所有能够展现的全部都展现出来，因为只有全都展现出来了，他才能知道对方有几斤几两。只有对方全部展现出来了，他才能从中看出对方的漏洞，然后在合适的时机，给对方以致命一击。

不出手则已，一出手就是结局，且是对方永远不能翻身的结局。这就是司马懿，他从不轻易出招，对他而言，完全没有必要争一时之气。将军赶路，不追小兔；将军有剑，不斩苍蝇。他是将军，要把力气留在最关键的时刻，他要把利剑留在砍人头上。

司马懿的不动声色，在曹爽和他的团队看来是软弱可欺。曹爽和他的谋臣们有些急不可耐了。原来，这司马懿只不过就是一只披着狼皮的羊啊，没什么可怕的。

原本就张扬的曹爽和亲信、谋士们，也就更加趾高气扬了。

官场上，太高调的人哪里会有什么好下场呢？枪还打出头鸟呢，杨修那么聪明的一个人，对曹操了解到就像曹操肚子里的蛔虫，最后不也死在了曹操的手里吗？他是怎么死的？不就是太聪明，太高调了吗？高调的人从来都不会总结这些经验教训，他们会认为杨修的死是跟错了人，他们则不同，他们跟的是对的人，是曹魏真正的掌权者。

跟着魏国真正的掌权者曹爽，还有谁敢把他们怎么样？他们越来越放肆，随着他们的高调和颐指气使，引起了越来越多人的不满，这些人远远比曹爽圈子里的人还多。

敌人的朋友是敌人，敌人的敌人是朋友。因为对曹爽的亲信及谋士不满，也就对曹爽不满，因为对曹爽不满，所以也就对曹爽的对手司马懿有了好感。

曹爽身边那些人还是太年轻，他们不知道“沉默的大多数”的力量。沉默不代表认可，更不代表害怕，他们只是在观察、在等待，等待那群趾高气扬者的倒霉，到了那时候，他们就会狠狠给上一脚。

那些以前对司马懿无感，甚至看他不顺眼的人，在看到曹爽的亲信和谋士们的过分行径后，竟觉得司马懿顺眼了很多。这些人知道，想要曹爽及其团队倒霉，就要支持司马懿，因为只有司马懿有能力和资格与曹爽和他的团队斗争。

越来越多的曹爽圈子外的人向司马懿聚拢，这些人里，一马当先的就是蒋济。

蒋济曾是曹操的心腹，曹丕上位后，他出任中郎将；曹叡上位后，他担任中护军，封关内侯；小皇帝曹芳上位后，他任领军将军，封昌陵亭侯，同时还任太尉。魏青龙六年，他因弹劾被曹爽重用的毕轨，而与毕轨结了仇。

毕轨年轻时曾因才华横溢而为人所知，曹叡上位后，先任他为黄门郎，又任他为并州刺史。在任并州刺史期间，毕轨擅自派兵攻打投降曹魏的鲜卑首领步度根，以及反对曹魏的鲜卑首领轲比能，不仅大败，还损失了两员大将，更严重的是导致步度根完全倒向轲比能。蒋济以此弹劾毕轨。之后，毕轨又因“浮华案”而被免职。

曹爽执掌大权后，重用毕轨，蒋济自然就站在了曹爽的对立面。同时，他之所以向司马懿靠拢，还因为他任中护军，负责禁卫军武官期间，曾经因为卖官被司马懿发现。但司马懿当时只是提醒了一下他，并没有过多地追究，这件事也让他对司马懿有了感恩之心。

当然，司马懿之所以会放过蒋济，是因为蒋济虽然买官卖官，为官也不够清廉，但此人不仅善武，而且谋略超群，这样的人正是司马懿需要的。

蒋济进入司马懿的阵营后，仅他一个人，就能抵得上曹爽身边的好几个谋士，更不要说司马懿本身就是个善谋略的老狐狸。因此，司马懿这一方的实力，足以与曹爽的团队对抗。但司马懿却并没有与曹爽正面对抗，他还在观察、在盘算，在等待最好时机。

机会来了，这个机会是孙权带来的。司马懿人生中的很多机会，都是敌人带来的。

一向喜欢趁火打劫，专挑别人丧事征战的孙权，当然也绝对不会错过魏明帝曹叡之死的机会。魏正始二年，东吴大举进攻曹魏，来势汹汹。此次，孙权兵分三路，第一路由全琮率兵攻打芍陂；第二路由朱然、孙伦率兵攻打樊城；第三路由诸葛瑾、步骘率兵攻打柤中。

从东吴兵分三路来看，孙权是做好了准备才进攻曹魏的。在孙权看来，此时就是进攻曹魏的最佳时期。之前，虽然他在曹操和曹丕去世后都曾出过兵，但当时上位的新帝都不弱，而这次曹叡去世，上位的新帝是个什么都不懂的小屁孩。小屁孩不仅不懂执政，还做不了主，充其量就是个吉祥物，虽然有两位辅政大臣，但领兵打过仗的司马懿又被架空了。因此孙权觉得机不可失，时不再来。

由于准备充分，芍陂很快就被东吴攻破了，即使征东将军、持节都督扬州军事的王淩带兵阻击，也力不从心。樊城也危在旦夕，荆州刺史胡质虽然率兵增援，但也无济于事。

此时的太傅司马懿，虽然没有了军权，但他军中之人无处不在，更为重要的是，荆、豫两地本来就是他的势力范围。因此，他对这两地的战况一清二楚。

司马懿提出带兵阻击，曹爽不同意。曹爽好不容易才把司马懿的军权拿下，怎么可能再让他领兵？于是曹爽就借口说，这些都只是一些小战争，根本就用不着太傅亲自上场，还说太傅年龄大了，他不能置太傅的生命于不顾；不顾太傅的生命，也就是不顾曹魏的安危。

总之一句话，你司马懿年龄大了，还是好好在家休息吧，其他的事，就不用你操心，不劳你大驾了。司马懿怎么可能不知道曹爽的心思？他据理力争，说东吴围困樊城看似没有什么，但却导致了柤中十万多百姓不得不逃亡。百姓们如今无处可去，很容易走极端，如果引发民变，可不是什么小事，是危及曹魏江山的大事。

通俗来说就是，既然你曹爽假借为我身体考虑，阻我率兵抵御东吴入侵，还说是在为大魏好，那我就以此次东吴入侵会危及曹魏江山来将你一军，看你能否担当得起这个责任。

曹爽听出了司马懿的意思，心想，这个老家伙，还给我扣这么大的帽子。你以为我不知道你在想什么吗？你想重新领兵？做梦！

曹爽不管司马懿怎么说，反正就是不同意他率兵，还说樊城很坚固，吴军根本攻不破，过不了多久，吴军就会主动退兵的。司马懿愤怒了。

看似没有脾气的人，不发脾气则已，一发起脾气来是非常可怕的。凡事能忍则忍的司马懿，再也忍不住了。抛开他与曹爽的明争暗斗不管，几个城都快要被东吴占领了，曹爽竟然还在打他的小算盘，不顾守城将士和百姓的死活。

司马懿怒声道，边疆有难，百姓不安，朝廷怎么能够坐视不管，你这么做，置民心何在？军心能安吗？你的这种做法，如何能让大魏做到千秋万代？

曹爽愣住了。站在道德的制高点上直接指责曹爽，这样的司马懿，朝臣和曹爽都还是第一次见。

其实，曹爽并不是不想出兵，他只是不想司马懿出兵罢了，可他自己又没有带兵经验，身边也没有可用的军事人才。司马懿的这番慷慨陈词，曹爽无法接话，更不能拒绝，如果他拒绝了，那几个城丢失，那么他就真的成了毁掉曹魏江山的罪魁祸首。这个责任，他不敢担，也担当不起。于是，曹爽只好心不甘情不愿地同意了司马懿率军出征一事。

司马懿的到来，令樊城守城将士激动不已，军心大振。东吴的朱然和孙伦，虽然竭尽全力想要攻破城门，夺下樊城，但当司马懿率兵赶到，做出要与他们大干一场的架势时，他们有些害怕。这可是“熬”死诸葛亮，大败公孙渊的人！别城没攻破，命丢在这里了。于是东吴连夜撤军。

司马懿怎么可能给吴军机会？世上再无诸葛亮，也就再无他可忌惮的敌人。朱然和孙伦不是诸葛亮，他们的撤军完全就是攻城失利之后的狼狈后撤，队形散乱，士卒疲惫。司马懿下令追赶。魏军追上吴军后，一阵厮杀。吴军伤亡达到了万人以上，剩下的吴军残部落荒而逃。

司马懿的这一战，只是在追击时出手就已经大获全胜，将士们那个兴奋啊，恨不得把司马懿举起来转圈庆贺。曹爽非常不爽，但他又不能表现出来，只得假惺惺地对司马懿和魏军将士表示祝贺，并表彰嘉奖。司马懿的封地，也因为这一仗，又多了两个郡，达到了四个郡；司马懿的儿子、兄弟十一人，也全部都被封侯。

本想削弱司马懿的势力，结果因为东吴入侵，反而让司马懿的势力更强了。曹爽怎么可能不郁闷？这一役，也更加巩固了司马懿在军界的地位，他在军中的形象更高大了。

曹爽既嫉妒，又恨得牙痒痒，他知道，想要剥夺司马懿的军权，太难了，除非司马懿滚出朝廷，或者一命呜呼。

摊牌了，也就不装了

司马懿在率兵击退东吴后，又恢复到他出征前的样子。可对曹爽和他的团队来说，司马懿已经不是之前的司马懿了。曹爽心里很着急，司马懿在军界中的影响力，在他心里就像一根刺，一想起来就扎得慌，必须想办法把这根刺拔了，可要怎么拔呢？

军中无人是个问题，这个问题一天不解决，曹爽就一天不得安宁。曹爽总算理解魏明帝曹叡为何要重用司马懿了，不重用不行啊，外敌入侵，无人能派啊。

魏正始四年春，东吴在樊城失利后，孙权不甘心，便让诸葛瑾的长子诸葛恪在边境重地宛城屯兵。当地民众苦不堪言。宛城是司马懿曾经驻守过的地方，对宛城，司马懿还是很有感情的，他建议率兵攻打，朝臣却说诸葛恪在城内有粮草做后盾，且坚守城门不出，难以攻打，何况路途遥远，等司马懿率兵过去，东吴的援兵也到了。

虽然情况如此，但司马懿说并非不能解决，朝臣问如何解决，他说可以选择在冬天攻打。

东吴擅长的是水战，并不擅长打陆战，魏军可借助冬天的气候来攻打，那时候湖水浅，船不能行。即便东吴的援兵来了，到时候魏兵可与他们在陆地上交战。陆地交战，魏军比吴军有优势。

对于东吴在军事上的优劣势，司马懿是进行过专门研究的。曹叡时期，他就曾提议偷偷练水军攻打东吴。听司马懿这么一说，朝臣就没再说什么。曹爽想要阻止，又怕司马懿当着朝臣的面再说他弃曹魏百姓于不顾，也就没说什么了。

魏正始四年九月，司马懿率兵前往宛城，才走到舒城，诸葛恪一听是司马懿率兵过来，心里一慌，竟然吓得弃城而逃。虽然诸葛恪是诸葛亮的侄子，但却既没有叔父的智谋，也没有父亲的胆量。

司马懿还未到，吴军将领一听司马懿的名字就弃城而逃，此事让司马懿在军中被誉为了神话一般的存在。

司马懿在军中的声望越高，曹爽心中的那根刺就越尖锐，他坐立不安，最后竟然到了食不知味、夜不能寐的地步。曹爽觉得，自己要是再不出手，只会让司马懿在军中的力量越来越强大。于是，他上疏推举中护军夏侯玄督雍、凉二州军事。

夏侯玄是“三国第一大情圣”夏侯尚的儿子、曹爽的表弟，虽然没有作战经验，但却是自己人，有自己人在军中的重要位置做他耳目，至少他能知道军中的动向。同时，夏侯玄还能笼络一部分军中之人到他们这一边。曹爽以为司马懿会反对，结果并没有。不过，司马懿却又推举了他的长子司马师，接任夏侯玄的中护军一职。

曹爽这才知道司马懿不反对的原因，想不同意，但自己刚刚推举夏侯玄，司马懿都没有反对，自己反对有些不合情理，也就同意了。这样一来，两个人各将一个自己人推到了重要位置，这一回合，两个人算是打了平手。

当然，曹爽这时候不会想到，司马懿将长子司马师推到中护军这个位置，是有他的目的的，这是为日后与曹爽的最终对决埋下伏笔。

曹爽和司马懿通过这一次的一来一回，从心知肚明的暗斗，改为了擦枪走火的明争。

将自己人调入军中只是曹爽的第一步，想要取代司马懿，在军中站稳脚跟，树立威望，他还需要通过打胜仗、立军功。为此，曹爽上书，请求率兵出征，讨伐蜀国。

挑选蜀国作为对手，是曹爽和他的团队经过分析后决定的：此时的蜀国，已经不是诸葛亮在世时的蜀国了，更不是刘备、张飞、关羽在世时的蜀国。此时的蜀国，非常衰弱，是三国中最弱的那一个。

曹魏是三国中最强的一个。曹爽觉得，这一仗自己赢起来应该会容易很多。但他不知道的是，虽然此时蜀国比不上诸葛亮时期，但诸葛亮临死前已经做了安排，因此军中还是有智勇双全的人的，如蒋琬、费祎、姜维、王平等。当然，更重要的是，蜀国占有地理优势。众所周知，蜀道难，难于上青天。

蜀国易守难攻，司马懿是知道这一点的，所以他只是稍稍反对了一下。之所以“稍稍”反对，没有强烈反对，是因为他知道曹爽的目的，也知道曹爽这次一定会无功而返。

“反对”，是为了在曹爽失败而归时，司马懿也有话可说，早提醒过你不妥，你曹爽非要去；“不强烈反对”，是司马懿借此次出征，让曹爽明白，不是谁都能率兵打仗的。

司马懿稍稍反对，曹爽率兵出征的想法就更强烈了，觉得这一去，一定是对的。可当司马懿不仅没再说什么，还祝他凯旋时，他心里又打起了鼓。

敌人反对的，就一定要去做，可当敌人不反对了，就要好好考虑考虑了。曹爽犹豫起来。心想，这司马懿为什么要这么说？莫非他背后要给我使坏？毕竟军中都是他的人，可如果自己不领兵出征，又怎么替代司马懿在军中的地位？

曹爽眼珠子一转，看到了司马懿的次子司马昭，就说让司马昭做征蜀将军，随他一同去。

曹爽的用意很明显，我带着你的爱子一起去，看你还能怎么使坏？除非你连你儿子的命也不要了。司马懿并没有反对，曹爽心里又是一哆嗦，但又一想，司马昭在我自己手里，也就是我的人质，有人质在手，我还怕他司马懿干什么？

要想令其亡，必先令其狂

曹爽率领数万大军，再加上夏侯玄的六万兵士，就这么浩浩荡荡地出发了，他们选择从骆谷道进军蜀国境地。如果一切正常，他们最先到达的是汉中。

蜀汉将领在得知曹爽要率兵攻蜀地时，惊慌不已。魏军有六万兵力，可汉中守军只有三万，兵力如此悬殊，怎么打？只能固守不出，以待援军了。

老将王平在得知此次魏军的主帅是曹爽，大将是夏侯玄后，让将领们不要慌，说曹爽和夏侯玄都没有实战经验，没什么可怕的。随后，王平将仅有的三万汉中守军分成了三队，一队守黄金，一队守兴势，另一队由他亲自率领，打阻击战。与此同时，他又向涪陵、成都写信，请求支援。

虽然蜀军兵力有限，但他们却拥有地理优势。虽然曹爽也知道蜀道陡峭，却不知道会如此凶险。他那十六万大军在狭窄的谷道上根本就排不开阵，因为没有经验又惜命，他不愿意把兵再分去其他地方。王平在得知这种情况后，更有把握了，他将守卫黄金的那队人马调了过来。

当然，更让曹爽没有想到的是，虽然率领出征的是他，但那些兵却都是司马懿带出来的。就像司马懿当初率领曹真的将士征伐，将领们不听司马懿的一样，司马懿的将领也不听曹爽的。当时，老谋深算的司马懿通过各种手段，在军中立威、服众，可曹爽没有耐心这么做，再加上行走在狭窄陡峭的山路，不断有人坠亡，魏军的消极对抗心理就更重了。

蜀军的成都、涪陵援军相继到达，司马昭得知后，给夏侯玄建议，让他撤兵，不然会被蜀军前后夹击，包了饺子的。如果司马昭不是司马懿的儿子，夏侯玄一定会采纳他的建议，但他是司马懿的儿子，夏侯玄本能地表示了拒绝。

然而，将领们却因为司马昭是司马懿的儿子，觉得司马昭的建议就是司马懿的建议，所以他们纷纷找曹爽要求撤兵，还说明知道会输的仗，为什么要去打，他们可不想白白送死，等等。

曹爽不愿意撤兵，这仗还没有开始打呢，怎么就要回去了，回去了面子朝哪儿搁？还不被司马懿嘲笑死。然而，曹爽不退，可雍、凉的名将郭淮在得知蜀军援军已经到达，正准备合围他们时，他可顾不得那么多了，不管曹爽有没有下令撤兵，自己先拔营撤退了。

一看郭淮那边开始撤兵，曹爽这边的魏军也就乱了套，曹爽此时进也不是，退也不是，陷入了深深的无力中。就在这时，司马懿来信了。司马懿信里的意思是，用兵如神的曹操曾两次发兵汉中，但都大败而归，如今蜀军还抢占了先机，如果打不赢，后路又被蜀军断了，那可就要全军覆灭了。说完还问了曹爽一句，这个责任你能负吗？

司马懿虽然人在京城，但蜀地发生了什么，他全都清楚。由此可见，虽然领兵打仗的是曹爽和夏侯玄，但隔空指挥的却是司马懿。

夏侯玄再视司马懿为敌人，也不想送死。他知道司马懿对蜀军最了解，左思右想后，他就去找曹爽要求撤兵。虽然曹爽不愿意撤兵，但也不想送死，更不想大败，因此就同意了撤兵。毕竟相比大败，无功而返更好一些。

然而，此时撤兵已经晚了，他们想走，蜀军也不想放过这个包他们饺子的机会。最终，魏军在损失了大量的兵马、粮草、军械后，才得以突围，最终狼狈地退到了安全地带。

这一仗，曹爽输得很彻底，但却也明白了，仗不是谁都能打的。既然自己无法在军中占有一席之地，那么就在禁军上下功夫。回到京城后，曹爽下令，撤销禁军中的中垒营和中坚营。

中垒营由中护军司马师统帅，曹爽这么做的目的也很清楚，他要削弱司马师在禁军中的力量。

曹爽在撤销了中垒营后，司马师统帅的也就只剩下五校营了，而五校营不仅人数不多，五个校尉又各自为政。当然，为了不至于让自己做得太明显，曹爽撤了弟弟——中领军曹羲——统帅的中坚营以示自己没有针对司马家，一视同仁。不过，禁卫军中的精锐营——武卫营——的统帅是曹训，曹训也是曹爽的弟弟。

曹爽做这些的时候，司马懿并没有提出任何反对意见。司马懿就是想看看，曹爽还能做得有多绝。

曹爽还在继续，他又上疏，让和小皇帝同居寝宫的郭太后搬回永宁宫。郭太后是魏明帝曹叡的皇后，本来是居住在永宁宫的，但想着皇帝年幼，也就由她垂帘听政，搬去小皇帝的寝宫。不过，郭太后对政事没有兴趣，也就没有参与过政事。即便如此，由于郭太后与司马懿走得比较近，曹爽和他的团队担心司马懿通过郭太后给小皇帝出主意，因此就让郭太后搬回永宁宫。

曹爽的这些把戏，司马懿看得清清楚楚、明明白白，他依然什么都没有说，只是轻微动了动眉毛，但那微动的眉毛显示，他有些忍无可忍了。

什么都不说，不代表什么都不做。司马懿知道，当他与曹爽开始明打牌，不再掩饰和伪装他们之间的争斗时，就是他该要行动的时候了。当然，这个行动不一定要硬来，更不一定是强攻，有可能是后退。

后退是为了更好地前进。要想令其亡，必先令其狂。司马懿决定让曹爽和他的团队更疯狂一些……

装疯卖傻，骗你没商量

司马懿最擅长扮弱、扮怂，以麻痹对方，让对方放松警惕，进而露出破绽。

在对方没有露出破绽，或者露出的破绽还不至于置其于死地前，司马懿是不会出手的。

司马懿知道曹爽迫不及待地想向自己下手，不过，他既不愿意时机不到时反击，也不愿意被动地挨打，更不愿意被对方牵着鼻子走。于是，他想到了退避。

退避不是退出，也不是回避；不是不玩，是暂时不玩，是看着你玩，是避其锋芒。而选择这么做的时机，就是在对方锋芒太盛，自己处在被动时。

只能被动挨打时，司马懿就会选择避让，站在一旁，或者直接隐身，在暗处观察。这时候，明处的对方，就尽在自己眼底了。

司马懿要静静观察，以局外人的身份观察，等待时机。

司马懿不管做什么事都喜欢按自己的节奏来，也只有将对方拉入自己的节奏中时，才能游刃有余地实施自己的计划。

你曹爽不就是嫌我在朝中碍事吗？那好，我就满足你，我退出。

魏正始八年，司马懿再次装病。这次装病距东汉建安六年装病，已经过去整整46年了。

46年前，司马懿23岁，他装病是为了骗曹操，不想那时候入曹操的丞相府；这次装病，司马懿69岁，是为了骗曹爽，让他放松警惕。

在局中，你是永远看不到真相的，要想看到真相，那就站到局外去。司马懿装病回家，看似不管朝政之事，其实就是想站在局外，看清楚朝政中的一切。

司马懿太擅长演戏了，尤其擅长演生病。因此当他面色憔悴、眼神无光，颤颤巍巍地向小皇帝告假时，小皇帝动容了，他不明白，太傅怎么这么老了，难道快要死了吗？

小皇帝的难受是真的，曹爽的喜不自禁也是真的。曹爽心想，这老东西还算识趣，不等我赶他走，他自己倒先腾地方了。

司马懿又何曾不是在内心冷笑呢？当然，他的喜怒哀乐是绝对不会呈现在脸上的，尤其在这时候。

司马懿在曹操时期装病，曹操的老奸巨猾是胜于司马懿的，先派私家侦探调查，后找刺客深夜潜入司马懿的房间试探。不过，司马懿也确实厉害，他经受住了曹操的重重调查、重重考验，没有露出一丝破绽。在曹操面前，司马懿都没能让对方抓住自己的把柄，更不要说如今他已经活成了老奸巨猾的老狐狸，怎么可能露出破绽给与他相比还只是小家雀的曹爽呢？

曹爽没有怀疑司马懿是在装病，在他眼里，司马懿行将就木，是早就应该死的人了，司马懿能够活到现在已经很不容易了，因此生病也很正常。但曹爽身边的谋士心眼儿比他多得多，他们有些不放心，想要去试探一下。

魏正始九年，曹爽的谋士，河南尹李胜在去荆州上任前，突然去了司马府。他明着是看望生病的老太傅，向老太傅辞行，实则就是想看看司马懿是不是真的病了，更想看看他病情如何了。

当时，司马懿正在家里悠闲自在地喝茶看书，听到通报说李胜要来辞行，在心里冷笑一声，心想，这曹爽和李胜真是太嫩了，你们恨不得我死，还会好心来看我？你们恨不得我眼瞎耳聋，还会向我辞行吗？还不是想要看看我死了没有，还有多久会死。你们这么想我死，想我痴傻，那我就满足你们，让你们看你们想看的。司马懿先对婢女嘱咐一番，然后回到卧室，躺在床上装起病来。为了装得像，他还把自己原本不乱的头发胡乱地揉了几下，揉得乱七八糟的。

当家仆带着李胜来到司马懿的床榻前时，李胜探头看他，见他好似已到弥留之际，再叫他，他先是假装耳聋、眼花，既听不清，也看不清。后在李胜多次介绍自己后，司马懿这才又让两个婢女将他扶起来，最后用他那双黯淡无光的眼神，怔怔地看着李胜。

李胜将自己去荆州赴任的事说了，司马懿眯着眼，装耳背，他反复问李胜说的什么，当李胜提高音量，大声告诉他时，他又装糊涂，李胜说东，他说西，整个人看上去就是心神涣散、奄奄一息的老人。

一时之间，李胜竟然有些心酸和难过，这哪里是他们一直防备的敌人，这不就是一个不久于人世的老人吗？

李胜脸上表情的变化，全都看在了老狐狸司马懿的眼里。他在心里偷笑，心想，小子，你真的太嫩了，你这是在同情我吗？可怜我吗？好！那我就索性让你可怜个够，同情个够，然后回去告诉你的主子去吧！

司马懿的一生，没少忍耐，也没少受屈辱。不过，任何的屈辱、面子，在他的目标前，都算不上什么。

当初，诸葛亮为了激他应战，送他女装羞辱他，他非但没有生气，甚至还穿上女装在诸葛亮的使者及众将领前转圈，问他们好看吗。更不必说在李胜面前装一个痴呆老人了。

司马懿向婢女示意他要喝汤，当婢女将汤端过来，递到他面前时，他没有伸手去接，而是直接将脸和嘴伸到碗里去喝。这个动作犹如猪在猪槽喝汤，瞬间，那汤汤水水就沾到了他的脸上、鼻子上、胡子上、头发上，最后还洒了他一身。

司马懿丝毫不担心这样会影响他辅政大臣的身份，更不担心影响他统率千军万马的光辉形象。他不在乎别人嘲不嘲笑他，于他而言，笑到最后才会笑得最美。只要结果好，过程怎么样都可以。

“影帝”司马懿装得太像了，以至于李胜实在看不下去了，匆匆告退，急急离去。在回去的路上，李胜甚至还流下了眼泪。李胜第一时间把他在司马懿家看到的一切告诉了曹爽，最后说：“太傅患不可复济，令人怆然。”

意思是说，司马懿快不行了，让人看得有些悲伤。

曹爽一听，彻底放心了，两个人感慨一番。朝中最大的敌人就要死了，司马懿已经不足为患了！

没有外敌，便有内讧

自李胜告诉曹爽“太傅患不可复济”后，在曹爽的心里，司马懿已经死了。

头上没有了司马懿那片乌云，曹爽的天空万里如云，他将自己视为天子。曹爽觉得曹魏的天下就是他曹爽的了，他还缺什么？他什么都不缺，他除了不能睡龙床、坐龙椅、穿皇帝袍、戴皇帝冠，和陛下没有任何区别。也就是说，除了没有天子的名号，他的权力完全和天子一样。

权力使男人疯狂。曹爽不仅妻妾成群，还将先皇曹叡的七八个侍妾都变成了他的妻妾。朝政上，他想提拔谁就提拔谁，何晏、邓飏、丁谧、李胜、毕轨等人，跟着他步步攀升。真正是一人得道，鸡犬升天。

何晏先被授予散骑侍郎，后替代卢毓做了吏部尚书，最后又因为他的驸马身份，被赐爵列侯。此时的何晏，随着职位提升，权力越来越大，为人处世越发肆无忌惮起来。原本就任性妄为的他，如今更是完全凭借个人喜好，对人员的提拔和任免随意到喜欢的就加官晋爵，不喜欢的就罢黜斥退……

一个人作威作福惯了，就没有了敬畏之心。廷尉卢毓的下属犯了错，何晏竟然先斩后奏，还收缴了卢毓的官印，卢毓敢怒而不敢言。

人永远没有知足的时候。何晏风光无限，完全忘记了自己被魏明帝曹叡禁锢时的样子，或者说，正因为他曾被禁锢过、被压制过，所以当他再复出，也就彻底放飞自我了。拥有了权力，他就想要美色，拥有了美色，他还想要财物。而对于权力、美色和财物，无论拥有多少，他都嫌不够。他不仅随意地向其他州郡索要财物，还将洛阳和野王典农的数百顷桑田和汤沐地据为己有。

因为这些所作所为，何晏在历史上的口碑特别差。民间都说他凭着一张能说会道的嘴，干尽了一切缺德之事，损人利己，危害国家。

物以类聚，人以群分。何晏这样的人，能成为曹爽的亲信，可见曹爽身边都是些什么样的人。因为品性不端、趋炎附势，何晏、邓飏、丁谧三个人在历史上又有了“台中三狗”之称。这里的“台中”是指他们都在国家最高权力机构尚书台任职，而称他们为“狗”，就是说他们是依附于曹爽的狗。

为此，百姓还为他们编了一条顺口溜：“台中有三狗，二狗崖柴可当，一狗凭默作疽囊。”“二狗崖柴可当”是说何晏、邓飏仗势欺人，为非作歹，异常凶狠；“一狗凭默作疽囊”是说丁谧尤其可恨，仗着曹爽对他的宠爱，一肚子坏水。“默”是曹爽的小字。

何晏已经够坏够缺德了，可还有比何晏更坏的丁谧，可见丁谧做了多少伤天害理之事。

丁谧很受曹爽信任，曹爽架空司马懿，让郭太后搬回永宁宫，都是他的主意。在尚书省时，他还因经常弹劾官员和驳斥政令，致使尚书省无法正常运行。

坏事干多了，都不得善终。虽然朝臣对何晏等三人的所作所为不敢多言，但也有不怕死的，神算管辂就敢直言。

何晏接连几日都做了同一个梦，梦到十几只苍蝇落在他的鼻子上，怎么赶都赶不走，他就请管辂为他解梦。管辂说，你身居要职，手握重权，势如雷电，怕你的人很多，但因为你的德行而佩服你的人却不多，除非你能多行仁义之事，不然的话，你站得越高，跌得越重。

何晏听到这里，已经变了脸色。管辂接着说，如果你想要获得平安，就要多做受人爱戴的事，少做损人利己、为非作歹的事，否则可能导致败亡。如果你能够多行仁德，还是能够位至“三公”的。到了那时候，那些苍蝇也就散去了。

何晏听完，眼露凶光地看着管辂。管辂回到家之后，将此事告知了舅舅，舅舅为他的人身安全担心，说他说话太直，得罪了何晏，不会有好果子吃。管辂听后却冷冷一笑道，一个将死之人，怕他做什么？

“多行不义必自毙”的千年警句，不能不听。管辂已经算准了何晏不得好死，且很快就会死，何晏却不知道，不仅不知道，他还丝毫不将管辂的警告放在心上，依然我行我素。黄门侍郎位置空缺，何晏和丁谧为了能让自己的人去填补空缺，有了矛盾。

何晏想让好友王弼任黄门侍郎。王弼颇有才华，和何晏一样，在玄学上有着很深的造诣。丁谧却想用他的好友王黎。曾经抱团一致对外的他们，因为这个位置，开始了内斗。

丁谧直接去找曹爽，曹爽就将黄门侍郎的位置给了王黎。这让何晏很是生气。丁谧知道何晏生气，也无所谓。对他而言，只要巴结好了曹爽，其他的人他都只当没看见。

曾经铁板一块的曹爽团队，不再团结。丁谧对同伙都是如此，更不要说对其他人了。

朝臣越来越看不惯曹爽的为人。就连中书令孙资、中书监刘放这两位在曹爽做辅政大臣首位时立下了大功的人，都无法忍受曹爽和他的亲信了。他们先后请辞。

曾经对孙资和刘放感恩戴德的曹爽，面对他们的请辞，不仅没有挽留，还很高兴，觉得又腾出了两个位置。随着依附他的人越来越多，他需要更多位置来安排那些人。

朝中重臣元老见孙资和刘放也请辞后，都跟着陆续地请辞。司徒卫臻、司空徐邈……曹爽面对他们的请辞，就像对待孙资和刘放一样，轻轻一挥手，再见不送。

这些请辞的人是因为忍受不了曹爽和他的亲信，并非真的想要退休。因而请辞后，他们全都聚集在了司马府，谈论朝堂之事。但司马懿只是静静地听着，不说一句话。

不说一句话不代表不听。司马懿当初装病请辞，就知道会有这么一天。他知道没有了约束和忌惮的曹爽及他的亲信们会做什么，会造成什么样的后果。

不过，虽然司马懿听他们说的时候脸上没有表情，但脑子却在飞快地转着，他在盘算，还有多久才是他动手的好时机。

忍，忍到忍无可忍

曹爽也听说了请辞的老臣们很多都去了司马府，却并没有把这件事放在心上。因为他根本就没有将这些老家伙看在眼里，在他眼里，这些老家伙就和司马懿一样，是将死之人，没什么可怕的。

司马懿不一样，他没有小看这些老臣，他知道能在官场上摸爬滚打这么多年还能身居高位的人，都已经成精了。

姜还是老的辣！当然，曹爽的身边并非全都是一些不知天高地厚的年轻人，还是有能够看清事态真相的人的，如桓范。桓范之所以能够看透这些，是因为他本身就是老姜。

桓范站在曹爽这一边其实有些尴尬，他比曹爽的亲信年龄大很多，与他们在思想上也有代沟。曹爽和亲信们的一些做法他也看不惯，他无数次地想要提醒曹爽，但最后想了想还是什么都没有说。他怕曹爽觉得他是在排斥年轻人，在诋毁他们。

不过有一天，在曹爽和三个弟弟一起外出狩猎时，桓范忍不住了，他提醒曹爽，说曹爽身为大将军，不应该和管禁军的弟弟们一起外出。

曹爽最初没明白什么意思，桓范又说，你们一起出去，如果有人发动政变，宫内就无人阻止了。曹爽一听，顿时瞪大眼睛，吼了一句，谁敢造反？

桓范看着曹爽，淡淡地说，太傅司马懿就敢。曹爽一听，脸瞬间沉下来。虽然对曹爽来说，司马懿只是一条僵死的蛇，但万一要是苏醒了呢？不怕一万，就怕万一，曹爽不想要这万一。因此，这番话他听进去了，不再跟着弟弟们同时外出。

桓范确实很厉害。在曹爽和弟弟一起外出时，司马懿觉得，这会是个好机会，然而不等谋划，这个机会便没有了。看来，曹爽还在防着自己。司马懿不得不继续等待机会。

朝臣来司马府和司马懿说朝堂之事，司马懿通常会一言不发，沉默不语。这让有些臣子感到失望，以为司马懿真的不管政事了，真的就此退休养老了，或者说真的离死不远了。

有一天，准备去并州任刺史的孙礼来到司马府，和司马懿说了很多话。

孙礼曾是曹操身边的司空军谋掾，后来做了尚书。魏明帝曹叡时期，有一年，天灾导致庄稼歉收，百姓吃饭都成问题，可曹叡还要征苦力来修建豪华宫殿。孙礼看不下去了，冒死上书直谏，最终让百姓免除了劳役之苦。曹叡对孙礼还是很信任的，临死前任命他为大将军长史，加授散骑常侍，而大将军是曹爽。也就是说，曹叡是让孙礼做曹爽的助手。可曹爽却不喜欢这个助手，嫌他在身边碍手碍脚，就改任他为扬州刺史，加授伏波将军，赐关内侯的爵位。

东吴大将全琮率几万兵马侵扰曹魏边境时，孙礼就曾率兵抵御。当时，他丝毫不顾及个人安危，一直冲在最前线，并最终迫使东吴退兵，他因此也获得了皇上的七百匹绢的赏赐。可面对这些赏赐，孙礼没有留一分，全都给了战死沙场的将士的家属。

从为官时的所言所行可以看出，孙礼是一个敢于劝谏的清官。但这样的清官，不仅得不到曹爽的重用，还被曹爽一次次地贬往外地，原因就是孙礼不畏强权，敢于直言。

孙礼在被任命为少府，出任荆州刺史，转任冀州牧期间，就曾因为直言而惹怒了曹爽，被曹爽以怨谤重臣之罪为由，判了五年徒刑。刑期结束后，孙礼赋闲在家，前段时间，因为一些朝臣为他求情，他就被任命为城门校尉。恰在这时，匈奴王刘靖的势力越来越强，鲜卑族屡屡侵犯边境，曹爽就让他出任并州刺史，并封他为护匈奴中郎将。

孙礼就是在去并州前想到了司马懿，去司马府和司马懿说了一些他对朝政之事的看法，说着说着，他就怒斥起曹爽来。司马懿听完，没有像之前朝臣和他说事那样沉默不语，他问孙礼，你发这么多的牢骚，是不是因为嫌并州刺史的官职太低。

孙礼一听这话，顿时火冒三丈，觉得自己受到了污辱，他愤怒道，他一心只想效仿伊尹、吕望，匡复魏室，报答魏明帝曹叡的托付，同时也为后人留万世功勋，哪里是因为官位，更不可能是因为与曹爽的旧怨。

孙礼说着说着，眼圈红了，他说他一想到社稷不稳，天下纷乱，就难受不安。

司马懿怎么可能不知道孙礼的意思，他只是故意误会孙礼，以便引出孙礼的心里话而已。因此在孙礼离开前，司马懿又说了一句：“忍，忍无可忍。”

这是司马懿说给孙礼的话，也是他说给自己的话，更是他一生中做得最多的事。说完这一句后，司马懿就闭上了嘴，没有再多说一句，孙礼听懂了，他在深深看了司马懿几眼后，点了点头，走了。

孙礼来司马府说这些话，又何尝不是为了探听司马懿的心意？他得到了想要的答案，他知道，司马懿不会任由曹爽掌控朝政，曹爽团队离倒霉不远了。

“忍”是司马懿的底色，忍无可忍时，无须再忍。司马懿在一边忍一边等，等到越来越多的朝廷重臣都忍无可忍时，他就会动手。

这有点类似于夏朝的夏桀时期，夏桀的残暴和骄奢淫逸，令百姓苦不堪言，商王想要灭夏，就问名相伊尹，伊尹说时机不到。商王就问伊尹，什么时候时机就到了。伊尹说，当民众对夏桀忍到忍无可忍时，就是最好的时机。

司马懿在等待这最好时机的到来。

利用人性，秘养“死士”

朝堂之上的事，闲居在家的司马懿知道得一清二楚；曹爽团队的钩心斗角，他也早就预料到了。虽然来他家的老臣们说起朝堂之事，他既不掺言，好像也没有多大兴趣了解，但儿子司马师回来，他都会把儿子叫到房间，关上门，仔细地询问。

司马懿在一步步地盘算着，好像是该做准备的时候了。他问长子司马师，散落在各地的“死士”怎么样了，司马师说都已经准备好了，随时等着他的召唤！

古时候的“死士”，是指那些将生死抛在脑后的士兵，用现在的话来说就是“敢死队”，只是古时候的“死士”是没有人权的。“死士”的来源有很多，最典型的就是一些弃婴，或是那些被人收养的弃儿。这些人在进行专门的培训后，就成了一个个誓死效忠主人的勇士。

“死士”往往身怀绝技，他们平时就像隐形人一样，只有在主人召唤，以及主人的生命受到威胁时才会出来，并最终用自己的生命换取主人的平安。虽然都是“死士”，但“死士”内部却也分三六九等。通常，最普通的“死士”是没有名字的，他们只有代号，且出动时往往是一群人同时出现，属于团队作战。而那些有名字的，在“死士”中的身份就比普通的“死士”高一些，通常是从千百名“死士”中杀出来的佼佼者。他们一般会单独行动，主人给他们的任务也更艰巨、更危险。

在古时候，“死士”是很普遍的存在。一般的贵族阶级，包括王孙贵族与大臣的家里，都会蓄养“死士”。他们平时不出现，但在关键时刻会起到决定性的作用。司马懿很早就开始蓄养“死士”了，最初人数不多，只有几十上百人，而且是秘密蓄养，外人并不知情。如今，他们蓄养的“死士”已经有三千多名了，由长子司马师管理。这三千多名“死士”，个个武艺高强，勇猛难当。司马家蓄养的三千“死士”中，除那些自小就被收养的弃婴、弃儿外，还有些是通过招募的方式，招募来的“死士”。这些人个个身怀绝技，有些是父母去世，自己孤身一人；有些有家人，但家境贫困。对于这样的人，司马懿就拿些钱给他们或他们的家人，也就是用钱来买他们的命。

招募来的“死士”本来就是冲着钱来的，因而想要让他们效忠主人，就必须给他们足够多的钱财。可以说，这样的“死士”不难招募，但忠诚度却不够。论忠诚度，还是那些从小就被收养、培养的弃婴、弃儿更高。

这些弃婴和弃儿在被司马家收养后，司马懿和司马师就会用“洗脑”的方式，让他们为自己卖命。如何“洗脑”呢？首先就是将自己神化，也就是让那些“死士”对自己产生膜拜心理，并不断地给他们灌输，他们的命是司马家给的，没有司马家，也就没有他们，为了报答司马家，他们要在司马家需要时，随时随地献出他们的生命。

这些经过“洗脑”的”死士”，个个像机器人一般，他们没有多少情感，心里眼里只有主人、只有任务，没有其他。通常情况下，人们从他们的脸上是看不出喜怒哀乐的；而他们出现时，通常是蒙着脸的，其实就是“活死人”。他们活着的唯一目的，就是听从主人的召唤，然后在主人需要时，奉献出自己的生命。

一句话，“死士”就是一群杀人机器。

蓄养“死士”，让“死士”对司马家忠诚，对司马懿来说并不难。他通晓人性，知道如何让他们只忠诚于司马家。不过，司马懿和别的贵族蓄养“死士”又有不一样的地方，别的贵族通常会把“死士”蓄养在家里，有的甚至还会让“死士”充当家丁或打手。司马家的“死士”则是散落在民间的。之所以让这些“死士”散落在民间，既是因为司马家不想让别人知道他们家蓄养“死士”，也是为了方便“死士”执行外地活动。

当然，司马家秘养的这些“死士”，是有特殊任务的，是司马懿关键时刻的秘密武器。

有一天，司马懿在和长子司马师关门密谈了很久后，司马懿让司马师召集“死士”，随时待命。

机会，永远留给有准备的人

历史的改变，出现在某一天，某一刻，甚至某一刹那。而当这决定历史走向的那一刻到来时，身处其中的人，有一方必定是毫无察觉、毫无准备的，而另一方则谋划已久，剑已在弦，刀已出鞘。就像唐朝李世民发动的玄武门政变。玄武门政变前夜，李世民这边只待一声令下了，可李建成和李元吉那边却一无所知，他们一如既往，像平常的每一天一样行动，最终落入了李世民为他们布下的天罗地网。

任何政变，一旦对方已经有所察觉，那么谋划政变的一方就极有可能陷入绝境，面临必死无疑的境地。你以为你在秘密行动，实则一切都已在对方的掌控之中。就像唐朝的太平公主，本来是谋划想要废了唐玄宗李隆基，结果李隆基却提前知晓，最终先下手为强，发动了“先天政变”，太平公主被赐死。

凡是发动政变者，其生死往往悬于一线。即便司马懿这样的谨慎之人，亦难逃此定律。

魏正始十年正月初六，这一天对司马家族和曹氏家族来说，都是一个难忘的日子。这个日子，一方想永远记住，另一方想永远忘记。

正月初六，中国的春节尚未结束，魏少帝曹芳按计划，前往高平陵去祭拜。高平陵是魏明帝曹叡的陵寝。历朝历代，皇帝都要去祭拜先皇陵墓。陪同魏少帝曹芳前往高平陵的不仅有曹爽，还有曹爽的两个弟弟曹羲和曹训。

三兄弟不能一起外出，这是曹爽的谋士桓范曾提醒过他们的，可或许是曹爽忘了，也或许是他觉得桓范说的是他们不能一起外出狩猎、游玩，并没有说不能一起陪同皇帝祭拜先皇。总之，他们一行人浩浩荡荡地出发了。

曹爽三兄弟无论如何都没有想到，在他们出发的时候，已经有一群人亮出了明晃晃的刀，正蓄势待发。他们更不会想到，六天前，他们决定前往高平陵时，他们的一举一动已经被一双双眼睛盯着了。

六天前的除夕，司马师告诉父亲司马懿，初六皇上要去高平陵祭拜，同去的还有曹爽三兄弟。司马懿一听，当时就一激灵，一扫之前的萎靡，整个人都精神起来，他问司马师确定吗，司马师肯定地说确定。

司马懿那浑浊的眼神顿时熠熠生光，他知道，他期待已久的好机会终于来了。

司马懿的绰号是“冢虎”，“冢”按字意是指坟墓，“冢虎”顾名思义，就是指潜伏在坟墓里的虎。“冢虎”阴险凶狠，但却并不轻易出手，一旦出手，对手也绝无可逃。

蛰伏、忍耐，忍耐到一定时候，忍无可忍时便腾空而起，将对手狠狠地按在爪下，吃掉对方后又做成人畜无害的样子，继续蛰伏、忍耐。这就是司马懿。

一年多的时间过去了。司马懿忍耐了一年多，这个时间对于善于忍耐的他来说，并不是很长，但对于71岁的他来说，有些久了。之前，他也曾有过机会，就是曹爽和他的几个弟弟一起外出游玩、狩猎时，不过那时候，司马懿在兵力方面还没有做足准备，老臣们对曹爽和曹爽的团队也还没有到忍无可忍之时。而等司马懿做好了准备，曹爽那边又经过桓范的提醒，不再几兄弟同时离宫，他也就只好继续等待。

司马懿年事已高，不允许他像曹操时期那样，一蛰伏就是七年。对他来说，此次是最佳时机，甚至很可能是他最后的机会。只不过，魏少帝在曹爽手里，他如果“挟天子”与自己斗就有些麻烦了。可司马懿不能再等了，机不可失，时不再来。

司马懿在沉默了一会儿后，那阴冷的脸上浮现出一丝笑意，他的眼神变得凶狠起来。他决定出手。

一旦下定决心，司马懿瞬间从那命不久矣的老人，变成了沙场点兵的老将。

司马懿即刻吩咐司马师，叫他弟弟司马昭过来。上阵父子兵，打虎亲兄弟。两个儿子，一个都不能少。

发动政变的事，司马懿很早就和长子司马师密谋过，司马师也一直在暗地里做着准备。不过，他们都没有告诉司马昭，这是司马懿的谨慎，多一个人知道，也就多了一分危险。而且当一个人内心有事的时候，做事就会变形。他不想让任何人察觉，司马昭不知他们的这个计划，做起事来会随意很多，而且司马昭的随意，对他们来说，更是一种掩护。

司马昭在得知父亲和哥哥的计划后，非常震惊，他没想到，垂垂老矣的父亲竟然还有这种野心。但他毕竟是司马家族的人，很快便从震惊中恢复过来，并镇定地参与父亲和哥哥的谋划中。

司马懿父子三人密谋的时候，曹爽和他的团队，包括他的两个兄弟，均毫无察觉，他们甚至都没有想过会发生政变。而之所以会这样，除司马懿那精湛的演技让他们认为司马懿已经衰弱到只能躺在床上等死了外，还源于他们太自负了，自负到以为朝廷都是他们的人，没有人再敢和他们对抗了，谁与他们对抗，就是找死，就是鸡蛋碰石头。

司马懿父子在密谋完后，又将计划告诉了太尉蒋济、侍中许允。蒋济和许允早就对曹爽专权不满，也一直在等着这一天。

一切都准备好了，他们只等正月初六这一天的到来。当然，这段时间，对司马懿和其他参与政变的人来说，都是难熬的，毕竟他们还不知道曹爽会不会改变计划，或者会不会不慎走漏风声。因此，尽管初一至初五这几天，表面看起来一切正常，实则暗潮涌动。

这五天对司马懿来说，太漫长了，漫长到像是度过了一生，他唯恐一切有变。直到初五晚上，在确认曹爽一方的计划没有做任何变动后，他们这才放下心来。随即，司马懿就为第二天的计划做着反复推演，做着各种推测……

这是比他与诸葛亮一战还令他紧张的一战，只能赢，不能输！

第九章　布局，做运筹帷幄的执棋者

一场豪赌：高平陵之变

魏正始十年正月初六，曹爽三兄弟率兵护卫着天子魏少帝曹芳的车驾出了城。在他们看来，一切都像往日一样，没有丝毫异常。他们不知道，他们出城卷起的黄土还未散去，司马府里的司马懿已经从椅子上站了起来，他身穿铠甲，站在院中，扫视着面前的三千死士。最后，他将眼光看向了天空，他在计算时间，计算曹爽一行走到什么地方了，计算他还要听到几声心跳下令。

时间到了！司马懿将眼神从天空中收回来，看着前方，振臂一挥。

司马懿威风凛凛地率先走出了司马府。此时的他，腰不弯了，面容也不憔悴了，头发更不乱了，眼神无比坚定。跟着司马懿走出司马府的，不仅有他的两个儿子和族人，还有那三千死士，他们个个身佩利刃，蒙着脸，眼神充满了杀气。

司马懿率领大家走出司马府，径直朝武器库走去，占领这个地方，是他们此次政变成功的关键。这段路不好走，司马懿及家人、族人、三千死士，全都做好了拼死一搏的准备。

一向面无表情、镇定自若的司马懿，在走这段路时，也警觉地竖起了耳朵，他的精神高度集中，做出随时战斗的准备。

去武器库，必须经过曹爽的府邸。司马懿手里没有军权，想和自己斗，就要占领武器库，而占领武器库，必须先过了自己府邸的守军那一关。这也是曹爽放松了警惕的原因。

曹爽的府邸不仅有守军，还建有箭楼。站在箭楼上，能将通往他家大门，以及去往武器库路上的人，看得一清二楚。如果箭楼上的人将弓箭对准路上的人，也是万无一失的。因而司马懿一行还没到曹府门口，便被曹府的守军拦住了。

这是司马懿发动兵变的第一道屏障。不过，这道屏障很快就被曹府守军将领孙谦解除了。孙谦对其他守军说，天下的事很难说，别把事做绝了。什么意思呢？就是兄弟，还是赶快放行吧，事情已经很清楚了，朝廷也已经被老太傅控制了，识相点就给自己留条后路吧。

不用说，孙谦就是司马懿安插在曹府的眼线。孙谦是曹府守军将领，是拦着司马懿的守军们的上司，不放行会有什么后果，守军们不会不知道。之后，孙谦又上了箭楼，那里有正准备搭弓射箭的帐下督严世。

帐下督严世是曹爽府掾中一位执行特殊任务的军官，他在得知曹府外的事情后，马上上了箭楼。可当他将弓箭对准老太傅司马懿时，被孙谦拦住了。孙谦说了他对曹府守军们说的同一句话，严世愣了一下，随即又要射，再次被孙谦拦住。

在严世和孙谦一阵推搡，严世第三次举起弓箭时，他已经错失了射杀司马懿的最好时机，司马懿已经率领众人顺利地通过曹府，去了武器库。

可以说，司马懿这次政变能够成功，孙谦功不可没。而能在曹府安插眼线，且在关键时刻顺利化解危机，既说明司马懿的眼线在朝中的渗透之广，也说明司马懿不仅提前想到了这些危机，而且做了应对安排。

对于司马懿等人是如何拿下武器库的，历史上并没有记载，但最大可能就像曹府有孙谦这样的卧底一样，武器库那里一定也安插有司马懿的人。

司马懿一行人在占领武器库，拿到趁手的武器后，就兵分三路，去往了三个地方。这三路，第一路由司马懿率领，前往皇宫；另一路由司马师及其叔父司马孚率领，前往司马门；第三路由司马昭率领，前往永宁宫。

司马懿去往皇宫，是为了获得朝臣的支持。而此时，朝臣也已经被太尉蒋济和侍中许允召进了宫；去往司马门，是为了驻守那里，不让曹爽的支持者们外逃；去往永宁宫，是为了得到郭太后的支持，毕竟兵变也要师出有名。

皇宫里，朝臣进宫后，见到久未露面、白发苍苍，听说已经奄奄一息的老太傅后，大为震惊，因为他们看到的是身穿铠甲、手持利剑、目光锐利的司马懿。面对震惊的朝臣，司马懿说，曹爽兄弟想要谋权篡位，希望百官与他一起力挽狂澜。

司马懿和以前一样，说话很简短，也没有慷慨激昂，说完他就静静地看着面前的朝臣。朝臣你看看我，我看看你，这太突然了，哪里有这样起兵的？朝臣无人说话，也不知道应该怎么办。司马懿看了一眼太尉蒋济，蒋济会意，大声喊道，匡扶社稷，铲除奸佞。说完还说，他要唯太傅马首是瞻。一听蒋济发表意见，陆陆续续有人应声。

司马懿镇定自若，让众臣和他一起去永宁宫见郭太后。此时，司马昭带的人已经包围了郭太后，而郭太后在经过了短暂的惊慌后，明白了司马昭一行的目的。她原本就对曹爽不满，又与司马懿关系密切，而且自己已经被包围，于是顺水推舟，在司马懿率众臣过来纷纷诉说曹爽大逆不道应该铲除后，她就下了一道懿旨：铲除奸佞。

郭太后所说的奸佞里，不仅有曹爽，还有其他上千名奸佞之臣。

原本的政变，就这样一下子变得合理化了，成了平叛锄奸。司马懿长舒一口气。与此同时，司马师和司马孚也已经占领了司马门。司马门是皇宫南门，地势开阔，可以用来屯兵防守，相当于皇宫的保卫处，占领这个地方，也就意味着占领了皇宫。

占领皇宫的过程很顺利，可以说是兵不血刃。

能够兵不血刃地占领该占领的，得到想要得到的，且没有遭遇较大反抗，只能说明一个问题：司马懿在起兵前已经安排好了一切，甚至可以说，他预料到了一切有可能出现的阻碍。

驽马恋豆栈，目光短浅

控制了皇宫后，司马懿让东汉末年的老臣，七十二岁的司徒高柔，代理曹爽的大将军一职，并接管曹爽留在京城的兵马；让桓范代理中领军，接管曹羲留在京城的兵马。

在司马懿和曹爽之争中，高柔一直都是支持司马懿的，而桓范则是支持曹爽的，而且他还是曹爽的几大谋臣之一。因而他并没有遵令前来领受中领军一职。司马懿便将这一职务交给了王观。

王观任少府时，因为刚正不阿，得罪过曹爽，被曹爽调去做了掌管皇帝车马、安排皇帝出行的太仆。所以对于司马懿重新重用自己，王观很是高兴，欣然受命。

掌管皇帝车马和安排皇帝出行的太仆也是司马懿的人，这也是司马懿能够对魏少帝曹芳和大将军曹爽一行前往高平陵的细节知晓得一清二楚的重要原因之一。

瞬间，军营里都换上了司马懿的人。

似乎一切都很顺利，但其实还是出了一个岔子，这个岔子就出在桓范身上。司马懿任命桓范为中领军，桓范不仅没有遵令前来，还逃出洛阳城。司马懿得知后，大吃一惊，他这才知道，桓范竟然是曹爽的人。

老虎也有打盹儿的时候，司马懿不知道桓范是曹爽的谋士，很大原因是因为桓范虽然是曹爽的人，但让人感觉他们不是一路人。桓范不像曹爽身边的那些人那样高调，曹爽身边的那些人，不仅与曹爽走得很近，而且恨不得让所有人都知道，他们是曹爽的人。

在这一点上，桓范其实是有些像司马懿的。司马懿在曹丕和曹植争夺世子位时，虽然选择去了曹丕团队，但最初没人知道他是曹丕的人，直到曹丕被立为世子。桓范也一样，他甚至故意与曹爽保持一定的距离。当然，这也与他也看不惯曹爽团队，特别是“台中三狗”有关。

在司马懿发动政变，并任命他为中领军时，他也想过接受任命，毕竟没多少人知道他的底细，但他儿子却对他说，皇上和曹爽一行并没有走多远，桓范也觉得曹爽这边似乎还有机会，于是逃出城去。

桓范没有想到，他的这一出逃，不仅改变了他的命运，还害得他们整个家族都丢了性命。这再一次说明，官场站对人是有多重要了。

司马懿为桓范是曹爽的人而惋惜，在司马懿的眼里，桓范是和蒋济一样有智慧的人。这样的人，如果不能成为自己的人，就必定是最可怕的敌人。因而桓范的出逃，给他这次政变带来了风险。

蒋济知道桓范出逃的事后，忧心忡忡，说曹爽有了桓范这个智囊，没那么容易投降。司马懿则说：“驽马恋栈豆，必不能用。”

“驽马恋栈豆”的意思是，劣马想的只是马棚里的饲料。言外之意就是，对于曹爽那种胸无大志、目光短浅的庸人来说，他们贪图的只是安逸，要的只是小利，成不了气候。桓范的计，是给那些胸有大志的人出的，曹爽不是那样的人。因此，即使桓范给曹爽出再好的计，曹爽也不会采纳。

从司马懿的这句话里能看出，他不仅了解曹爽，还知道桓范给曹爽的计很可能是得天下的大计。当然，正因为他对曹爽了解，所以一向谨慎的他，才会发动这次堪比豪赌的高平陵政变。

桓范的出逃，给司马懿发动这场高平陵之变带来了变数。虽然司马懿觉得曹爽不会采纳桓范的计，但为了保险起见，他决定给曹爽施加点压力。

魏少帝曹芳虽然是傀儡，但也还是皇帝，虽然不执掌政权，但他司马懿发动政变也要装装样子，给自己披上合理的平乱外衣。于是，司马懿将宫内的事情该解决的解决，该安排的安排好，又与蒋济带着人马占据了洛水浮桥，关闭了洛阳城门，他静下心来，开始写在他心里已经酝酿了无数遍的弹劾奏疏，奏疏里有一段是这么说的：

背弃顾命，败乱国典。内则僭拟，外则专权。破坏诸营，尽据禁兵。群官要职，皆置所亲。殿中宿卫，易以私人。根据盘互，纵恣日甚。外既如此，又以黄门张当为都监，专共交关，看察至尊，候伺神器，离间二宫，伤害骨肉。天下汹汹，人怀危惧，陛下但为寄坐，岂得久安！

一句话，曹爽背弃了先帝的旨意，无恶不作。因此他司马懿为了曹魏江山，要除掉这个佞臣。

司马懿的这篇奏疏送到时，曹爽一行还没有到达高平陵。本来是给皇上的奏疏，但却先到了曹爽的手里，曹爽顿时傻眼了。

一切都来得太突然了，曹爽和曹羲、曹训三兄弟哪里想到会是这样？自己外出，不仅窝被人占了，自己还成了奸佞之臣。无计可施的他们，顿时乱了阵脚。

曹爽没有把奏疏呈给魏少帝曹芳看。大惊失色的曹爽，在将曹芳的车驾留宿在伊水之南后，就开始调动周边屯兵，一边临阵布防，一边修筑工事。同时，他又与两个弟弟商议接下来应该怎么办。

曹爽和两个弟弟商量来商量去，都不知道应该怎么办，这是他们从未想过会发生的事。太突然，也太让他们震惊了，这件事发生得猝不及防，他们实在不知道应该如何应对。

就在他们无计可施之时，听到通报，说桓范从洛阳城逃了出来，急着要见他们。三兄弟就像那溺水的人，看到了一根救命稻草，急忙围了过去，问桓范现在应该怎么做。

桓范答道："以天子诣许昌，征四方以自辅。"意思是说，带着魏少帝曹芳前往许昌，也就是复制曹操的"挟天子以令诸侯"。

桓范冒死跑出洛阳城，就是为了给曹爽献这个计。桓范认为，如果曹爽采纳这个计，那么是必赢的，曹爽也将会是第二个曹操。

桓范能出洛阳城，是因为驻守平昌门的司蕃曾接受过他的恩惠。因此，在他想从平昌门通过时，虽然司蕃也有阻拦，但最终还是放他走了。从这一点上来说，桓范是曹爽身边少有的冷静、机智之人。同时，他能在司马懿占领皇宫，且任他为中领军的时候，还冒死出城，既体现出他对曹爽的忠诚，还体现出对司马懿的不满。当然，更重要的一点是，他觉得这件事，曹爽赢的概率更大。

当然，只要曹爽采纳他的计策，曹爽就能赢司马懿。可曹家三兄弟听了后，只是互相看了看，没有说话，曹爽更是一脸震惊。桓范没有想到他们三兄弟会是这种反应，他以为曹爽会当即采纳，即刻行动。

桓范当时选择去曹爽的阵营，是因为他认为曹爽是个胸有大志之人。虽然曹爽三兄弟一脸茫然，他还是耐心地给他们分析，说司马懿虽然已经占领了洛阳城，但却也只有洛阳城，而曹爽不仅有皇帝在手，而且作为大司农的桓范，出逃时也已经带上了印章，这样调各地粮食也不成问题。有了皇帝在手，他们可以打着勤王的名义，征调四方兵马。

也就是说，粮食有了，兵马有了，天子又在自己这边，当司马懿想以勤王名义调动四方兵马的时候，他也就成了逆臣。这样一来，皇宫里的臣子们就要好好思量思量，到底是站司马懿一边，还是站曹爽一边了。

桓范已经苦口婆心分析得很清楚了，可曹爽还是不说话。桓范急了，又对曹羲说，事情已经很清楚了，你们现在就是想做贫贱百姓，也已经实现不了了。如今皇上还在你们这边，普通人留人质都有活命的希望，更不要说你们还是和天子同行，以天子号令天下，谁会不听，谁敢不听？

曹羲不仅一言不发，还低下了头。

曹操已经在前面做了示范，现在实在不知道怎么做，照猫画虎也行呀。有兵、有粮还有天子的曹爽，与只有洛阳城的司马懿这一仗，到底谁的胜算更大一点？这是很多人都能看明白的事，可曹氏兄弟好像根本看不明白。

这让桓范不仅失望，还有些绝望，他后悔逃出了洛阳城，后悔将宝押在了曹爽身上。

其实，不是曹家兄弟不明白，而是他们没有曹操的胆略。他们平时飞扬跋扈，只是仗势欺人，一遇到真正的厉害角色，他们瞬间就泄气了。

司马懿看得很清楚，曹爽就是“驽马恋栈豆”，成不了气候；一向以谋略著称的桓范，完全看走了眼。桓范确实看走眼了，如果曹爽采纳了他的计策，处心积虑的司马懿发动的这场政变，很可能就是司马家族的坟场。

曹爽没有重视桓范的计，司马懿在宫里却不安起来，他知道曹爽如果像当年的曹操一样“挟天子以令诸侯”，统兵在外的王凌、夏侯玄、夏侯霸等人，必定会响应曹爽，因为这些人就是曹爽的人。而洛阳城这边，朝臣们很快也会出现分裂、内讧，到最后，他司马懿的胜算几乎为零。

想要赢，就必须速战速决，让曹爽早一点投降。曹爽多拖一天，对自己都是不利的。司马懿决定派说客，用哄骗的手段，说服曹爽投降。

只要能赢，什么手段都能使。司马懿先派侍中许允、尚书陈泰去劝说曹爽。陈泰是陈群的儿子，因为父亲的关系，他在朝中有一定的影响力。许允和陈泰反复劝说曹爽，让他认清形势，放弃抵抗，立即投降。曹爽还在犹豫，不知该听他们的，还是听桓范的。

司马懿又让曹爽的亲信殿中校尉尹大目向曹爽通气，说他虽罪大恶极，但投降的话，处罚会很轻，只是被免官罢了。为了让曹爽相信，尹大目还说，朝中众多大臣都能作保，司马懿已经当着众臣的面指洛水为誓了，称只要曹爽交出兵权，放弃官职，就能保他全家富贵。

保住全家富贵，这一条很吸引曹氏三兄弟，曹爽和他的两个弟弟心动了。

最后，司马懿又让蒋济给曹爽写信，称此次只是想罢他们的官，只要他们尽快投降，爵位富贵都还在。曹爽一听，富贵有，爵位也还在，那还搏命干什么？

司马懿，你不就是想夺我的权吗？拿去吧！留得青山在，不怕没柴烧。曹爽将手里的刀剑一扔，大声说："我亦不失作富家翁！"意思是说，我即便投降了，没有权力了，也还是富贵人一个。妥妥就是一个"驽马恋栈豆"，未战就降。

桓范见此，仰天大哭。他没有想到，自己竟然跟了这样一群窝囊废。他一边哭，一边绝望地骂曹氏三兄弟，说曹真是多么优秀的一个人啊，竟然生了曹家三兄弟这种猪狗儿子，害得他也要被他们连累灭族了。

桓范本来以为虎父无犬子，因此选择了支持曹爽，谁知却是这样的结果。

司马懿太了解曹爽了，而这曹爽也太不了解司马懿了。司马懿的洛水为誓，没有别人认为的那么靠谱。可就这么一个不靠谱的誓言，曹爽竟然真的信了。

当然，曹爽能信，是因为他选择了相信。因为独揽大权后，长期骄奢淫逸的生活让他失去了斗志，只想着贪图享受。因此，即便他可以效仿曹操走过的路，他也觉得太辛苦、太危险了。

可以说，高平陵之变就是司马懿的一场豪赌。这场豪赌，只因为他面对的是他非常了解的曹爽，换作别人，司马懿仅凭手里的这点牌，未必能赢。当然，换作别人，司马懿也许会用另外一种方式。

一手好牌，打得稀巴烂

曹爽投降了，双方没有动刀动枪。司马懿只是找了几个说客，说了几句话，写了几封信，曹爽就将手里的刀剑一扔，投降了。司马懿那紧绷的神经，终于完全放松下来。

只用了一天，曹魏就变天了。甚至可以说，曹爽的支持者们还没有完全反应过来，还不知道发生了什么事，那高高在上的曹爽，就被司马懿从高位上给拉了下来。

魏正始十年正月初七，垂头丧气、耷拉着脑袋的曹氏三兄弟，侍奉魏少帝曹芳回到了洛阳。

出城时，曹爽还是意气风发的大将军，是曹魏的真正掌权人，回来时却已经是个被罢免官职的罪人了。

曹爽还是想得太简单了，以为自己只是丢了官，一切都还会和原来一样。然而，等他回到家中才发现，他们一家已经被软禁起来，没有自由了。

原本拿着一手好牌的曹爽，被他打了个稀巴烂。

司马懿不仅令人在曹府的围墙外又修了一圈更高的墙，将曹府宅院团团围了起来，还在高墙的四处建了高高的哨台，哨台上每时每刻都有人值班。只要曹爽从房间出来，即便他只是在院子里走动，他的一举一动都会被哨台上的人看得一清二楚。看到也就看到吧，可哨台上的人还会大声地播报，播报的内容是：故大将军东南行！故大将军西南行……

这一声声的播报，不仅让曹爽烦不胜烦，而且感到了屈辱。当然，这种恶作剧式的做法，有人称可能是魏少帝曹芳的主意，毕竟有些孩子气。其实未必，此时的曹芳，已经 18 岁了，已经成年了。而 71 岁的司马懿，看似整日沉着个脸，除了阴险、狡诈，偶尔还会露出些孩子气，也就是俗称的老顽童。老顽童做幼稚事，一点儿都不稀奇。

当年诸葛亮送司马懿女性衣服、首饰，他不仅没有生气，反而穿戴起来转着圈，说是新款，并问别人好不好看。意思就是你想气我，我偏不生气，我气死你。诸葛亮让蜀军收割庄稼时，司马懿便让士兵去捣乱。他生病躺在床上，妻子张春华去看他，他不想看到张春华那张年老色衰的脸，于是骂她是老怪物……这些事，都能看出司马懿的孩子气。

不是还有一句话吗？男人至死是少年。

将曹爽的府邸用高墙围起来，设置岗哨，随时随地地播报曹爽在屋内的动向，就是为了气曹爽，折磨曹爽。

当然，如果在意有人监视，且觉得被人播报行动是种屈辱，那么也就真的感到屈辱了；如果不在意，甚至还以一种游戏的方式对待这种监视和播报，那么，这就是一种游戏。

如果有人这么监视司马懿，他会怎么做呢？以他的性格和行事方式，很可能会反过来捉弄哨台上的人，他可能会不断地在院子里走动，使得哨台上的人烦不胜烦，甚至崩溃。

将被动转为主动，司马懿是有这样的能力的。

曹爽不是司马懿，听着那一声声的现场播报，他几乎要崩溃了。想必此时，他会后悔没有听桓范的话，可一切都晚了。或许他更后悔自己在有能力时，没有把司马懿杀了。

错过了也就错过了，已落到如此田地的曹爽，唯有乞求保住自己和全家、全族的命。

可是，能保得住吗？曹爽不知道，他越想越害怕，最后与几兄弟一商量，一起给司马懿写了一封信。信里，他们先是忏悔，说他们的言行招来了祸端，犯了该死的罪。接着，又向司马懿求助，说他们的家人去求粮，一直没有回来，家里已经无米下锅了。最后，他们又向司马懿求饶，希望老太傅给他们一点粮食，让他们活着。

此时，荣华富贵他们也不提了，爵位也不要了，只要能活着就好。司马懿回了封信，回得很快，说自己不知道他们缺粮，现在知道了，马上就送来。果然，曹爽及其家人很快就收到了一些肉类、豆类和盐。曹爽和家人非常高兴，觉得司马懿能这么做，意味着要放过他们，饶他们不死了。

他们还是不了解司马懿——司马懿不会让敌人活着。

痛打落水狗，家虎手里没活人

曹爽是一点儿都不了解司马懿，他不知道，装傻充愣、演戏是司马懿的拿手好戏。他今天给你粮，明天就可能砍你头。落在“冢虎”手里，岂肯让你一家好好地活着？根本不可能！司马懿暂时留着他们性命，有两个原因，一是为了安抚朝中曹爽的支持者。高平陵之变前，曹爽是曹魏的实际掌权者，朝中支持曹爽的人不少。如果马上将曹爽杀了，别说司马懿已经发了洛水之誓，就是没发誓，他也不能在朝中树敌，毕竟虽然他重新夺回了权力，但却还没拿稳。二是司马懿在找“证据”，找那些能让曹爽团队非死不可的证据。

司马懿将寻找曹爽团队谋反证据的任务交给了司隶校尉卢毓，让他严查曹爽谋反大案。

卢毓是曹操时期的老臣，当时任吏部郎；曹丕时期，卢毓先后出任黄门侍郎、梁郡、谯郡太守等，之后因为得罪了魏文帝曹丕，被降为了睢阳典农校尉；曹叡时期，卢毓重新得到重用，先任侍中，后任吏部尚书；曹芳时期，执掌大权的曹爽不待见他，他被屡屡调任、降职。在他一肚子气无法出的时候，司马懿发动了高平陵之变，任命他为司隶校尉，并把查处曹爽谋反大案的事交给了他。

卢毓当然知道自己应该怎么做，不管是冲着司马懿还是冲着他自己，他都要把曹爽的“谋反罪”查实了。于是，他把曾与曹氏兄弟关系密切的黄门张当抓了起来，对其严刑拷打，直到张当说曹爽和何晏等人意图谋反。

其实，曹爽虽然狂妄霸道、违法乱纪、纵容属下、祸乱宫闱……但若说谋反之意，最起码在高平陵之变前，他是没有这个想法的；如果有，他不会不考虑桓范的计。他是有机会谋反的，可他不想谋反，谋反之事，不是谁都能做的，他只想过拥有权力后的富贵生活。

可这些已经不重要了，重要的是，司马懿说他有谋反之意，那么他就有谋反之意。罪已经定了，再找证据还能找不到吗？

曹爽和何晏的谋反罪一落实，丁谧、邓飏、毕轨、李胜等人的谋反罪也就都落实了。不过，这样还没有完，这么快就结束不是司马懿的做派。

折磨对方，让其在希望与绝望中游走，这才是司马懿的风格。

被软禁的何晏，本来以为自己死定了，正处在绝望中。忽然有一天，他被带到了司马懿的面前。司马懿的和颜悦色，让他误以为自己还有救，于是他乞求司马懿饶他一死。司马懿竟然答应了，还让他帮着卢毓查曹爽、丁谧、邓飏、毕轨、李胜等人的谋反大案。

在司马懿所说的谋反的人中，没有听到自己的名字，何晏兴奋不已，以为自己是安全的。为了立功，他毫不犹豫地答应了。何晏做得很卖力，搜集了大量的证据资料，以此来揭发他的同伙意图谋反。

何晏忘了一点，你让自己的同伙都坐实谋反了，你能逃得掉吗？

司马懿饶有兴致地看着曹爽团队的人狗咬狗。结果不用说，何晏在出卖了他的同伙后，自己也成了同伙中的一员。这就是司马懿，他要杀你，从不一剑下去，而是把剑磨得亮亮的，悬在你的头顶，让你整日提心吊胆，一会儿觉得不会掉下来，一会儿又感到剑离你的头只有一寸之遥。等你以为头顶的剑被拿走了时，却在胸前中了一刀。

总之，司马懿要让你在安全与不安全中，受尽折磨和煎熬，最后一刀毙命。

除了何晏，桓范也是如此。在他以为自己必死无疑时，突然看到了希望，然后在他兴奋地对放他一马的人感恩戴德时，又一下子坠入深渊。

桓范是在忐忑不安等待入狱时，等来了皇帝的诏书的，诏书上说既往不咎，官复原职。在桓范喜不自禁，欢天喜地地沐浴更衣，洗手焚香，准备接任命书时，等来的却是抓捕他的人……

不用说，那诏书一定是司马懿的意思，只是借了魏少帝曹芳的手罢了。

冢虎手里没活人！在曹爽决定投降的那一刻起，他们的命运已经注定了。

桓范最初是意识到了的，但最终，他被擅长演戏的司马懿骗了。司马懿表现出的宽宏大量，让桓范为自己不站司马懿而后悔，可最后他明白，他不站司马懿，或许是意识到了司马懿的心狠手辣。司马懿是不会放过任何一个对手的，所有的宽宏大量，所有的和颜悦色，都只是司马懿展现凶残前的开场戏。

这场历史上有名的高平陵之变结束了。

曹爽、丁谧、邓飏、毕轨、李胜、桓范等人，均被灭三族。除了他们，一同被清除的，还有曹爽的党羽5000人。

真正的玩家，总是不动声色

阴沉、隐忍、阴险……司马懿的人生底色，就是“阴”，他喜欢不动声色地在背光处沉淀、观察、盘算，积蓄力量，等待时机。一旦时机成熟，他就会走到光亮处，而一旦他走出来，就是他亮剑的时候了。

和他斗，只能在他往下沉时出击；一旦他沉下去，你就探不到他的底了；而等他再浮上来，你已经来不及动手了。

高平陵之变，对一向处事谨慎的司马懿来说，其实是有些冒险的。但凡曹爽和他对抗的时间长一点，他都有可能政变失败。而他之所以敢于冒险，是因为他足够了解曹爽，知道曹爽面对何种情况会有何种反应。所以从司马懿的角度来说，高平陵之变，他也没有冒险，他很笃定。他的笃定，来自他对人性的了解和把握。

在了解人性、把握人性后，又利用人性玩心计。面对什么样的敌人，决定了他会用什么应对方式。

面对曹操那种疑心重、有谋略、有心计，又有雷霆手段的枭雄，司马懿选择用长久的蛰伏、精湛的演技和足够的真诚，耐心地等待。在曹操面前，他绝不做出头鸟，不给曹操对他使用雷霆手段的机会。面对诸葛亮那样的智谋大师，司马懿选择用被动、忍耐的方式，让诸葛亮纵有千般优势、万般计谋也难以发挥。面对公孙渊那种勇猛善战但嚣张狂妄，还有些缺心眼儿的野心家，司马懿选择的是主动出击，引诱上钩，最后变被动为主动。面对曹爽这种得势时嚣张，失势时又胆怯的贵族少爷，他选择的是先示弱迷惑他，再用气势镇住他，最后进行恐吓哄骗……

曹操和诸葛亮都了解司马懿，司马懿也了解他们二人，所以与他们之间的争斗，犹如是在打太极，你来我往，步调一致，谁也占不了谁的大便宜。想赢，除非对方死。曹操和诸葛亮都死在了司马懿前面，所以他赢了。

曹爽不了解司马懿，司马懿却非常了解曹爽，所以曹爽在司马懿面前输得很惨！桓范不了解曹爽，了解司马懿，所以他给曹爽出好计，但却得不到曹爽的采纳，两个人在司马懿面前也输得很惨！

蒋济对司马懿的了解，只有一部分，他知道司马懿在与曹爽的斗争中会取胜，所以他选择了站司马懿。但他又不了解司马懿凶狠的一面，面对曹爽等人的死，他很内疚，也让他对司马懿极其失望。

蒋济除了不了解司马懿的阴暗面，还高估了自己在司马懿心里的位置。他相信了司马懿的洛水之誓，在司马懿让他给曹爽写信时，他写了，他让曹爽投降。甚至信誓旦旦地说，太傅不会杀他，他曹爽只会失去官职而已。曹爽因为蒋济与父亲的关系，相信了他，可最后曹爽不仅被杀，还被灭了三族。

曹爽是曹真的儿子，曹真活着时，蒋济和曹真的关系很不错。因此，蒋济觉得，是自己害了曹真的儿子。

在司马懿给曹爽和他几个兄弟定谋反罪并诛三族时，蒋济曾向司马懿给曹爽求情，希望司马懿看在自己的面子上，饶曹氏兄弟一死，但却被司马懿拒绝了，理由是："臣下对君主、子弟对父兄，不可意图篡夺谋反，若有，必须伏法。"

司马懿的这个理由很充分，冠冕堂皇，充满了正义感。面具戴久了，就长在脸上，与皮肤融为一体，取不下来，就真的以为自己是这样了。不管司马懿的这些话里，有多少真，有多少假，都让蒋济很痛苦，这种痛苦，来自于司马懿的这番话，他无法反驳。既无法反驳，又过不了自己那一关，在被司马懿进封都乡侯时，蒋济拒绝了。蒋济拒不受封，是因为不愿意踩着别人的尸体往上爬。他以这种方式，表达了对曹真的愧疚之情，以及对司马懿的不满。

有被罚的，就有获赏的。司马懿总会在一片血腥后，给你一点甜头。

“谋反者”们被诛三族，引起了与“谋反者”有关联的人的恐慌。恐慌者多了，势必会带来反抗情绪，最终引发暴动。朝政大权已归自己了，司马懿不想有任何暴动发生。于是，他用“各为其主”，来为那些在高平陵之变中，直接或间接站了队，甚至还帮助曹爽等人的人开脱，不仅不治他们的罪，反而还升了他们的官。

打压一些人，再拉拢一些人。这是领导厚黑学。对人性有精准把握的司马懿，将此运用得游刃有余。

司马家和曹家的朝堂

高平陵之战的大胜，让在家里蛰伏了一年多的司马懿，又走到了朝堂之上。

司马懿每次亮相，都会上个台阶。司马懿成了曹魏的功臣、除奸大英雄。既是大功臣、大英雄，必然就要接受封赏，可封他什么，赏他什么呢？他已经站在曹魏政权的高峰，已经没有更高的山峰让他站了。

没有高峰，那就再给他建一座高峰。于是，那些被司马懿升了官的朝臣，带着感恩和巴结之心，纷纷上书，让魏少帝曹芳封司马懿为丞相。

魏少帝曹芳能不答应吗？他只是个傀儡皇帝，以前是做曹爽的傀儡，如今是做司马懿的傀儡。他的身份地位没有本质的改变，都只是一个吉祥物。

不过，司马懿和曹爽有一点不一样，面对封赏时，曹爽不会拒绝，司马懿拒绝了。虽然这种拒绝并非真的，或许只是一种姿态。

丞相是百官之长，职责是协助皇上处理一切军国大事，如蜀汉的丞相诸葛亮。不过，诸葛亮这个丞相只做他的分内事。可在曹魏，丞相一职就有些让人感到意味深长、浮想联翩了。

曹操在“挟天子以令诸侯”后，自封丞相。曹操死后，丞相一职传给了曹丕。曹丕坐上丞相位后不久，就逼迫汉帝禅位于他了。因此在曹魏，丞相一职一直是一个很敏感的职位。司马懿拒绝，就有这方面的原因。如果他接受，那么他发动的高平陵之变，就没有那么正义了。当然，这只是其一。其二是，他如果接受丞相一职，那么曹氏宗亲又会怎么想呢？他可刚刚诛了曹爽三族。

虽然曹氏宗亲此时在朝中的势力已经很弱了，但司马懿不能大意。司马懿做事，一直都是小心谨慎、小心翼翼，走一步看三四步，他是绝对不会给任何人留把柄的。他要让朝臣和魏少帝曹芳，以及皇室宗亲都看到，他司马懿发动政变，不是为了自己，而是为了曹魏江山。

"臣亲受顾命，忧深责重，凭赖天威，摧弊奸凶，赎罪为幸，功不足论。"

当然，司马懿虽然没有接受丞相职位，但他却接受了"朝会不拜，奏事不名"和"加九锡"。"朝会不拜，奏事不名"好理解，朝会时可以不必行礼，上奏折时可以不写自己的名字。而"九锡"是中国古代皇帝赐给诸侯、大臣及有殊勋者的九种最高礼遇。这九种最高礼遇分别是：一大辂，玄牡；二衮冕之服，赤舄副焉；三轩县之乐，六佾之舞；四朱户以居；五纳陛以登；六虎贲之士三百人；七斧钺各一；八彤弓一，彤矢百。旅弓十，旅矢千；九秬鬯。

一是大辂，玄牡，这是指车马。是指金车大辂和兵车戎路，即装饰豪华的座驾。用现在的话来说就是，朝廷给司马懿配置了一辆高档轿车。

二是驷马，衮冕之服，赤舄副之。是指黑马四匹，以及只有皇帝和公以上的人才有资格穿的礼服、礼冠和鞋子。即所乘坐马车的马匹，以及自身的衣着打扮，都是皇帝和公侯才能有的。用现在的话来说就是，司马懿出行的规格很高，从座驾到他的衣着打扮，全都和其他大臣区别开来。

三是轩，县之乐，六佾之舞。即家里配置的乐器和舞蹈的规格，都是宫廷级别的。用现在话来说就是，司马懿家里所用的音响，所拥有的舞蹈团，级别都很高，和皇宫里皇帝听的、看的都一样。

四是朱户以居。是指家里用红漆大门，红漆大门是只有皇帝赐诸侯和有功大臣才能使用的。用现在的话来说就是，司马懿家是高门大宅。

五是纳陛以登。是指凿殿基为登升的陛级，即是登殿时走特定的台阶。用现在的话来说就是，司马懿上朝时，走的是贵宾专用通道。

六是虎贲之士三百人。是指配备骁勇善战的勇士三百人。用现在的话来说就是，朝廷给司马懿配备三百名保镖。

七是斧钺各一。是指象征军权和统治权的斧、钺各一把。用现在的话来说就是，给司马懿配备了只有高级将领才能配备的枪支。

八是彤弓。一彤，矢百。旅弓十，旅矢千。是指用红色、黑色的专用弓箭。

用现在的话来说就是，朝廷给司马懿除了配备枪支，还配备了其他高档武器。

九是秬鬯。是指祭祀用的香酒。用现在的话来说，司马懿所喝的酒是特供酒。

曹魏拥有如此高规格的，除了曹操，没有其他人了。而曹操是谁？是魏文帝曹丕的父亲，魏明帝曹叡的祖父，魏少帝曹芳的曾祖父。司马懿，一个异姓大臣，却拥有和曹操一样的高规格。可见，此时的司马懿，地位已经无人能够撼动了。

皇位上坐着曹家人，掌权的却是司马家的人。这曹魏朝堂，已经变成了司马家和曹家的朝堂。当然，虽然朝堂上仍有曹家人，但他们更多只是一种象征意义，有些像英国的皇室。

司马懿在拥有如此高的地位后，就再也没有告老还乡一说了。曾经，他在历史上留下的唯一一首诗里，就曾提到过，他要“告成归老，待罪舞阳”。

这首诗，司马懿写于魏景初二年。当时，司马懿东征，在前往讨伐公孙渊的路上时，途经老家温县，在那里停留了几日，在与家乡的故旧畅饮时，他写下了这首诗：

天地开辟，日月重光。

遭遇际会，毕力遐方。

将扫群秽，还过故乡。

肃清万里，总齐八荒。

告成归老，待罪舞阳。

这首诗的意思是，汉王室倾覆，曹魏灭群雄，让天下重返太平。我司马懿很幸运，与曹魏皇帝风云际会，得到重用。现在我奉天子之命率千军万马讨伐佞臣，途经故乡，希望能为皇帝肃清逆贼，一统江河。等我功成名就时，我就归隐田园，在舞阳度过我的余生。

舞阳是司马懿的封地。这首诗从文学的角度来看，很普通，没多少文学价值，有些像记流水账一样，既无法跟曹魏大才子曹植那些华丽精美、充满浪漫情怀的诗相比，也无法跟曹操那些古朴苍劲、豪迈奔放的诗相比。但这首诗里却包含着他对事成之后告老还乡的期待。

写这首诗的时候，司马懿 60 岁。那时候，他正要远征辽东，看到故乡的旧友，或许真的想过功成名就后告老还乡，毕竟这次远征路途遥远，结果怎么样很难说。可当高平陵之变后，处在无人可及地位的司马懿，内心不可能没有变化；如果没有变化，他也不会一步一步地，让朝堂变成司马家和曹家的朝堂，让曹魏的政权，逐步落到司马家族手里。

漏网之鱼，该放放该杀杀

不出手则已，一出手必定干净利落。司马懿和其他人不一样，其他人在将强敌除掉后，就不会太在意一些小虾米了，但他不，他不会留一点儿死角。因此，在发现曹爽团队还没有完全覆灭，还有漏网之鱼时，他就发誓要将漏网之鱼全部打捞干净，一个不留。

司马懿想要打捞的漏网之鱼是夏侯玄。

夏侯玄与曹氏宗室是族亲，而夏侯玄又是曹爽的表弟，因而夏侯玄不能留。

司马懿之所以在给曹爽团队定罪时放过夏侯玄，是因为他发起高平陵之变时，夏侯玄正任征西将军，假节都督雍凉诸军事，不在洛阳。当时，桓范给曹爽出主意，让他带着魏少帝曹芳去许昌，就是想到那时候，手握重兵的夏侯玄能为他们所用。只是曹爽没有听桓范的，夏侯玄虽手握重兵，却也鞭长莫及。

曹爽等人被诛后，夏侯玄被司马懿调回了洛阳，任大鸿胪，掌管诸侯及少数民族事务。也就是说，司马懿解除了夏侯玄的军权，把他从武官变成了文官。

夏侯玄被调回洛阳后，军权就交给了郭淮。

夏侯玄的叔父夏侯霸原本在夏侯玄的手下任征蜀将军，郭淮取代夏侯玄的位置后，夏侯霸就做了郭淮的手下。

夏侯霸在郭淮的手下过得胆战心惊。他既怕司马懿向夏侯家下手，又担心郭淮对他下黑手，在焦虑、紧张和恐惧下，逃向了蜀汉。夏侯霸逃往蜀国，很大原因是蜀国后主刘禅是他的外甥女婿。

夏侯霸的妹妹是张飞的妻子，而张飞的女儿又嫁给了刘禅。因为这层关系，再加上夏侯霸的确是员猛将，所以在逃到蜀国后，他得到了刘禅的重用，做了蜀国的车骑将军。

在夏侯玄被司马懿调回洛阳之前，夏侯霸就曾让他和自己一同去蜀国，但被夏侯玄拒绝了，他说他绝不会叛逃敌国。

回到京城后，夏侯玄虽然失去了军权，但不管是任大鸿胪还是任太常，他都既不埋怨，也不结党营私，他知道自己的一举一动都在司马懿的视线下。在这一点上，夏侯玄倒有点早期司马懿的做派。他兢兢业业地做事，不让司马懿抓到一点把柄，因此夏侯玄也就真的成了一条漏网之鱼，活着见证了司马懿的死。

当然，夏侯玄最后的结局也和曹爽等人一样，被灭了三族，不过那是魏嘉平六年的事情了。那时候，中书令李丰和外戚张缉密谋杀死大将军司马师，让夏侯玄替代司马师的位置，结果被司马师提前知晓，最终被灭了三族。

也就是说，夏侯玄没有死在司马懿手里，却死在了司马懿的儿子司马师手里。夏侯玄未能安然度过余生，或许是因为他觉得司马懿死后自己的危险就解除了。不管怎样，司马懿活着时，夏侯玄还是聪明的，也是幸运的。

还有人虽然也想让司马懿死，自己却死在了司马懿的前面，这个人就是大司空王凌。

王凌算不上是曹爽的人，甚至都算不上是漏网之鱼，他和司马家族还有些交情。

王凌曾是司马懿的兄长司马朗的朋友，曹操自封丞相后，王凌和司马朗一起做了丞相掾属。王凌骁勇善战，魏文帝曹丕在位期间，王凌出任兖州刺史。在与东吴的战争中，曾屡建奇功。魏明帝曹叡驾崩后，曹爽出任大将军，又任他为征东将军，假节都督扬州军事。

论王凌与曹爽的关系，也就是曹爽器重王凌，对他委以重任罢了。

魏正始二年，东吴大将全琮率兵攻打芍陂时，王凌还曾率兵将吴军赶走。因此王凌被升为车骑将军，仪同三司。司马懿发动高平陵之变后，司空高柔替代曹爽出任大将军一职，司空一职，司马懿就交给了王凌。

从这一点上来说，司马懿还是很欣赏王凌的。曾经，司马懿还问过蒋济，王凌这个人怎么样。蒋济先是对王凌赞不绝口，称他文武双全，接着又说王凌的儿子王广是青出于蓝而胜于蓝。当时，蒋济说完后就后悔了。曹爽的遭遇给他留下了阴影，他担心王凌父子因为他的话，也会像曹爽一样，被司马懿灭族。

似乎是为了证明自己没有蒋济想象的那么凶残，蒋济生前，司马懿不仅没有迫害王凌父子。太尉蒋济死后，司马懿还让王凌接任了太尉一职。

然而，王凌并不感激司马懿，他觉得司马懿野心太大。想到曹爽被灭三族，魏少帝曹芳又被架空，曹魏政权实际上掌握在司马懿手里，王凌开始为曹魏的江山担心。王凌想，是魏少帝曹芳无能才导致的这种局面，如果废了魏少帝曹芳，重新推举一位能力强的曹氏宗室上位，那么，司马懿即使再有野心，也夺不走曹魏江山。

推举谁呢？王凌想到了楚王曹彪。曹彪是曹操的儿子，曹丕的弟弟，曹叡的叔叔，曹芳的叔祖。曹魏皇室又不是没有人，曹彪“根正苗红”，又有能力，为什么要立个傀儡皇帝？

王凌之所以会想到曹彪，还因为曹彪的封地在兖州，兖州刺史令狐愚是自己的外甥。

废魏少帝曹芳，改立楚王曹彪，让曹魏政权重回曹氏。王凌将这个想法告知外甥令狐愚，令狐愚觉得可行，就派部将张式联络了曹彪。曹彪虽然也一直为曹魏政权落到司马懿手里难过，但却没有想过自己称帝，经王凌和令狐愚这么一说，就同意了。

可世事难料，不等他们开始实施，令狐愚死了。令狐愚的死，让王凌暂时放下了这件事，可王凌的心腹杨康却将王凌与令狐愚废曹芳、立楚王的计划出卖给了大将军高柔。高柔一听，大为震惊，即刻汇报给了司马懿。

司马懿听后，虽然有些失望，却也没有太吃惊。王凌正是司马懿防备的人物之一，他之前向蒋济询问王凌的情况，就是对王凌不放心。而重用王凌，除欣赏王凌外，还想通过自己对王凌的重用，使其忠诚于自己。

既然你不效忠于我，想要寻死，那就怪不得我司马懿了。司马懿在得知王凌有反他之心时，在心里就对王凌判处了死刑。不过他没有马上行动，如今令狐愚已死，没有证据——他需要证据。

罪名已定，只需证据。这证据好办，司马懿不急，他在寻找机会；没有机会，他也会创造机会。

升无可升，熬死对手再死

魏嘉平三年，东吴修筑堤坝，导致上游江水倒灌，影响了长江北岸魏国的土地，有农民的庄稼和房屋被淹。王凌上奏，请求伐吴。伐吴需要兵符，但却被司马懿拒绝了。司马懿说，你拿到兵符，如果搞军变怎么办？

王凌推翻司马懿的念头本来已经打消了，却又因为司马懿的这句话被激活了。而司马懿说这句话，就是想激起王凌的反叛之心，不然怎么给他定死罪？

外甥令狐愚死了，接替刺史一职的是黄华。王凌派心腹去兖州，联系黄华，希望黄华能够跟他一起起事。

王凌谋反的证据有了。因为黄华就是司马懿特意派过去，引诱王凌谋反的。

司马懿给王凌挖了一个坑，王凌果然去跳了。

魏嘉平三年五月，司马懿身披铠甲，率兵前往百尺堰。此次，他打的旗号就是擒拿谋反之人。王凌在得知司马懿率兵前来后，才知道自己上了当，他想要搏一搏，最多就是和司马懿一起死。

可就在他抱着同归于尽的想法，要与司马懿一战时，他收到了皇帝的诏书和司马懿的书信。诏书上的意思是，他虽然以下犯上，不听号令，但念他之前立功无数，也就不计较了。司马懿的信更是说王凌的所为让陛下很生气，陛下派他来讨逆，但他很欣赏王凌，因而想对王凌网开一面。最后，司马懿又说，你好好想想要怎么做。

王凌原本那已经提起的、决心鱼死网破的心，瞬间又因为皇帝诏书里的“不计较”和司马懿的对他“网开一面”，消失了。其实对王凌来说，他死不要紧，只要不殃及儿孙和族人就行。

然而，就在他交出自己的官印、仪仗，以为自己会被赦免时，才知自己被司马懿糊弄了。得知上当后，王凌和司马懿进行了这样的对话：

“太傅对不起我！”

“我宁可对不起你，也不能对不起陛下。”

王凌竟然没有从曹爽的结局中总结经验教训，司马懿的这个招数，用过很多次了，且屡试不爽。曾经，孟达因为轻信了他的话，本来要起兵，但最终因拖延而错过了最佳时机，被司马懿擒拿斩杀。曾经，曹爽更是因为听信了司马懿的洛水之誓和所谓的不计较，缴械投降，最终落了个被诛三族。

司马懿面对敌人时，从来不对自己的话负责。他的话一直都是真真假假，假假真真。对他来说，这叫兵不厌诈。可对王凌等人来说，司马懿就是无信无义之人。

“太傅对不起我！”王凌在说出这句话时，一定是绝望而愤怒的。或许直到这时，他才真正了解司马懿，也深刻认识到自己为何要执意反他。

王凌知道自己的结局是什么，他没有等司马懿对他动手，选择了自尽。

曾为曹彪传过话的张式，向司马懿自首，希望司马懿能够饶自己一命。司马懿面对他的求饶，和之前对待何晏一样，先是爽快答应，然后要求他供出其他人。张式为了活命，供出了王凌与令狐愚密谋时在场的两个人，一个是王凌的心腹杨康，另一个是令狐愚的心腹单固。

王凌正是被心腹杨康背叛的，而杨康当初之所以背叛王凌，只是以为这么做能够升官发财。结果，他最终落得与对令狐愚忠心耿耿、至死不肯吐露实情的单固一样的下场，被杀了。可见，叛徒从来都不会有好下场。

和杨康、单固一起被诛杀的，还有王凌和令狐愚的嫡系人马。而那位倒霉的楚王曹彪，仅仅是因为听了要扶他当天子的一番游说，没有拒绝，最终也被逼自杀了。

王凌的结局，让朝臣在害怕之余，纷纷向司马懿表忠心，他们建议将王凌和令狐愚剖棺暴尸。司马懿顺水推舟，将王凌、令狐愚及其他参与此事的人诛三族。无数无辜的人，因为此事而被杀，其中就有王凌的儿子王广。王凌在有废魏少帝曹芳、立楚王曹彪的想法后，曾与儿子王广商议，王广却并不认可父亲的做法。但王凌仍一意孤行，结果导致被灭三族。

当然，有被杀的，就有被放的，甚至还有不仅被放了一马，还升了官的。这就是司马懿的做派。对于打压谁、笼络谁、重用谁，都要看司马懿需要你承担什么角色。逃过一死，且还升官发财的，就是那位被王凌派去和黄华联系的杨鸿，他被册封为乡侯。

狼不是丛林之王，它的个头和形象缺少霸气，但因为它们狡猾，所以才会在危机四伏的森林中存活下来。司马懿就是曹魏政权中的一匹狼，没有机会时，他蛰伏不动，规矩忠心；一旦出手，绝不给对手留活路，一定会斩尽杀绝！

王凌之叛就这样被平定了。当然，称“王凌之叛”并不恰当，毕竟他的反叛行动还没有真正开始，就已经宣告结束了。

虽然如此，此次平乱成功，司马懿还是立了大功，又要如何封赏呢？诸臣再次上书，请求任命司马懿为相国，封安平郡公。

公、侯、伯、子、男五等爵位中，公爵最尊贵。一个异姓大臣，能被封为“公”，除了司马懿，还有谁呢？

“相国”是东汉时期的高级官职，曹操后来也担任过丞相和相国。封司马懿为相国，难道是要超越曹操吗？

司马懿再次拒绝了，他怎么能让人在背后把他和曹操相提并论呢？他不需要了，他老了，爵位对他的意义不大了；再说了，他的爵位，子孙们会希望继承吗？子孙们如果志不在这些爵位呢？

尽管司马懿拒绝了，魏少帝曹芳还是策命他为相国，封安平郡公，孙及兄子各一人为列侯。至此，司马懿累计食邑达到五万户，司马家族中封侯者达到了十九人。

没有人会永远活着，仕途之路有尽头，人生也有尽头。曹魏朝堂，司马懿已经走到了升无可升的位置，他的人生也要走到尽头了。

司马懿知道自己时日无多，临死前，他将儿孙及族人一一做了最后的安排。

王凌死后，太尉一职空了下来，司马懿让三弟司马孚坐了上去；长子司马师被任命为卫将军；次子司马昭被任命为安东将军；五子司马伷被任命为宁朔将军，负责监管曹魏宗室。

曹氏那一方呢？楚王曹彪死后，其子女及族人被贬为庶民，迁到了平原郡被软禁。所有曹魏宗室亲王，全部被迁往邺城，其中就有曹丕的孙子曹髦。

魏嘉平三年八月，司马懿在洛阳永远地闭上了眼睛，终年 73 岁。

“吾事魏历年，官授太傅，人臣之位极矣；人皆疑吾有异志，吾尝怀恐惧。吾死之后，汝二人善理国政。慎之！慎之！”

这是《三国演义》中司马懿去世前所立的遗嘱，真假难辨。这封遗嘱的语气，的确很像他的风格。

有篡位之心吗？从他的话语，你似乎听不出一丝；无篡位之意吗？从他的行为，你又觉得肯定如此。

司马懿才华上的无可替代性，对事物的预判能力，以及他为人处世的能屈能伸、隐忍和伪装，使他即便站在危墙下，最后也能全身而退。而他的择机能力和出手时的稳、准、狠，让他在机会出现时，一击而中。

后 记

司马懿死后，他的长子司马师把持朝政。魏嘉平六年（正元元年），司马师废曹芳，立魏文帝曹丕的孙子曹髦为帝。魏正元二年，司马师去世，弟弟司马昭接替其职位，把持朝政。魏景元元年，曹髦不甘被控制，率亲信反抗司马昭，被司马昭、贾充和成济所杀。

贾充是曹魏豫州刺史贾逵的儿子，司马昭独断专权时，皇帝曹髦集合卫兵讨伐司马昭。贾充作为司马昭的心腹，在众人都胆怯逃跑时，没有犹豫，刺杀曹髦成功，为司马家族立下了汗马功劳。

贾充有个女儿，叫贾南风，也就是历史上的“四大丑女”之一，同时也是策划了诸王之乱，最终引发八王之乱，进而加速五胡乱华时期到来的女人。

贾南风是贾充与郭槐所生，而郭槐是曹魏名将郭淮的侄女。郭槐不仅相貌丑陋，还善妒凶悍。贾充的凶残本来已经是出了名的，可郭槐却比贾充还凶残。而他们的女儿贾南风，又集合了他们所有的缺点：丑陋、残暴、善妒。

贾南风因为对司马家族有功，虽然丑陋、残暴、善妒，还是成了司马衷的皇后，而司马衷正是那位“何不食肉糜”典故的创造者。

曹髦死后，司马昭立了个傀儡皇帝曹奂。

魏景元四年，司马昭率兵攻打蜀汉。面对来势汹汹的司马昭，蜀汉后主刘禅不战而降，蜀汉灭亡。魏咸熙二年，司马昭去世，司马昭的儿子司马炎接替父亲职位，继续把持朝政。晋泰始二年，司马炎逼迫傀儡皇帝曹奂禅位，司马炎建立新政权，为晋武帝，改国号为晋，定都洛阳。

司马家族能够取代曹氏家族，源于曹魏将宗室监管起来，致使皇室诸王没有军权，军权全都掌握在了司马懿手里，这是与曹丕争夺世子位而输了的曹植早就看明白的事，司马家族自然也很清楚。因此，司马炎称帝后，他开始大肆分封宗室。

晋武帝司马炎追封司马懿为宣皇帝、司马师为景皇帝、司马昭为文皇帝，并封叔祖父司马孚为安平王，叔父辈的司马干为平原王、司马亮为扶风王、司马伷为东莞王、司马骏为汝阴王、司马肜为梁王、司马伦为琅琊王，封弟弟司马攸为齐王、司马鉴为乐安王、司马机为燕王，封堂兄司马望为义阳王……

司马家族取代曹氏家族，离司马懿去世仅仅过去了15年，而司马家族能够取代曹魏，建立晋朝，全得益于司马懿在曹魏时期打下的基础、做出的铺垫。